Bernhard Schlink

# *Erkundungen*

*zu Geschichte, Moral, Recht und Glauben*

Diogenes

Editorische Nachweise am
Ende des Bandes
Umschlagillustration: Anna Keel,
›Stilleben mit weisser Vase mit Toscanini-Rosen‹, 1996



www.diogenes.ch
100/15/852/1
ISBN 978 3 257 06936 5

# Inhalt

# Vorwort

Der Band handelt von der Pflicht zu erinnern, dem Recht zu vergessen und der Wende unserer Erinnerungskultur zu einer Kultur des Denunziatorischen; von dem Moralischen, das sich von selbst versteht, und von Verrat, dem Opfer des Lebens und der Zukunft der Verantwortung als moralischen Herausforderungen; davon, was es bedeutet, Jurist und Richter zu sein, und wie sich die Verpflichtung auf das Recht verändert; und schließlich von der Geltung, die der Glaube auch im Zweifel noch behält.

Die Texte sind in den letzten Jahren als Vorträge, Essays und Predigten entstanden. Die Themen und Probleme, von denen sie handeln, begleiten mich seit langem. Glaube und Zweifel und die Probleme des Moralischen sind mein Erbteil als Kind aus protestantischem Theologenhaus; die Vergangenheit, ihre Bedeutung für uns und unser Umgang mit ihr sind ein Thema meiner Generation; und das Verhältnis des Juristen zu Recht und Gerechtigkeit hat nie aufgehört, mich als Richter und Lehrer des Rechts zu beschäftigen. Die Fragen, die mit unseren Lebenswegen zu tun haben, mit der Zeit, in der wir stehen, und der Generation, zu der wir gehören, und die im Zentrum unseres Berufs und unserer Arbeit stehen, lassen uns nicht los, und wir kehren immer wieder zu ihnen zurück.

Oft sind es Grenzfragen, Fragen, mit denen wir an die

Grenzen unserer fachlichen und beruflichen Kompetenz kommen. Wir können sie zwar nicht vollständig beantworten. Aber wir können uns um Erkundungen und Vergewisserungen bemühen und den Antworten näher kommen. Das wollen die Texte.

*Bernhard Schlink*

# Leben mit der Geschichte

# Erinnern und Vergessen
## Wie viel Freiheit haben wir im Umgang mit der Vergangenheit?

### I

Als ich ein Kind war, führte mich mein Weg durch die Stadt oft an der Ecke des Rathauses vorbei, an der in einem Erker eine Gestalt aus braunem Ton stand. Sie erinnerte an die deutschen Soldaten, die noch in Russland gefangen oder vermisst waren. Sie trug keine Uniform, sondern ein weites Gewand, sie trug auch keine Fesseln, kein Werkzeug, keinen Essnapf, sondern zeigte nur die leeren Hände. Sie hätte statt eines Gefangenen oder Vermissten auch einen Einsiedler oder einen Wanderer aus einer fernen Welt und fernen Zeit darstellen können. Aber für mich war klar, was sie darstellte. Die Kriegsgefangenen, die Vermissten, die Gefallenen, die Vertriebenen und das Land östlich der Oder und Neiße, aus dem sie vertrieben und geflohen waren – das war, woran sich in den fünfziger Jahren unsere Eltern erinnerten und wir Kinder uns mit ihnen. Wir sammelten für den Volksbund Deutsche Kriegsgräberfürsorge, wir nahmen mit Aufsätzen über Breslau oder Königsberg an Wettbewerben teil, und manchmal erzählten unsere Lehrer über ihre Gefangenschaft in Russland oder Afrika. Nach 1953 wurde der Aufstand des 17. Juni Teil der Erinnerungskultur; wir Kinder gedachten seiner bei Aufzügen und Versammlungen, stellten Kerzen ins Fenster, zogen mit Fackeln in den Schlosshof und hörten Reden über den Totalitarismus Stalins, der nach dem Totalitarismus Hitlers als nächstes Verhängnis den Osten Deutschlands und Europas heimgesucht hatte.

1963, mit den Frankfurter Auschwitz-Prozessen, wurden wir des Holocaust als zu erinnernder Vergangenheit gewahr. Nicht dass er davor verleugnet oder verschwiegen worden wäre. Aber erst mit den Prozessen wurde seine ganze Furchtbarkeit anschaulich. Er wurde zum wichtigen Moment in der Auseinandersetzung der 68er Generation mit der Elterngeneration, und mit der gleichnamigen Fernsehserie, die 1979 von einem größeren Publikum gesehen und in Familien, Schulen und Medien diskutiert wurde als jede Serie davor oder danach, rückte er in das Zentrum der öffentlichen Aufmerksamkeit. In den achtziger Jahren wurde der Holocaust die Vergangenheit, die vor allen anderen Vergangenheiten erinnert wurde.

Die anderen Vergangenheiten wurden vom Holocaust nicht einfach verdrängt. Die Erinnerung an den verlorenen Krieg, das verlorene Land, die Vertreibung der Deutschen und den Aufstand des 17. Juni passte auch nicht mehr in das neue politische Klima von Willy Brandts Ostpolitik, die Verlust und Vertreibung und die staatliche Existenz der DDR akzeptierte und statt auf Konfrontation auf Wandel durch Annäherung setzte. Zugleich wurde die Erinnerung an Deutsche als Opfer und Helden, Opfer des Kriegs und der Vertreibung und Helden des Aufstands mehr und mehr Deutschen, die sich von ihrer deutschen Vergangen-

## Christoph Poschenrieder

**Aus einer Alten-WG zieht man nicht mehr aus. Man wird hinausgetragen.**

224 Seiten, Leinen
ca. € (D) 22.–/sFr 30.–*/€ (A) 22.70
September

Fünf Männer gründen eine Alten-WG in einer Villa am See. Zusammen wollen sie noch einmal das Leben genießen. Für den letzten – selbstbestimmten – Schritt zählen sie auf die Hilfe der Mitbewohner. Denn es kommt nicht darauf an, wie alt man wird, sondern wie und mit wem man alt wird.

## Astrid Rosenfeld

**»Liebe Juli, ich komme in zwölf Tagen. Bist Du da? Jakob«**

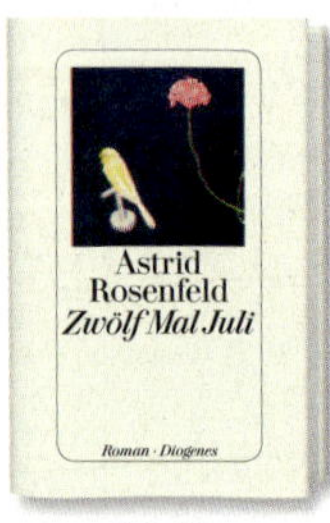

160 Seiten, Leinen
ca. € (D) 20.–/sFr 27.–*/€ (A) 20.60
September

Juli, eine Schriftstellerin mit Stapeln unbezahlter Rechnungen, exzentrischen Freunden und Verwandten und einer Neigung zu überlebensgroßen Träumen, hat zwölf Tage Zeit, um zu entscheiden, wie sie Jakob wiederbegegnen will – dem Mann, der ihr das Herz gebrochen hat.

Foto: © Daniela Agostini / Diogenes Verlag

1088 Seiten, Leinen
ca. € (D) 26.–/sFr 35.–*/€ (A) 26.80
September

Auf einer entlegenen Insel im Mittelmeer liegt das Luxusresort Villa Metaphora. Doch das Idyll entpuppt sich schon bald als eine luxuriöse Falle.

Foto: Gaby Gerster / © Diogenes Verlag

Paperback, dt. Erstausgabe, 400 Seiten
ca. € (D) 16.–/sFr 21.–*/€ (A) 16.50
Oktober

Jemand begehrt eine Frau, die nicht die seine ist. Jemand anders trinkt öfter mal einen über den Durst. Noch jemand schläft mit dem Falschen. Jemand dreht durch. Jemand stirbt. Alle lügen: Willkommen in der Savage Lane.

Foto: Gaby Gerster / © Diogenes Verlag

# Dennis Lehane

## Der neue Lehane: Verrat, Leidenschaft und Rache

400 Seiten, Leinen
ca. € (D) 24.– / sFr 32.–* / € (A) 24.70
Oktober

Joe Coughlin, geachteter Bürger von Tampa, Florida, und Consigliere des Bartolo-Syndikats, hat seine kriminelle Vergangenheit hinter sich gelassen. Bis eines Tages aus heiterem Himmel ein Kopfgeld auf ihn ausgesetzt wird und auf dem Spiel steht, was ihm am wichtigsten ist: sein Sohn – und der einzige Freund, den er hat. Die atemlose Geschichte von *In der Nacht* geht weiter.

detebe 24315, 592 Seiten
€ (D) 14.– / sFr 19.–* / € (A) 14.40

Amerika während der Prohibition. Joe Coughlin, ein kleiner Handlanger des Syndikats in Boston, steigt in Florida zum mächtigsten Rum-Schmuggler seiner Zeit auf. Und setzt sein Leben aufs Spiel – aus Liebe zu einer Frau. Ein atemloses, literarisches Gangster-Epos.

detebe 24335, Neuübersetzung, ca. 448 S.
ca. € (D) 12.– / sFr 16.–* / € (A) 12.40
Dezember

Dennis Lehanes raffiniert komponiertes Meisterwerk um Wahn und Angst. »Ich weiß nicht, was besser ist. Als Bestie am Leben zu bleiben oder als guter Mensch zu sterben.«

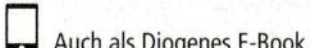
Auch als Diogenes E-Book

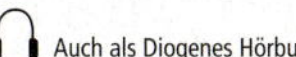
Auch als Diogenes Hörbuch

Paperback, dt. Erstausgabe, 464 Seiten
ca. € (D) 16.– / sFr 21.–* / € (A) 16.50
September

Sie haben sich dreimal gesehen, sie haben sich noch nie berührt, aber sie werden heiraten: die neunzehnjährige Chani Kaufman und der angehende Rabbiner Baruch Levy. Eine fast unmögliche Liebesgeschichte in einer Welt voller Regeln und Rituale.

Foto: © Karolina Urbaniak

# Eve Harris

**Partys, Uni, flirten, feiern? Nicht, wenn man in der jüdisch-orthodoxen Gemeinde Londons lebt.**

## Leseprobe

Chani hatte ein Date nach dem anderen gehabt. Alle arrangiert, jeder angehende Bewerber sorgsam erwogen von den Eltern und der Heiratsvermittlerin. Etliche Stunden hatte sie so bei kaltem Kaffee und schwerfälligen Unterhaltungen zugebracht. Den Männern, die ihr gefielen, gefiel sie nicht, und jene, die sie wollten, fand Chani langweilig oder unattraktiv. Nach jedem Treffen rief die Mutter des jungen Mannes an und teilte ohne Umschweife das Urteil mit. Es war schwer genug, abgelehnt zu werden, doch es war entwürdigend, von einem Jungen abgelehnt zu werden, den man nicht einmal wollte. Mit der Zeit verlobten sich alle ihre Freundinnen. Verzweifelt wünschte sie sich, nicht die Letzte zu sein.

Nach einer Weile hatte sie alle abgelehnt, selbst jene, die Chani wohlgesinnt waren. Käsige Studenten, der plumpe Lehrer oder der melancholische Witwer – sie konnte sich nicht dazu durchringen, ja zu sagen. Alle höchst fromm, alle auf der Suche nach einem guten jiddischen Mädchen, die ihnen *Tscholent* kochte und ihnen am *Schabbes* die Kerzen anzündete. Eine Instant-Frau – bloß noch Wasser hinzufügen. Keiner von ihnen interessierte sich dafür, wer sie war.

Abends erforschten Chanis Hände in ihrer unförmigen weißen Unterhose die eigene Nacktheit, und sie genoss den Duft und erspürte die so verschiedenen Stellen ihres Körpers. Sie drückte und streichelte und spürte das flüchtige, elektrisierende Pochen. Doch all das blieb ihr ein Rätsel.

Unsichtbare Grenzen umgaben sie. Als kleines Mädchen hatte sie ihren altmodischen Rock raffen wollen, um dem Bus hinterherzujagen. Stattdessen wurde sie gelehrt zu gehen, nicht zu rennen, die Arme steif an die Seiten gepresst. Sie hatte sich nach Ausgelassenheit gesehnt, doch ihr wurde beigebracht, ihren Gang zu zügeln.

Im Unterricht verschandelte dicker schwarzer Filzstift Shakespeares Texte. In Kunst, ihrem Lieblingsfach, waren Gauguins Nackte gekonnt kaschiert worden. Da Vincis Zeichnungen sahen aus wie Patchworkdecken. Hinterteile, Brüste und Genitalien zierten weiße Aufkleber.

Sie lebte unter einer Glasglocke.

Aber schließlich, trotz aller Einwände und Hürden, war es so weit. Schließlich sagte sie ja. Sie kannte ihn nur von den wenigen, verkrampften Treffen, bei denen sie sich auf die Zunge gebissen und nur gestelzte Sätze von sich gegeben hatte. Ein nervöser, schlaksiger *Jeschiwa*-Junge, der jedoch überaus freundlich und aufmerksam wirkte. Sie hoffte, dass sich die Glasglocke endlich hob. Oder dass sie sie zumindest mit jemandem teilen konnte.

# Donna Leon

## Abermals Tote in Venedigs Opernhaus La Fenice?

Flavia Petrelli ist zurück in Venedig! In der Titelrolle von *Tosca* tritt die Sopranistin im venezianischen Opernhaus La Fenice auf. Als eine junge Sängerin aus dem Kollegenkreis die Treppe einer Brücke hinuntergestoßen wird, beginnt Flavia um ihr eigenes Leben zu fürchten. Brunetti ermittelt in den Kulissen der Oper.

ca. 368 Seiten, Leinen
ca. € (D) 24.– / sFr 32.–* / € (A) 24.70
Dezember

# Martin Walker

## Ein visionärer und realistischer Thriller über unsere Zukunft

Deutschland ist in zwei Welten geteilt: High-Tech-Städte stehen Freien Gebieten gegenüber, in denen man naturnah in selbstverwalteten Kommunen lebt. Kommissar Aguilar ermittelt in einem Entführungsfall. Sein engster Mitarbeiter: ein Roboter. Doch kann er diesem nach dem letzten Update noch trauen?

432 Seiten, Leinen
ca. € (D) 24.– / sFr 32.–* / € (A) 24.70
September

Foto: © Regine Mosimann / Diogenes Verlag

detebe 24336, 320 Seiten
ca. € (D) 12.– / sFr 16.–* / € (A) 12.40
November

Für Patta ermittelt Brunetti diesmal nur pro forma, doch Paola will wissen, was für ein Mensch der Tote war, der bei den Brunettis in der Nachbarschaft umgekommen ist. Brunettis privatester Fall.

Foto: Klaus Einwanger / © Diogenes Verlag

Paperback 30034, Neuübersetzung, 320 S.
ca. € (D) 16.– / sFr 21.–* / € (A) 16.50
November

Während ein Waldbrand die Küste Kaliforniens bedroht, sucht Detektiv Lew Archer verzweifelt nach dem kleinen Ronny Broadhurst. Geht es um Lösegeld oder um Erpressung in einem Ehekrieg?

Foto: Renate Barth / © Diogenes Verlag

# Ingrid Noll

**Es brodelt in der Mordküche: Ingrid Noll bittet zu Tisch.**

224 Seiten, Leinen
ca. € (D) 22.– / sFr 30.–* / € (A) 22.70
September

Nelly, Mitte dreißig, alleinerziehend, wird von Matthew abserviert. Nun tischt sie auf: Eine bunte Runde versammelt sich täglich bei ihr zum Mittagessen. Familiär geht es zu, und auch finanziell lohnt es sich – bis ein Geist aus der Vergangenheit die Suppe zu versalzen droht.

detebe 24311, 256 Seiten
ca. € (D) 12.– / sFr 16.–* / € (A) 12.40
September

Eine Ingrid-Noll-Heldin in Nöten: Pflegt sie ihren Kollegen, vermacht er ihr sein halbes Erbe. Bringt sie ihn um, sein ganzes… Eine rabenschwarze Komödie.

detebe 24313, 224 Seiten
€ (D) 12.– / sFr 16.–* / € (A) 12.40

Kaum ist das wertvolle Dahlienbild wieder da, verschwindet Carlos' Freundin. Ihre Entführer fordern die Rückgabe des Bildes – oder… Allmen und Carlos wissen, ihnen bleibt nicht viel Zeit.

# Bernhard Schlink

## Differenzierte intellektuelle Erkundungen in klarer und anschaulicher Prosa

ca. 288 Seiten, Leinen
ca. € (D) 24.– / sFr 32.–* / € (A) 24.70
Oktober

Was bedeutet uns Geschichte? Was lernen wir aus ihr? Wie weit geht unsere Verantwortung, und wie weit reicht unsere Solidarität? Was sichert unsere Identität? Ausgehend von vertrauten Begriffen und Erfahrungen erkundet Bernhard Schlink erzählerisch anschaulich komplexe Themen von bleibender Aktualität.

# Hartmut Lange

## Erzählungen über existentielle Verstörungen, über die Bruchstellen im Leben

112 Seiten, Leinen
ca. € (D) 19.– / sFr 26.–* / € (A) 19.60
September

Acht taghelle, geheimnisvoll verdichtete Erzählungen, die prekäre Gemütszustände darstellen und kunstvoll auffangen: trügerische Glücksversprechen, unerfüllbare Sehnsucht, die Not einsamer Menschen, die Berührung mit dem Bösen, die Angst zu versagen.

Foto: Gaby Gerster / © Diogenes Verlag

detebe 24333, 256 Seiten
ca. € (D) 12.– / sFr 16.–* / € (A) 12.40
Dezember

Das berühmte Bild einer Frau, lange verschollen, taucht plötzlich wieder auf. Überraschend für die Kunstwelt, aber auch für die drei Männer, die diese Frau einst liebten – und sich von ihr betrogen fühlen.

Foto: © Hans-Christian Plambeck / laif

160 Seiten, Neuübersetzung, Leinen
ca. € (D) 20.– / sFr 27.–* / € (A) 20.60
Oktober

Noch wartet der junge Dichter Dennis Barlow auf seinen großen Durchbruch. Doch wahrhaft absurde Abenteuer erlebt er schon vorher, als er sich in Hollywood in die Leichenkosmetikerin Aimée verliebt.

Foto: © Charles Hopkinson / Camera Press / Keystone

# Barbara Vine

## Ein Leseabenteuer auf den Seitenpfaden des Begehrens

368 Seiten, Leinen
ca. € (D) 24.– / sFr 32.–* / € (A) 24.70
November

Schluss mit der Wohnungsnot: Als Grace und ihr Bruder Andrew das Haus ihrer Großmutter erben, ziehen sie zusammen. Doch was, wenn einer von ihnen mit einem Dritten zusammenleben will? Eine fatale Dreiecksbeziehung entsteht, aus der sich Grace in alte Bücher flüchtet – um darin ein ähnlich ungewöhnliches Geschwisterpaar wiederzufinden.

ca. 2224 Seiten, Leinen
ca. € (D) 60.– / sFr 78.–* / € (A) 61.70
November

Patricia Highsmith,
*Die Ripley-Romane*

Vor 60 Jahren wurde einer der unwiderstehlichsten Serienhelden der Weltliteratur geboren: Tom Ripley.
Der Fünfteiler als attraktive Geschenkausgabe im Schuber.

ca. 1600 Seiten, Leinen
ca. € (D) 40.– / sFr 54.–* / € (A) 41.20
November

Dürrenmatts Stücke sind bis heute unter den meistgespielten auf deutschen Bühnen, Schullektüre und universell bekannte, moderne Mythen. Alle Stücke in einem Band.

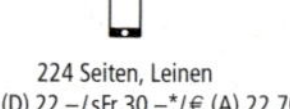

224 Seiten, Leinen
ca. € (D) 22.– / sFr 30.–* / € (A) 22.70
Oktober

Er betreibt sein Metier in den Straßen Tokios und in der U-Bahn. Er stiehlt mit kunstvollen, fließenden Bewegungen. Er nimmt nur von den Reichen, Geld bedeutet ihm nichts. Er hat eine dunkle Vergangenheit, und diese holt ihn wieder ein.

Foto: © Sodo Kawaguchi

# Fuminori Nakamura

**Ein grandioser Thriller und eine dunkle, abgründige Geschichte über Schicksal und Einsamkeit**

## Leseprobe

Vor mir ging ein Mann mittleren Alters, mit schwarzem Mantel und silberfarbenem Aktenkoffer in der rechten Hand, Richtung Bahnsteig. Unter den Passanten in meiner Nähe fiel er sofort auf. Der Mantel war von Brunello Cucinelli, ebenso der Anzug. Die wahrscheinlich maßgefertigten Berluti-Schuhe aus feinem Leder zeigten nicht den kleinsten Kratzer. Ungeniert stellte dieser Mann seinen Wohlstand zur Schau. Die silberne, am linken Handgelenk unter der Manschette hervorblitzende Uhr war eine Rolex Datejust. Nicht gewohnt, allein mit dem Shinkansen zu reisen, bereitete ihm der Kauf einer Fahrkarte sichtlich Mühe. Der Mann beugte sich vor, seine Finger krabbelten wie ein fetter, feister Käfer suchend über den Automaten. Da bemerkte ich sie in seiner linken Manteltasche.

In sicherem Abstand zu ihm fuhr ich die Rolltreppe hoch, ging gemächlich zu der Reihe, in der er wartete, und stellte mich mit einer Zeitung hinter ihn. Mein Herz begann schneller zu schlagen. Ich wusste genau, wo die Überwachungskameras installiert waren. Da ich nur eine Karte für den Bahnsteig gelöst hatte, musste es vollbracht sein, bevor er in den Zug stieg. Mit meinem Rücken die Sicht von rechts verdeckend, faltete ich die Zeitung, nahm sie in die linke Hand, senkte sie langsam, um das Geschehen abzuschirmen, und ließ Zeige- und Mittelfinger meiner rechten Hand in seine Manteltasche gleiten. Flüchtig nahm ich den Reflex von Neonlicht auf dem schimmernden Manschettenknopf seines Ärmels wahr. Ich holte langsam Luft, hielt den Atem an. Klemmte den Rand der Brieftasche zwischen die Finger, zog. Ein Schauer durchfuhr mich von den Fingerspitzen bis zur Schulter, angenehme Wärme breitete sich in meinem Körper aus. Obwohl viele Menschen um mich herumstanden, war im Wirrwarr der sich kreuzenden Blicke kein Auge auf mich gerichtet; ich schien wie Luft für sie zu sein. Die Spannung in den Fingern durfte jetzt nicht nachlassen. Ich barg die Brieftasche in der Falte der Zeitung, nahm diese in die rechte Hand und steckte sie in die Innentasche meines Mantels. Langsam atmete ich aus. Während ich spürte, wie meine Körpertemperatur weiter anstieg, beobachtete ich aus den Augenwinkeln die Umgebung. Das elektrisierende Gefühl beim Berühren des verbotenen Objekts, die Benommenheit nach dem Eindringen in die Privatsphäre einer fremden Person waren noch immer da. Kleine Schweißperlen rannen mir den Nacken hinunter. Ich holte das Handy aus der Tasche und tat beim Weggehen so, als würde ich Mails checken.

# Hansjörg Schneider

## Der sehnlich erwartete neunte Fall für Kommissär Hunkeler aus Basel

208 Seiten, Leinen
ca. € (D) 22.– / sFr 30.–* / € (A) 22.70
September

Ein prominenter Banker stirbt im Krankenhaus unter merkwürdigen Umständen. Hat sein Tod etwa mit dem weltweiten Druck auf Schweizer Banken zu tun, oder geht es um andere dunkle Seiten der Eidgenossenschaft? Peter Hunkeler ist im Ruhestand, das geht ihn eigentlich alles nichts an. Nur hat er zufällig etwas gesehen, was ihm keine Ruhe lässt.

detebe 24306, 160 Seiten
ca. € (D) 11.– / sFr 15.–* / € (A) 11.40
September

Drei Geschichten, die sich an Fotografien entzünden und diese doch übertreffen, denn sie machen das Abgebildete wieder lebendig.

Foto: © Bastian Schweitzer / Diogenes Verlag

detebe 24331, 368 Seiten
ca. € (D) 10.– / sFr 13.–* / € (A) 10.30
November

Ein phantasievolles Debüt: Ein schüchterner Junge zieht aus, seine Schwester zu suchen, und findet nicht nur einen Freund, sondern muss – vielleicht – auch die Welt retten.

detebe 24332, 416 Seiten
ca. € (D) 10.– / sFr 13.–* / € (A) 10.30
November

Die Fortsetzung des Fantasy-Bestsellers *Die Seltsamen.* Ein Roman über drei junge Außenseiter, die – nicht obwohl, sondern weil sie anders sind! – die gefährlichsten Abenteuer bestehen können.

detebe 24322, 128 Seiten
ca. € (D) 10.– / sFr 13.–* / € (A) 10.30
Dezember

Erich Hackl gibt einer Frau, die als Bauerntochter im oberösterreichischen Mühlviertel aufgewachsen ist, eine Stimme: seiner Mutter. Ein poetisches, inniges Lebensbild.

detebe 24330, 352 Seiten
ca. € (D) 12.–/sFr 16.–*/€ (A) 12.40
Oktober

»Kein Schriftsteller, der bei Trost ist, schreibt eine Autobiographie«, lautet der erste Satz. Urs Widmer hat die eigene Warnung in den Wind geschlagen und ein großartiges Erinnerungsbuch verfasst.

detebe 24327, ca. 288 Seiten
ca. € (D) 12.–/sFr 16.–*/€ (A) 12.40
Oktober

Ein höchst vergnüglicher historischer Roman über die legendäre Leibgarde des ›Soldatenkönigs‹ Friedrich Wilhelm I. – die Langen Kerls.

detebe 24326, 112 Seiten
ca. € (D) 10.–/sFr 13.–*/€ (A) 10.30
Oktober

Die Hauptfigur in diesem Buch ist – eine Matratze. Von 1935 bis 1992 kreuzen viele abenteuerliche Schicksale ihren Weg. In acht Miniaturen blickt Tim Krohn auf das stürmische 20. Jahrhundert.

256 Seiten, Leinen
ca. € (D) 22.–/sFr 30.–*/€ (A) 22.70
Dezember

Diese Ausgabe versammelt sieben Liebesgeschichten in allen Tonlagen. Wie kein anderer vermag F. Scott Fitzgerald Stimmungen heraufzubeschwören, die den Leser verzaubern.

ca. 1155 Seiten, Leinen
ca. € (D) 48.–/sFr 63.–*/€ (A) 49.40
November

Anton Čechovs berühmtes Spätwerk vollständig ediert und mit umfangreichem Anmerkungsteil in der Neuübersetzung von Peter Urban.

detebe 24320, 224 Seiten
ca. € (D) 12.–/sFr 16.–*/€ (A) 12.40
Dezember

Ein junges Paar aus Tokio. Eine geheimnisvolle Reise. Eine wunderbare Liebesgeschichte.

# Diogenes Hörbücher

## Eine Auswahl aus dem Hörbuch-Programm

Gelesen von
Hannelore Hoger
1 CD, ca. 78 Minuten
ca. € (D) 18.–*/sFr 24.–*
Oktober

Hörspiel mit L. Carstens,
K. Horwitz, E. Schlott, P. Lühr
und vielen anderen
2 CD, ca. 104 Minuten
ca. € (D) 20.–*/sFr 27.–*
November

Hörspiel mit T. Breidenbach,
H. E. Jäger, B. Hübner,
H.-C. Blech und vielen anderen
2 CD, ca. 100 Minuten
ca. € (D) 20.–*/sFr 27.–*
November

Ungekürzt gelesen von
Anna Schudt
4 CD, ca. 285 Minuten
ca. € (D) 22.–*/sFr 30.–*
September

Ungekürzt gelesen von
Luise Helm
2 CD, ca. 143 Minuten
ca. € (D) 20.–*/sFr 27.–*
September

Ungekürzt gelesen von
Christian Ulmen
7 CD, ca. 511 Minuten
ca. € (D) 25.–*/sFr 34.–*
September

Ungekürzt gelesen von
Joachim Schönfeld
8 CD, ca. 459 Minuten
ca. € (D) 26.–*/sFr 35.–*
Dezember

Ungekürzt gelesen von
Wanja Mues
6 CD, 451 Minuten
€ (D) 24.90*/sFr 35.90*

Ungekürzt gelesen von
Eva Mattes
5 CD, 377 Minuten
€ (D) 24.90*/sFr 35.90*

Ungekürzt gelesen von
Doris Dörrie
4 CD, 285 Minuten
€ (D) 19.90*/sFr 28.90*

Gelesen von
Burghart Klaußner
7 CD, 459 Minuten
€ (D) 24.90*/sFr 35.90*

Ungekürzt gelesen von
Gert Heidenreich
1 MP3-CD, 683 Minuten
€ (D) 24.90*/sFr 35.90*

Ungekürzt gelesen von
Johannes Steck
8 CD, 640 Minuten
€ (D) 24.90*/sFr 35.90*

Ungekürzt gelesen von
Charles Brauer
5 CD, 423 Minuten
€ (D) 19.90*/sFr 28.90*

Hörspiel mit K. Thalbach, J. Król,
Bela B. Felsenheimer,
C. Hübner und E. Kreil
1 CD, 68 Minuten
€ (D) 14.90*/sFr 19.90*

Gesungen von
Heike Makatsch,
arrangiert von derhundmarie
1 CD, 38 Minuten
€ (D) 15.90*/sFr 22.90*

32 Seiten, Neuausgabe, Pappband
ca. € (D) 18.–/sFr 24.–*/€ (A) 18.50
November

Eine zauberhafte Geschichte, die Kindern Mut macht, sich selbst zu sein, auch wenn sie dafür manchmal ausgelacht werden.

ca. 48 Seiten, Pappband
ca. € (D) 20.–/sFr 27.–*/€ (A) 20.60
Oktober

Ein modernes Wimmelbuch für Kinder und Erwachsene, Omas und Opas, Leute mit Gebiss und ohne, für Monster und Nichtmonster, Besitzer von Ameisenzirkussen und Sachen, die mit S anfangen.

40 Seiten, Neuausgabe, Pappband
ca. € (D) 18.–/sFr 24.–*/€ (A) 18.50
November

Eine Geschichte vom Zurechtkommen in dieser Welt und davon, dass man trotz aller Widrigkeiten einen Platz finden kann, wo jemand auf einen wartet und wo es genügt, einfach nur noch zu sagen: Da bin ich!

36 Seiten, Neuausgabe, Pappband
ca. € (D) 18.–/sFr 24.–*/€ (A) 18.50
November

Das Märchen von der kleinen Zündholzverkäuferin Allumette, die mit ihrem großen Herzen die Hilfsbereitschaft in ihren selbstsüchtigen Mitmenschen entfacht.

ca. 400 Seiten, Leinen
ca. € (D) 49.–/sFr 59.–*/€ (A) 50.40
November

Die unbekannte Seite eines großen Künstlers. Ausstellung »Incognito« im Kunsthaus Zürich und im Museum Folkwang, Essen. Auch als nummerierte und signierte Vorzugsausgabe mit Siebdruck erhältlich

ca. 160 Seiten, Leinen
ca. € (D) 20.–/sFr 27.–*/€ (A)20.60
Oktober

Der Meister der Zeichenkunst als brillanter und übermütiger Wortjongleur

* unverbindliche Preisempfehlung (gilt für den sFr-Preis bei Büchern und für Hörbücher generell). Alle Angaben ohne Gewähr.

heit distanzieren und eine neue, europäische oder atlantische Identität finden wollten, peinlich.

Bis heute, durch die Wiedervereinigung und durch den Wandel der Bonner zur Berliner Republik hindurch, blieb der Holocaust die Vergangenheit, die vor allen anderen Vergangenheiten erinnert wird: als Kultur- oder Zivilisationsbruch, als Inbegriff des Furchtbaren, das Menschen einander antun können und nie wieder antun dürfen. Er blieb Grund deutscher Schuld und Verantwortung und das Ereignis, in dessen Anerkennung und Aufarbeitung Deutschland eine neue, sich selbst und die Welt überzeugende Identität finden musste. Der Umstand, dass das wiedervereinigte, größere und stärkere Deutschland die Angst seiner Nachbarn vor einem neuen deutschen Nationalismus spürte, trug dazu bei, den Holocaust, diese Vergangenheit der Schuld oder auch der Schande, zu erinnern.

Aber jetzt jährt sich der Ausbruch des Ersten Weltkriegs zum hundertsten Mal, und die öffentliche Aufmerksamkeit wendet sich vom Holocaust, Dritten Reich und Zweiten Weltkrieg ab und dem Ersten Weltkrieg zu als dem Beginn der großen europäischen Tragödie, dem Beginn nicht nur des Ersten, sondern auch des Zweiten Weltkriegs oder, richtiger, eines großen Kriegs, der von 1914 bis 1945 dauerte und der Entwicklung des Westens zum Verhängnis wurde. Es gibt ein neues Interesse an den Fragen, wer für den Ausbruch des Ersten Weltkriegs verantwortlich war und dafür, dass er nicht früher und besser endete, wie er nicht nur die Landkarte Europas veränderte, sondern auch das Ende des Kolonialismus in Afrika und Asien einleitete und wie die Soldaten den Krieg in den Gräben und bei den Angriffen erlebten, die mehr Opfer forderten, als Schlachten sie jemals gefordert hatten, wie sie davon geprägt und traumatisiert und ruiniert wurden. Es ist ein neues Interesse nicht nur bei Historikern, sondern bei Schriftstellern, Produzenten und Regisseuren und beim Publikum.

Gewiss, der Erste Weltkrieg und seine Ursachen und Folgen interessieren nicht jeden. Aber Geschichte interessiert ohnehin nicht jeden, und sie interessiert weniger und weniger junge Menschen. Das gilt auch für die Geschichte des Holocaust. Meine Generation hatte Eltern, Lehrer, Pfarrer und Professoren, die an den Furchtbarkeiten des Dritten Reichs beteiligt oder in sie verstrickt waren, und stand über sie in lebendiger Verbindung zur Vergangenheit, und auch die nächste Generation erlebte die Verbindung noch, wenn auch schon schwächer, über ihre Großeltern. Für die nachfolgenden Generationen ist der Holocaust lange vergangen, wie alle Geschichte lange vergangen ist. Gelegentlich eine anrührende historische Begebenheit – das ist okay und ist auch genug.

Dürfen die nächsten Generationen den Holocaust vergessen? Dürfen, um die deutsche zur allgemeinen Frage zu weiten, die Japaner die ermordeten Chinesen und missbrauchten Koreanerinnen vergessen, die Türken die vernichteten Armenier, die Russen die Opfer des Stalinismus und die Amerikaner die versklavten Afrikaner und die ihres Lands und Lebens beraubten Indianer? Steht uns moralisch frei, was und wann wir erinnern und was und wann wir vergessen? Gibt es Vergangenheiten, die erinnert werden müssen? Gibt es Vergangenheiten, die vergessen werden dürfen?

## 2

»Die Vergangenheit ist der Schlüssel zur Zukunft« oder, spiritueller, »Erinnerung ist das Geheimnis der Erlösung« oder, einschüchternder, »was wir nicht erinnern, müssen wir wiederholen« – diese sprichwörtlichen Weisheiten mahnen uns zum Erinnern, weil anders eine doppelte Gefahr drohe: dass wir unsere Wurzeln verlieren und dass wir in Zukunft die gleichen Fehler machen, die wir in der Vergangenheit gemacht haben. Ist das nicht auch die Weisheit der Psychoanalytiker und -therapeuten, die mit ihren Patienten tief in deren bewusste und unbewusste Vergangenheit eindringen?

Aber es gibt auch andere Therapeuten, die lehren, dass Selbstfindung und -vergewisserung in Aufarbeitung der Vergangenheit und dessen, was uns angetan wurde und wir anderen angetan haben, im Erinnern und erst recht in Schuld und Reue nicht gelingen könnten, sondern nur, wenn wir entschlossen im Hier und Jetzt lebten. Diese Betonung der Bedeutung des Hier und Jetzt ist buddhistisch beeinflusst, reklamiert aber eine reichere Tradition und zitiert auch die Bibel und Christus: »Wer die Hand an den Pflug legt und sieht zurück, ist nicht geschickt zum Reich Gottes.«

Diese einander widersprechenden Lehren richten sich wie an Einzelne auch an Völker. Völker haben zu ihren Vergangenheiten denn auch manchmal eher das eine, manchmal eher das andere Verhältnis. Dass Erinnerung das Geheimnis der Erlösung ist, eine Einsicht von Baal Shem Tov, leuchtet als Maxime für das Volk der Juden unmittelbar ein;

ohne einen ständig erneuten und bewährten Willen zum Erinnern, ohne eine Kultur und Tradition des Erinnerns hätte es in Gefangenschaft und Diaspora seine Identität verloren. Ähnlich haben die Polen ihren Zusammenhalt trotz beinahe zweihundertjähriger Teilung wahren können, weil sie ihre gemeinsame Vergangenheit erinnert haben. Junge Nationen, die verschiedene Stämme, Kulturen und Traditionen zusammenhalten müssen, zeigen oft ein großes Bedürfnis nach einer inspirierenden und verbindenden Vergangenheit. Andererseits wurde Amerika für seine Fähigkeit gerühmt, die Vergangenheit hinter sich zu lassen, und die Amerikaner für ihre Gleichgültigkeit gegenüber ihrer eigenen Geschichte und der Geschichte anderer, gegenüber historischen Prägungen und Traumata; so habe Amerika es geschafft, wieder und wieder zu neuen Horizonten aufzubrechen, und hätten die Amerikaner ihre Offenheit gegenüber der Zukunft, gegenüber Neuem und Fremdem, und ihre Freiheit von Ressentiments und Vorurteilen gewonnen.

Aber dürfen die Amerikaner darum die versklavten Afrikaner und die ihres Lands und Lebens beraubten Indianer vergessen? Sind die Polen frei in dem, was sie in die kollektive Biographie hineinnehmen und was sie von ihr ausschließen? Sind junge Nationen frei, eine große Vergangenheit zu erfinden, wenn sie keine haben?

Beides, Erinnern und Vergessen, dient offensichtlich wichtigen Bedürfnissen. Erinnern bewahrt und pflegt Identität, Vergessen befreit zu den Aufgaben der Gegenwart und Zukunft. Es lassen sich auch zeitliche Abschnitte ausmachen, in denen entweder Erinnern oder Vergessen ansteht, weil die entsprechenden Bedürfnisse sich geltend machen. Die Unwilligkeit der Westdeutschen, sich nach dem Zweiten Weltkrieg mit der Nazi-Vergangenheit zu beschäftigen, hatte ihren Grund weniger im Wunsch, diese Vergangenheit zu unterdrücken, als vielmehr darin, dass der Wiederaufbau des zerstörten Landes alle Kraft absorbierte. Ähnlich unwillig waren die Ostdeutschen, sich nach dem Untergang der DDR mit der Stasi-Vergangenheit zu beschäftigen, weil sie alle Kraft brauchten, ihren Weg in die fremde neue Welt des Kapitalismus zu finden. In West- wie in Ostdeutschland kam das Erinnern später, fünfzehn bis zwanzig Jahre nach dem Ende der Nazi- beziehungsweise Stasi-Vergangenheit. Dann diente es dem Bedürfnis, eine neue Identität zu finden, die mit der Nazi- beziehungsweise Stasi-Vergangenheit brach, diese aber doch aufzugreifen und zu integrieren hatte.

Aber Bedürfnisse sind keine moralische Rechtfertigung. Ebenso wenig wird die Freiheit zu erinnern und zu vergessen dadurch gerechtfertigt, dass sowohl Erinnern als auch Vergessen ihre Fürsprecher haben. Die moralische Frage ist weiter offen.

## 3

Moralische Verpflichtungen bestehen gegenüber einem anderen. Die Frage, wann Erinnern und Vergessen moralisch gerechtfertigt sind, stellt sich nur, wenn es einen gibt, der erinnern und vergessen kann, und einen anderen, der erinnert und vergessen werden kann und entweder erinnert oder vergessen werden will. Es gibt keine moralischen Maßstäbe für das Erinnern oder Vergessen des toten Hunds oder der toten Katze und auch nicht für das des Freunds, dem gleichgültig ist, ob er erinnert oder vergessen wird.

Aber nehmen wir das einfache Beispiel zweier Freunde, von denen einer seine Erinnerungen schreibt und dabei den Freund übergeht, während er andere Freunde erwähnt. Der Freund ist gekränkt – zu Recht?

Ich meine, ja. Freundschaften haben für die Selbstwahrnehmung und -achtung der Freunde Gewicht und sind ein Moment ihrer Identität. Der Freund gehört in die Erinnerungen des Freundes nicht nur, weil er so wichtig ist wie die anderen Freunde, die erwähnt werden. Indem er übergangen wird, wird auch seine Identität brüskiert. Die Verleugnung der Freundschaft ist eine Verletzung der Achtung, die Freunde einander schulden und die sie voneinander erwarten können. Ein Freund hat ein moralisches Recht, vom Freund geachtet und vor der Öffentlichkeit nicht vergessen, sondern erinnert zu werden.

Es gibt weitere Gründe für ein moralisches Recht darauf, in Erinnerungen erwähnt zu werden. Zwar mag, wer in seinen Erinnerungen Leistungen für sich reklamiert, die er nicht vollbracht hat, sich lediglich lächerlich machen. Wer aber die Leistungen seines Teams als seine Leistungen ausgibt, verletzt das Recht der Mitglieder des Teams, mit ihren Leistungen anerkannt zu werden, und brüskiert ihre Identität – unsere Leistungen sind ein Moment unserer Identität. Ebenso brüskiert, wer in seinen Erinnerungen die Opfer verschweigt, die der Preis seiner Errungenschaften waren, die Identität der Opfer. Der Arzt, der eine neue

Operationstechnik entwickelt hat und in seinen Erinnerungen nur über die Patienten schreibt, die er mit der neuen Technik geheilt hat, nicht aber über die, die bei deren Entwicklung zu Schaden kamen, rückt sich nicht nur in ein falsches gutes Licht, sondern verletzt ein Recht der zu Schaden gekommenen Patienten. Auch die Rolle als Opfer ist ein Moment unserer Identität, und wer für sie verantwortlich ist, schuldet ihr Anerkennung und Erinnerung.

Wer für sie verantwortlich ist – nicht jedermann hat eines anderen Rolle als Opfer oder eines anderen Leistungen und Errungenschaften zu erinnern. Es gibt kein moralisches Gesetz, unter dem wir jedermanns Identität so, wie sie gewachsen und geworden ist, anzuerkennen hätten. Wir dürfen andere übersehen und übergehen und müssen uns nicht um sie kümmern. Stehen wir zu ihnen allerdings in näherer Verbindung, als Freunde oder als Partner im Team oder als Ärzte, und schreiben über einen Abschnitt unseres Lebens, den wir miteinander teilten, schulden wir ihnen die Anerkennung und Erinnerung dessen, was uns verband und was wir ihnen verdanken oder auch antaten. Es gibt verschiedene solche näheren Verbindungen: vorgefundene zwischen Angehörigen einer Familie, gewachsene zwischen Freunden und Partnern, aufgezwungene zwischen Tätern und Opfern, zufällige zwischen denen, die sich gemeinsam in einer Notlage finden und daraus befreien wollen. Stets entstehen ein moralisches Recht darauf, in der eigenen Identität geachtet zu werden, und die entsprechende moralische Pflicht zu Anerkennung und Erinnerung.

## 4

Was für individuelle Erinnerungen gilt, gilt auch für kollektive, für Geschichtsschreibung und -tradierung. Aus Nähe durch Nachbarschaft, durch Krieg, Besatzung und Unterdrückung, durch geleistete Hilfe oder durch gemeinsame Vorhaben erwächst eine moralische Verpflichtung, die Identität des anderen Volks zu achten und seine Vergangenheit anzuerkennen und zu erinnern.

Deutschland kann der Schweiz kein guter Nachbar sein, wenn es an ihrem Befreiungskampf im 13. und 14. Jahrhundert und ihrer Selbstbehauptung über die Jahrhunderte keinen Anteil nimmt und nicht versteht, wie stark diese Vergangenheit die Schweiz an ihrer Unabhängigkeit und Neutralität im Zentrum Europas festhalten lässt. Deutschland kann kein gutes Verhältnis zu Holland, Polen und Russland haben, ohne anzuerkennen, dass es diesen Ländern während des Zweiten Weltkriegs tiefe Wunden zugefügt hat. Es gibt keine Beziehung Deutschlands zu Israel ohne Erinnerung an den Holocaust.

Dabei schulden nicht nur das Land, seine Politik und seine Repräsentanten die Erinnerung an den Holocaust. Junge Deutsche, die heute nach Israel reisen, erfahren, dass vom Holocaust noch die dritte und die vierte Generation traumatisiert sein kann, dass der Schatten der Vergangenheit weit reicht und dass die Gegenwart nur gelingt, wenn die Vergangenheit erinnert wird. Nicht dass sie sich den jungen, unter dem Trauma des Holocaust lebenden Israelis gegenüber schuldig fühlen müssten. Die Sünden der Väter reichen nicht weiter als bis zu den Kindern und Enkelkindern. Schuld aus Solidarität, das heißt daraus, dass man die Täter in der Gemeinschaft hält oder ihnen gar mit Achtung, Bewunderung oder Liebe begegnet, endet mit dem Tod der Täter. Wenn sie nicht mehr leben, können sie auch nicht mehr in der Solidarität der Gemeinschaft gehalten und kann nicht mehr versäumt werden, sie zur Rechenschaft zu ziehen, zu der sie gezogen gehörten. Ebenso wenig wie Schuld müssen die jungen Deutschen Scham empfinden. Schuld gilt dem, was wir tun, Scham dem, wie wir sind – die jungen Deutschen haben weder zum einen noch zum anderen Grund. Aber sie müssen erinnern. Wieder und wieder erlebe ich, dass meinen Studenten und Studentinnen beim Studium im Ausland zum ersten Mal klar wird, dass sie nicht einfach Europäer oder freie Menschen der freien Welt sind, sondern Deutsche und dass sie den Menschen im Ausland, denen die gemeinsame Vergangenheit sehr bewusst ist, nur näherkommen können, wenn sie auch ihnen bewusst ist.

Ich erwähnte Nähe durch gemeinsame Vorhaben – das europäische Projekt lebt von der Bereitschaft der Völker, die Vergangenheiten der anderen Völker anzuerkennen und deren Erinnerungen mit den eigenen zu vermitteln. Deutsch-französische Kommissionen haben erarbeitet, wie die deutsche und die französische Geschichte in den Schulbüchern der beiden Länder dargestellt werden, und deutsch-polnische Kommissionen erarbeiten Entsprechendes für die deutschen und polnischen Schulbücher. Der Europäische Gerichtshof für Menschenrechte in Straßburg ist bei sensiblen Verfahren, bei denen es zum Beispiel um religiöse Gepflogenheiten und Traditionen geht, sorgsam darauf bedacht, die verschiedenen Vergangenheiten der beteiligten Länder zu erinnern und zu respektieren. Sogar Fußball leistet seinen Beitrag zum europäischen Projekt, indem die Fans alte Siege und alte Niederlagen erinnern und in einen gemeinsamen europäischen Fußballteppich weben.

Die moralische Pflicht zum Erinnern hat umso mehr Evidenz, je deutlicher es um einen anderen geht. Dass Deutsche erinnern, was sie Juden, dass Türken erinnern, was sie Armeniern, und Weiße, was sie Schwarzen angetan haben, versteht sich. Wenn es um Bürgerkrieg, um den Versuch der Vernichtung einer Gruppe durch eine andere Gruppe oder auch nur um Diskriminierung und Unterdrückung innerhalb eines Landes geht, versteht sich das Erinnern weniger. Hier kann die Unterscheidung von Tätern und Opfern schwierig werden, und die Konflikte können Familien, örtliche und religiöse Gemeinschaften spalten und das Funktionieren der wichtigen Institutionen lähmen. Weil die Menschen weiter zusammenleben und ihre Familien, Gemeinschaften und Institutionen zusammenhalten müssen, scheuen sie sich oft, der Erinnerung an das großen Raum zu geben, was sie auseinandergerissen und gegeneinandergestellt hat und was sie einander angetan haben. Es ist kritisiert worden, dass Russen nicht gerne über Stalins Verbrechen reden und Kambodschaner nicht gerne über die Verbrechen Pol Pots und dass die Furchtbarkeiten des Spanischen Bürgerkriegs im spanischen Gedächtnis nicht die Rolle spielen, die die Furchtbarkeiten des Dritten Reichs im deutschen Gedächtnis spielen. Aber Russen, Kambodschanern und Spaniern sind ihre Vergangenheiten nicht etwa gleichgültig, und sie wollen sie weder verleugnen noch die Verbrechen vertuschen. Weil es bei ihren Vergangenheiten schwerer fällt, einen anderen als Täter zu identifizieren, scheuen sie ein Hin und Her von Anklagen und Gegenanklagen, das alle einbezieht und das Zusammenleben beeinträchtigt.

## 5

Wenn Länder erinnern, was sie einander angetan oder was sie voneinander erlitten haben, können Erinnerungskulturen entstehen. Auch wenn keiner der Polen, die am Warschauer Aufstand teilgenommen haben, mehr leben wird und ebenso keiner der Deutschen, die an der Niederwerfung des Aufstands beteiligt waren, werden die Repräsentanten Deutschlands in Warschau am Denkmal für den Aufstand Kränze niederlegen. Des Holocaust wird an Gedenktagen und auf Gedenkstätten, auf Tagungen und in Ausstellungen gedacht werden, lange nachdem alle, die ihn überlebt haben oder auch nur jemanden kannten, der ihn überlebt hat, tot sind. Erinnerungskulturen gewinnen mit ihren Traditionen und Institutionen ein Eigenleben, eine gewisse Unabhängigkeit von den Erinnerungen der Menschen.

Die moralische Pflicht zum Erinnern wächst aus Achtung vor der Identität des andern, die Achtung wächst aus Nähe zum anderen, und Länder bleiben einander nahe, auch wenn die erinnerten Ereignisse lange vergangen und die Menschen, die einander Schlimmes angetan oder Schlimmes voneinander erlitten haben, lange tot sind. Kollektive

Identitäten haben ein langes Gedächtnis. Der Warschauer Aufstand wird ein Moment der polnischen und der Holocaust ein Moment der jüdischen und israelischen Identität bleiben.

Erinnerungskulturen haben Bestand, auch wenn die Menschen nicht mehr oder kaum noch erinnern. Aber sie erinnern die Menschen daran, dass sie erinnern sollten. Sind die Menschen moralisch verpflichtet, der Erinnerung zu folgen?

Es gibt Menschen, die mit der Geschichte ihres Lands leben und die kollektive Identität zum Moment ihrer individuellen machen. Für Hans Müller, der als Deutscher stolz auf die deutschen Denker, Dichter und Komponisten ist, für John Miller, dessen amerikanisches Herz der exzeptionelle amerikanische Weg höher schlagen lässt, für den Franzosen Jean Dupont, dem Frankreich als Vater- oder Mutterland von Freiheit, Gleichheit und Brüderlichkeit teuer ist – für sie alle, die mit der Geschichte ihres Landes leben und sich von ihr inspirieren lassen, sich an ihr freuen, auf sie stolz sind, gehört es sich, dass sie sich der ganzen Geschichte ihres Lands stellen und nicht die erfreulichen Abschnitte erinnern und die unerfreulichen vergessen. Wer die kollektive Biographie zum Moment seiner individuellen macht, bewahrt seine Integrität nur, wenn er die kollektive Biographie so erinnert, wie sie ist – im Schlechten wie im Guten.

# 6

Und wenn jemand ohne Geschichte lebt? Wenn jemand ausschließlich auf das Hier und Jetzt setzt?

Viele tun das. Menschen aus der Geld- und Finanzwelt, die zwischen New York, London und Hongkong pendeln, zu keiner anderen Gemeinschaft gehören als zur internationalen Gemeinschaft von gleichermaßen Heimatlosen und sich für niemandes Geschichte interessieren, auch nicht für ihre eigene. Surfenthusiasten, die in Hawaii, Australien und Borneo nach der ultimativen Welle suchen und denen egal ist, was geschah, bevor ihr Leben um Strände, Wellen und Surfboards kreiste. Aber auch Menschen, für die im Leben mehr zählt als Geld und Finanzen, Wellen und Surfboards, die hart arbeiten, ihren Kindern gute Eltern und ihren Kollegen und Nachbarn gute Kollegen und Nachbarn sind und sich sogar für Belange ihrer Gemeinschaft einsetzen und denen zugleich die Vergangenheit völlig gleichgültig ist – vielleicht nicht die Familienvergangenheit, aber vielleicht auch die. Es gibt sie jung wie alt. Manchmal frage ich meine Studenten, für welche historischen Ereignisse sie sich interessieren, durch welche sie sich in ihrer Sicht auf die Welt, ihrem Denken, ihren Zu- und Abneigungen geprägt fühlen, und jedes Mal gibt es den einen und anderen, der etwas zu antworten weiß, und zugleich viele, die mich mit leeren Gesichtern ansehen und nicht verstehen, was ich von ihnen will. Sie wollen ihr Studium abschließen und Karriere machen und sichere oder lukrative oder, besser noch, sichere und lukrative Jobs finden – was hat Geschichte damit zu tun? Und es gibt Menschen, die dem Buddhismus begegnen oder Yoga treiben oder in Büchern oder auf Seminaren the *power of now* kennenlernen und ihre Energie darauf richten, ausschließlich im Hier und Jetzt zu leben.

Sind sie frei, das zu tun? Die Menschen der Geld-, Finanz- und Surfwelt, die Studenten, denen es um Karriere und Beruf geht, die Kollegen und Nachbarn, die aus praktischen, und die anderen, die aus esoterischen Gründen ausschließlich im Hier und Jetzt leben? Dürfen sie ihre Identität geschichtslos definieren? Dürfen sie ausschließlich im Hier und Jetzt leben?

Ich sehe nicht, warum es unmoralisch sein sollte. Jedenfalls dann nicht, wenn die, mit denen sie umgehen, ebenfalls nicht erinnern und sich weder für eigene noch für fremde Geschichte interessieren. Warum sollten sie Erinnerung schulden? Wem sollten sie Erinnerung schulden?

Treten oder geraten sie allerdings in ein näheres Verhältnis zu anderen, für deren Identität Geschichte konstitutiv ist und die sich an die Vergangenheit, vielleicht sogar an eine schwierige und traumatische Vergangenheit erinnern, dann verpflichtet die Nähe sie dazu, sich aus Achtung für die Identität der anderen auch auf deren Geschichte einzulassen. Aber derartige nähere Verhältnisse lassen sich vermeiden.

## 7

Was wir nicht erinnern, müssen wir wiederholen – ist das ein Grund fürs Erinnern? Ein moralischer Grund, weil eine Wiederholung von Fehlern, mit denen wir andere verletzt haben, dazu führt, dass wir sie wieder verletzen? Müssen wir die Vergangenheit erinnern, um von ihr zu lernen?

Die Militärgeschichte bietet zahlreiche Beispiele des Lernens aus der Geschichte. Wir lesen von Tannenberg und Cannae und anderen Schlachten, die auf eine Weise gewonnen wurden, auf die schon früher Schlachten gewonnen wurden, und während die Amerikaner in Vietnam nicht davon lernen mochten, wie die Franzosen in Vietnam gekämpft und verloren hatten, lernten sie in Afghanistan und Irak von ihrem eigenen Krieg in Vietnam. Da es im Krieg nicht nur um Sieg und Niederlage, sondern auch um Verhältnismäßigkeit und darum geht, so wenige Leben wie möglich zu opfern und so viele wie möglich zu retten, hat das Lernen aus der Geschichte auch eine gewisse moralische Qualität. Aber vor allem geht es beim Lernen von Strategien und Taktiken aus der Geschichte doch um das Ansammeln und Nutzen von technischem Wissen – wie das Bauen neuer Maschinen, Gebäude oder Brücken die Erfahrungen mit alten Maschinen, Gebäuden und Brücken auswertet, deren Lebensdauer, die Mängel, die sie zeigten, die Unfälle, die sie verursachten. Jedes Ansammeln und Nutzen von wissenschaftlichen, technischen und auch Alltagseinsichten schließt ein Moment des Erinnerns und Lernens von Vergangenem ein.

Dass wir die Vergangenheit erinnern müssen, damit wir sie nicht wiederholen, meint mehr als das Ansammeln und Nutzen von Einsichten. Es zielt auf die Richtung, die wir beim Weg in die Zukunft einschlagen wollen. So hat Deutschland das Grundgesetz so zu gestalten versucht, dass das gesellschaftliche und politische Leben nicht wieder zu dem Debakel werden würde, zu dem es unter der Weimarer Verfassung wurde. Erfolgreich? Wir werden es nie wissen, weil das Leben sich beide Male auch unabhängig von den Verfassungen völlig verschieden entwickelte – wirtschaftlich, kulturell, gesellschaftlich, politisch. Die deutschen Schüler und Schülerinnen sollen über den Holocaust lernen, damit sie verstehen, dass so etwas nie wieder geschehen darf, und sich entsprechend einsetzen. Aber natürlich wird »so etwas« nie wieder geschehen, und wie immun das Lernen über den Holocaust die Schüler und Schülerinnen gegen künftige, ganz andere Versuchungen unmenschlichen Verhaltens macht, ist eine offene Frage. Das europäische Projekt entstand nach dem Zweiten Weltkrieg unter anderem aus dem Wunsch, es dürfe auf europäischem Boden nie wieder Krieg geben. War dieser Wunsch das Ergebnis der Erinnerung an die Vergangenheit oder der schieren Erschöpfung?

Das Erinnern der Vergangenheit kann sogar in die Vergangenheit verstricken. Der meisterinnerte und -erzählte deutsche Mythos ist die Geschichte der Nibelungen, die Geschichte einer heroischen Niederlage, aus der die Deutschen über Jahrhunderte nicht gelernt haben, Niederlagen zu vermeiden, sondern sie zu heroisieren. Die Russen haben über Jahrhunderte gelernt, unter zuerst zaristischer und dann kommunistischer Unterdrückung zu leben, und weil sie es erinnern, fällt es ihnen nicht schwer, sich mit der neuen Unterdrückung durch Putin abzufinden. Die Geschichte Amerikas ist eine Geschichte des Überflusses und der Unverletzlichkeit, des Überflusses an Land, Ressourcen und Macht und der Unverletzlichkeit hinter zwei

Ozeanen – man kann zweifeln, ob diese Geschichte zu erinnern und von ihr zu lernen in der heutigen Welt hilft.

Nein, die Vergangenheit zu erinnern, damit wir sie nicht wiederholen, trägt zu der moralischen Frage, die ich zu beantworten versuche, nichts bei. Manchmal mag die Vergangenheit zu erinnern dafür sorgen, sie nicht zu wiederholen. Aber manchmal sorgt es genau dafür.

## 8

In dem Rahmen und unter den Vorbehalten, die ich bisher bezeichnet habe, sind Menschen frei, die Vergangenheit nicht zu erinnern, nicht von ihr zu lernen und zu vergessen, was sie nicht umhinkönnen, über die Vergangenheit mitzubekommen. Sie sind frei, ausschließlich im Hier und Jetzt zu leben.

Aber was für ein Leben ist das! Eine Weile lang mag es ein gutes, heilendes und befriedigendes Leben sein. Es gibt Zeiten, in denen wir vergessen müssen, was uns widerfuhr – als Einzelner, als Familie, als Volk, weil wir unsere ganze Kraft auf die unmittelbar vor uns liegende Aufgabe richten und unser Leben nach längerer Krankheit wiederaufnehmen oder unsere Familie nach längerer Trennung wieder zusammenfügen oder unser Land nach einem Krieg wiederaufbauen müssen. Ich habe diese Zeiten des Vergessens, die wir alle manchmal brauchen, für mich Ferien vom eigenen Ich genannt.

Ferien vom eigenen Ich – vor einigen Monaten stieß ich im Magazin der *New York Times* auf einen Artikel mit dem

Titel *A Brief Vacation from Myself*, in dem der Autor Tom Fields-Meyer seine transiente globale Amnesie beschreibt, eine vorübergehende Gedächtnisstörung, für die die medizinische Wissenschaft keine Erklärung hat, die einem nur einmal im Leben passiert, schmerzlos ist und folgenlos bleibt. Für ein paar Stunden spielt das Gehirn wieder und wieder dieselbe Schleife, nimmt nichts auf und vergisst, was gerade geschehen ist. Während die Amnesie passiert, ist sie nicht einmal verwirrend, weil man nicht weiß, was man weiß und dass man vergisst. Aber danach hat sie dem Autor keine Ruhe gelassen. »Unsere Erinnerungen machen uns zu dem, was wir sind – und können einfach verschwinden? Was sind wir dann noch? Die Frage quält mich jeden Morgen wieder, wenn ich mich nicht erinnern kann, wohin ich meine Schlüssel gelegt habe oder warum ich die Treppe hinuntergekommen bin.«

John M. Coetzee zeichnet in seinem neuen Roman *The Childhood of Jesus* eine dystopische Welt, in der die Menschen keine Vergangenheit und keine Erinnerung haben und sich mit schweren Gliedern durch den Nebel des Lebens zu tasten versuchen, und in der dystopischen Welt von George Orwells Roman *1984* wandelt sich die Vergangenheit ständig, wird neu gefälscht, neu geschrieben und lässt die Erinnerung ohne Halt. Das Leben ohne Erinnerungen wird zum Alptraum.

Ja, es gibt Menschen, die ausschließlich im Hier und Jetzt leben und jedes moralische Recht dazu haben. Für eine Weile mag es ihnen die Ferien vom eigenen Ich bieten, die sie brauchen. Aber als Drehbuch eines vollen und reichen Lebens taugt es nicht. Es lässt uns nicht als die leben, die wir sind. Es lässt uns auch nicht in wirklicher Verbindung, in echter Nähe mit anderen leben. Nicht nur weil Nähe zu einem anderen voraussetzt, dass seine Identität geachtet und seine Vergangenheit, die ein Moment seiner Identität ist, anerkannt wird – es mag sich ein anderer finden, der ebenfalls im Hier und Jetzt lebt und sich ebenfalls für seine Vergangenheit nicht interessiert. Aber Nähe zu einem anderen setzt auch voraus, dass man Geschichten gemeinsam erlebt und erinnert, aus denen eine Geschichte der Beziehung wächst. Ein Paar ist einander verbunden in der Erinnerung daran, wie sie sich trafen und ineinander verliebten, dass sie heirateten, als Willy Brandt Kanzler wurde, ihr erstes Kind bekamen, als Deutschland die Weltmeisterschaft gewann, und sich beinahe trennten, als die Mauer fiel. Manchmal erlaubt ihnen das Verhandeln und Vereinbaren eines gemeinsamen Narrativs für einen schwierigen Abschnitt ihrer Ehe, die Schwierigkeiten hinter sich zu lassen. Gewiss, ohne Liebe hat ihre Ehe keinen Bestand. Aber sie brauchen ebenso eine gemeinsame Geschichte ihrer Liebe, in der sie es zusammen durch dick und dünn schaffen, aneinander wachsen und scheitern und gleichwohl beieinanderbleiben, eine gemeinsame Geschichte, die sie miteinander verbindet und auch mit der Gesellschaft, in der sie leben, und deren Geschichte.

Manchmal wurde ich in Interviews, in denen über Deutschlands schwierige und in den dreißiger und vierziger Jahren verbrecherische Geschichte und den langen Schatten gesprochen wurde, den sie in die Gegenwart wirft, gefragt, ob ich lieber etwas anderes als ein Deutscher wäre. Meine Mutter war Schweizerin, und ich kann mir vorstellen, in der Schweiz aufgewachsen und ein Schweizer zu sein. Ich mag Kanada, eine Gemeinschaft von freundlichen, bescheidenen, hilfsbereiten und einladend offenen Menschen, und wenn meine Eltern mit uns Kindern nach dem Krieg nach Kanada ausgewandert wären, wäre ich ein glücklicher Kanadier geworden. Amerika war immer gut zu mir, und wenn meine Mutter, was zu denken absurd ist, nach dem Krieg mit einem GI nach New York oder San Francisco durchgebrannt wäre, hätte ich ein gutes Leben in Amerika gefunden. Aber nichts dergleichen geschah, und so möchte ich nichts anderes sein als ein Deutscher. Mit der deutschen Geschichte, die ich vom Wiederaufbau bis zur Wiedervereinigung erlebt habe, und mit der, die mir in die Wiege gelegt war. Mit Deutschlands guter und schlechter Vergangenheit – sie wurde meine Vergangenheit und hat mich geprägt. Wenn ich versuche, mich als etwas anderes als einen Deutschen vorzustellen, werde ich ein anderer.

Ich bin mit meinem Vortrag am Ende. Lassen Sie mich mit einem Gedicht von Hugo von Hofmannsthal aus dem Jahr 1896 schließen. Es ist ein Gedicht über Erinnern und Vergessen – über Erinnern und Vergessen als Bestandteil der Conditio humana.

Manche freilich …

Manche freilich müssen drunten sterben,
Wo die schweren Ruder der Schiffe streifen,
Andre wohnen bei dem Steuer droben,
Kennen Vogelflug und die Länder der Sterne.

Manche liegen immer mit schweren Gliedern
Bei den Wurzeln des verworrenen Lebens,
Andern sind die Stühle gerichtet
Bei den Sibyllen, den Königinnen,
Und da sitzen sie wie zu Hause,
Leichten Hauptes und leichter Hände.

Doch ein Schatten fällt von jenen Leben
In die anderen Leben hinüber,
Und die leichten sind an die schweren
Wie an Luft und Erde gebunden:

Ganz vergessener Völker Müdigkeiten
Kann ich nicht abtun von meinen Lidern,
Noch weghalten von der erschrockenen Seele
Stummes Niederfallen ferner Sterne.

Viele Geschicke weben neben dem meinen,
Durcheinander spielt sie alle das Dasein,
Und mein Teil ist mehr als dieses Lebens
Schlanke Flamme oder schmale Leier.

# Die Kultur des Denunziatorischen

## I

Jurastudenten interessieren sich wieder für Geschichte. Sie interessieren sich nicht nur für die Geschichte des Rechts, nicht nur für die Geschichte der Rechts- und Staatsphilosophie, sondern auch für die Geschichte der Rechtswissenschaft. Seminare über Wandlungen im Verhältnis zwischen Rechtswissenschaft und Rechtsprechung, über die Entstehung der Wissenschaft vom öffentlichen Recht im 19. Jahrhundert oder über den Methoden- und Richtungsstreit im 20. Jahrhundert hatten früher acht bis zwölf Teilnehmer. Heute sind sie voll.

Das Interesse gilt der Geschichte nicht nur des Rechts, sondern des Rechts im politischen und ökonomischen Kontext, nicht nur der Philosophie, sondern der Philosophie als Antwort auf die Lagen und Konflikte der Zeit, nicht nur der Rechtswissenschaft, sondern deren die Verhältnisse stabilisierender und legitimierender Funktion. Das Interesse ist kritisch. Die Studenten haben ein waches Gespür für die politische und ökonomische Manipulierbarkeit des Rechts, die ideologische Korrumpierbarkeit der Rechtswissenschaft und dafür, wie sich in der scheinbar heilen Rechtskultur des Kaiserreichs und der Weimarer Republik das nationalsozialistische Verderben vorbereitete.

Mein Seminar zur Geschichte der Rechtswissenschaft an der Berliner Humboldt-Universität führte von Friedrich Carl von Savigny, dem ersten Professor für Zivilrecht, zu Uwe-Jens Heuer, einem der letzten Professoren für das Staatsrecht der DDR. Die Studenten erkannten, dass Savigny zwar vom Volksgeist redete, aber den Geist der Juristen meinte, dass Georg Friedrich Puchta über den Begriffen nicht die Interessen sah, dass Friedrich Julius Stahl das monarchische über das demokratische Prinzip stellte, dass Otto von Gierkes Vorstellung von Genossenschaft und Rudolf von Gneists Vorstellung von Selbstverwaltung nicht wirklich demokratisch waren, dass Rudolf Smends Begriff der Integration für faschistische Konnotationen offen war, dass Carl Schmitt mit dem Begriff der Großraumordnung die nationalsozialistische Kriegs- und Eroberungspolitik rechtfertigte, dass Eduard Kohlrauschs Arbeiten zum Blutschutzgesetz dieses nationalsozialistische Machwerk ernst nahmen, dass Justus W. Hedemann mit dem Volksgesetzbuch der Deutschen ein nationalsozialistisches Projekt verfolgte und dass Heuer in Treue zu Marx und Lenin im Recht nur ein Phänomen des Überbaus sah. Immer war der kritische Blick der Studenten richtig.

Und immer war er falsch. War der Autor als reaktionär oder als interessen- und wirklichkeitsblind oder als nicht hinreichend demokratisch oder als nationalsozialistisch oder kommunistisch identifiziert, dann war er erledigt. Ein weiteres Interesse an ihm, seinen Texten und an dem historischen und systematischen Zusammenhang, in dem die Texte entstanden waren, erübrigte sich.

Dass Savignys Historismus nicht nur antidemokratisch,

sondern auch antietatistisch war, dass Puchta das begriffliche und konstruktive Instrumentarium der Rechtswissenschaft schärfte, dass Stahl sich mit seiner konstitutionellen Architektonik des Rechtsstaats der intellektuellen Herausforderung einer Versöhnung des unversöhnlichen demokratischen und monarchischen Prinzips stellte, dass Gierke und Gneist, auch ohne die Demokratie zum Ziel zu haben, den Abschied von der Monarchie beförderten, dass viele Begriffe der zwanziger Jahre offen für faschistische Konnotationen waren, dass Schmitts Begriff des Großraums mehr greift als nur das nationalsozialistische Europa, dass Kohlrausch das Blutschutzgesetz mit rechtsstaatlicher Interpretation bändigen wollte, dass die Idee eines für das Volk geschriebenen, verständlichen Gesetzbuchs älter ist als der Nationalsozialismus und dass Heuer das Recht als ein besonderes Phänomen des Überbaus gegenüber dessen anderen Phänomenen und gegenüber der Basis in einer gewissen Selbständigkeit halten wollte – es interessierte die Studenten nicht.

Eher interessierte sie, dass auch die Autoren, die ihnen zunächst akzeptabel erschienen, nicht ohne Fehl waren. Sie akzeptierten Georg Beseler, der als Professor für die Göttinger Sieben und als Abgeordneter in der Paulskirche für Grundrechte und Rechtsstaat eingetreten war, bis sie lernten, dass er später nationalliberal und Mitglied im Preußischen Herrenhaus wurde. Das Bild Franz von Liszts, des Reformers des Strafrechts und der Kriminalpolitik, wurde dadurch getrübt, dass seine Lehre von den Verbrechertypen von den Nationalsozialisten aufgegriffen wurde, und das Bild Martin Wolffs, von den Nationalsozialisten zuerst von der Universität und dann aus Deutschland vertrieben, dadurch, dass er die Zivilrechtswissenschaft in einer dogmatischen Stringenz betrieb, die den politischen und ökonomischen Hintergründen geringe Aufmerksamkeit schenkte.

## 2

Immerhin traf Wolff kein moralischer Vorwurf. Und um das Moralische ging es den Studenten bei ihrem Urteil über die Autoren und Texte in diesem wie in meinen anderen Seminaren zur Geschichte des Rechts und der Rechtswissenschaft mehr als um alles andere. Reaktionär zu sein, wo andere schon liberal waren, kein Teil der demokratischen Bewegung zu sein und nicht im Widerstand zum Nationalsozialismus oder Kommunismus zu stehen war moralisches Versagen.

Die Frage, wozu ein Jurist als Wissenschaftler wie als Praktiker moralisch verpflichtet ist, geht jeden Juristen und auch jeden Jurastudenten an. Im freiheitlichen demokratischen Rechtsstaat fällt die Antwort leicht. Der Jurist schuldet dem geltenden Recht Loyalität, ob es seiner moralischen Überzeugung entspricht oder nicht. Er mag auf die Änderung des Rechts hinwirken, darf es aber nicht nach seiner Überzeugung verbiegen und verfälschen. Wenn er den Widerspruch, in dem eine Vorschrift des geltenden Rechts zu seiner Überzeugung steht, nicht ertragen und die Beschäftigung mit der Vorschrift bei seiner Tätigkeit nicht vermeiden kann, muss er sich eine andere Tätigkeit suchen.

Wenn der Staat weder freiheitlich noch demokratisch,

noch rechtsstaatlich, und erst recht, wenn er totalitär ist, fällt die Antwort schwerer. Wie viel Loyalität schuldet der Jurist einem Recht, das zwar der Gerechtigkeit widerspricht, aber Ordnung und Sicherheit gewährleistet? Darf er sich auf dieses ungerechte Recht einlassen, um den Widerspruch zur Gerechtigkeit durch seine Auslegung und Anwendung zu mildern? Darf er sich auf es einlassen, um es als Partisan der Gerechtigkeit zu korrigieren oder, wenn das nicht gelingt, zu sabotieren? Verliert er, wenn er sich auf ungerechtes Recht einlässt, seine Integrität? Ist die Beförderung der Gerechtigkeit den Verlust wert? Die Frage nach der moralischen Verpflichtung des Juristen führt zu Fragen über Fragen. In den Fragen wird deutlich, dass vieles von der historischen Situation abhängt, davon, wie groß der Widerspruch des Rechts zur Gerechtigkeit ist, welche Ungerechtigkeiten der Jurist auf der einen Seite hinnehmen oder begehen muss, um auf der anderen Seite mildern, korrigieren oder sabotieren zu können, wie sich die Ungerechtigkeit, die er befördert, und die, die er verhindert, gegeneinander verrechnen, und wo der Punkt ist, an dem alles Verrechnen aufhören muss.

In der Rechts- und Rechtswissenschaftsgeschichte findet sich zu diesen Fragen reiches Material. Ein Beispiel bietet Kohlrausch, der eine Entscheidung des Großen Senats des Reichsgerichts zum Blutschutzgesetz rational zu rekonstruieren versuchte, um auf der Grundlage der rationalen Rekonstruktion eine Blutschutzgesetz-Entscheidung eines einzelnen Senats des Reichsgerichts als zu weitgehend zu kritisieren. Eine Entscheidung des Großen Senats zu erschüttern war aussichtslos; eine Entscheidung eines einzelnen Senats mit dem Großen Senat im Rücken anzugreifen hatte Aussicht auf Erfolg. Ob Kohlrausch sich dem Blutschutzgesetz als Gesetz verpflichtet fühlte, ob er als Verwalter des Rechts oder als Partisan der Gerechtigkeit handelte und ob seine Interpretation des Blutschutzgesetzes Menschen geholfen hat, ist nicht auszumachen. Vermutlich konnte er die Folgen seiner Interpretation selbst nicht ausmachen. Wie hätte er handeln sollen? Hätte er das Blutschutzgesetz anders interpretieren können? Hätte er sich mit dem Blutschutzgesetz nicht beschäftigen dürfen? Die Studenten sahen gar nicht das Problem. Sie meinten, wenn Kohlrausch moralische Courage gehabt hätte, hätte er das Blutschutzgesetz unter Berufung auf das Naturrecht für nichtig erklärt. Dass ein entsprechender Aufsatz unter dem Nationalsozialismus nicht einmal gedruckt worden wäre, taten sie als technisches Detail ab.

Die Rechts- und Rechtswissenschaftsgeschichte bietet auch reiches Material zu den Grenzen einer Betrachtung, die das Moralische zu ihrem Dreh- und Angelpunkt macht. Wie berechtigt auch immer die moralische Forderung sein mag, Rechtswissenschaft und Rechtsprechung müssten die Wirklichkeit der Menschen und ihrer Interessen sehen und ernst nehmen – sie kann nur eine Forderung an Rechtswissenschaft und Rechtsprechung insgesamt sein und nicht bedeuten, dass jeder Einzelne die Rechtswissenschaft nur so betreiben und sein Richteramt nur so versehen kann. Stimmigkeit, aus der die Richtigkeit der einzelnen Interpretation und einzelnen Entscheidung und die Verlässlichkeit des Rechts folgen, ist nicht minder wichtig. Rechtswissenschaft und Rechtsprechung funktionieren arbeitsteilig, und sie sind durch die Bildung von Begriffen und die Konstruktion von Theorien und Systemen ebenso vorangebracht worden wie durch Verständnis für die Menschen und ihre Interessen. Historisch ging die sogenannte Begriffsjurisprudenz des 19. Jahrhunderts der sogenannten Interessenjurisprudenz des 20. Jahrhunderts voraus und musste ihr vorausgehen; ohne sie waren die Menschen und ihre Interessen im Recht nicht zu fassen. Das ließ die Studenten ihre moralische Verurteilung der Autoren des 19. und auch noch des 20. Jahrhunderts, die den Menschen und ihren Interessen nicht gerecht wurden, ein bisschen abmildern. Aber die Autoren blieben erledigt.

Auch die moralische Forderung, Rechtswissenschaft und Rechtsprechung müssten die Demokratie zu ihrer Sache machen, hat Grenzen. Gewiss ist es bewundernswert, wenn deutsche Juristen wie Karl Follen oder Gustav von Struve im 19. Jahrhundert ihrer Zeit und ihrer Welt voraus waren und Demokratie forderten. Aber sie mussten damit Ausnahmen bleiben. Der normale Jurist lebt nicht nur in seiner Zeit und in seiner Welt, sondern dient ihrer Erhaltung, wie das Recht ihrer Erhaltung dient. Unter dieser Voraussetzung war es schon eine Leistung, den Rechtsstaat, eine genossenschaftliche Verfassung der Gesellschaft und die Selbstverwaltung ihrer Gliederungen zu denken, ehe es sie gab, wie Stahl, Gierke und Gneist es taten. Im Horizont ihrer Zeit und ihrer Welt war es sogar eine moralische Leistung. Aber die Studenten waren auf der Höhe heutiger Moral und hielten nichts von moralischer Gestrigkeit.

## 3

Die Studenten haben sich das nicht ausgedacht. Es wurde ihnen beigebracht.

Zur mentalitätsgeschichtlichen Begleitung des rechtswissenschaftsgeschichtlichen Seminars las ich Gustav Freytags 1855 erschienenen Roman *Soll und Haben.* Er war das tausendfach gedruckte, tausendfach gelesene Hausbuch des deutschen Bürgertums und bietet Einsicht in das damalige bürgerliche Selbstverständnis, in die Gründe, aus denen das Bürgertum sich nach der gescheiterten Revolution von 1848/49 mit den ökonomischen Herausforderungen der Moderne und mit seiner politischen Stellung in der konstitutionellen Monarchie versöhnte, und in die Art und Weise dieser Versöhnung. Vom Glauben an Freiheit, an menschliche und bürgerliche Rechte, an eine Verfassung des Kompromisses und an Fortschritt getragen, ist der Roman zugleich bürgerlich eng – Weltläufigkeit gehörte nun einmal nicht zu den Merkmalen des deutschen Bürgertums in der Mitte des 19. Jahrhunderts.

Dann fand ich einen Band mit *Studien zu Gustav Freytags kontroversem Roman,* der sich nach hundertfünfzig Jahren vornahm, »seinen historischen Ort neu zu vermessen«. Der neuen Vermessung hält der Roman ebenso wenig stand, wie die Texte meines Seminars der heutigen Beurteilung durch die Studenten standhielten. Nicht dass an die Stelle des skizzierten Interesses am Roman als mentalitätsgeschichtlichem Material ein spezifisch literaturgeschichtliches Interesse träte. Das Interesse der Studien gilt ebenfalls der Mentalität des deutschen Bürgertums, aber nicht der Mentalität, wie sie damals existierte, sondern wie sie sich heute blamiert. Mit heutigem moralischem Maßstab vermessen, erweisen sich Freytags Judenbild, Polenbild, Frauenbild und Amerikabild als gestrig und moralisch defizitär. Wird gelegentlich gesehen, dass Freytag weder ein Antisemit noch ein Nationalist war und dass seine Bilder Spannungen und Brüche erkennen lassen, bleibt doch die kritische Frage, ob »ein Massenpublikum (entsprechend) differenzieren konnte«.

Zur gleichen Zeit stieß ich auf Hans-Ulrich Wehlers Rezension einer Quellenedition zur Vorgeschichte des Krieges von 1870/71. Dass Deutschland den Ersten und den Zweiten Weltkrieg ausgelöst hat, wüssten wir schon lange. »Endlich« erführen wir, dass Preußen auch den Krieg von 1870/71 ausgelöst habe. Wehler berichtet, wie Otto von Bismarck Napoleon III. diplomatisch so in die Enge und in die Ecke trieb, dass Frankreich nur noch reagieren konnte. Zwar erklärte Frankreich Preußen den Krieg, aber die Kriegserklärung ist für Wehler angesichts der »Kriegstreiberei« Bismarcks eine Lappalie.

Dass Bismarck den französischen Kaiser in eine Falle laufen ließ, hat mir schon mein Großvater auf den Spaziergängen erzählt, auf denen er mich über Geschichte belehrte. Er hatte nicht studiert und war kein Historiker, interessierte sich aber für Geschichte und hatte Bismarck gelesen. Er erzählte voller Stolz, wie Bismarck die Falle baute und wie Napoleon III. in sie tappte, wie Bismarck dadurch, dass er Napoleon III. in die Rolle des Angreifers lockte, den gerechtfertigten, von Begeisterung getragenen Verteidigungskrieg führen konnte, der Deutschland einte.

Er erzählte aus der Sicht der Zeit, in der diplomatische Geheimnisse, Provokationen und Komplotte moralisch legitime Elemente des Spiels um Macht, Prestige und Einfluss waren. Wehler schreibt nicht aus der moralischen Sicht von gestern, sondern von der Höhe heutiger Moral mit Entrüstung über »geheimes Krisenmanagement«, »bedrohliches Vabanquespiel« und das Streben nach Macht. Das geht so weit, dass er schließlich Bismarcks Vorbereitung des Kriegs von 1870/71 in Kontinuität zu Hitlers Vorbereitung und Eröffnung des Zweiten Weltkriegs sieht.

Wehler hat diesen Zugriff auf die Geschichte, der sowohl der modernen Geschichtswissenschaft als Gesellschaftswissenschaft als auch der modernen Literaturwissenschaft eignet, programmatisch ausgewiesen: Geschichtswissenschaft soll »zur Schärfung eines freieren, kritischen Gemeinschaftsbewusstseins beitragen« und dafür »nach demjenigen Sinn fragen, den historische Aktionen unter theoretischen Gesichtspunkten von heute annehmen«. Die Gesichtspunkte von heute, unter denen historische Aktionen am einfachsten und deutlichsten einen Sinn annehmen, der ein freieres, kritisches Bewusstsein zu schärfen verspricht, sind die moralischen.

Dieses Programm gilt nicht nur für die Wissenschaft. Dem Umgang mit Geschichte, dem die Studenten in der Wissenschaft begegnen, begegnen sie schon in der Schule; gerade die engagierten Lehrer versuchen, ihre Schüler mit wuchtigen moralischen Verurteilungen zu Eigenständigkeit, Widerständigkeit und moralischer Courage zu erziehen. Und sie begegnen dem Insistieren auf dem gegenwärtigen moralischen Maßstab bei der Bewertung vergangenen

Verhaltens im Alltag. Darf heute noch eine Straße Treitschkestraße, ein Gymnasium Hindenburg-Gymnasium oder eine Universität Ernst-Moritz-Arndt-Universität heißen? Dürfen Karl Binding oder Elly Ney heute noch als Ehrenbürger geführt werden?

## 4

Das Programm wird auf keinem historischen Feld so intensiv verfolgt wie auf dem Feld des Nationalsozialismus – in der Schule, in der Wissenschaft, im Feuilleton. Ein jüngstes Beispiel bietet die Diskussion um *Das Amt und die Vergangenheit.* Die Verfasser, die, die ihnen zustimmen, und die, die sie kritisieren, sind sich einig, dass das Auswärtige Amt bei der Entrechtung und Ermordung der Juden beteiligt war, dass es kein Hort des Widerstands war und dass seine Angehörigen einander nach 1945 deckten und halfen. Der Streit um die Frage, wie alt oder wie neu dieser Befund ist, ist von geringem Interesse – dass ein Ministerium in einem totalitären Staat mitspielt und nicht Widerstand leistet und dass seine Angehörigen einander in Korpsgeist verbunden bleiben, kann eigentlich niemanden wundern. Der Streit, ob das Auswärtige Amt ein bisschen früher oder ein bisschen später erfuhr und akzeptierte, dass Juden nicht nur deportiert, sondern ermordet wurden, ist zwar für Historiker, aber auch nur für Historiker wichtig. Interessant ist dagegen der Streit um die moralische Bewertung des Befunds.

Die Kritik, von Christopher R. Browning bis zu Hans Mommsen, vermisst bei der moralischen Bewertung eine

»differenziertere und nuanciertere Betrachtung der deutschen Diplomaten, die auf ihren Posten blieben und sich zwar nicht der Opposition oder dem Widerstand anschlossen, aber dennoch in vielfältiger Weise auf die mörderische Judenpolitik des Regimes reagierten«. Sie vermisst die Berücksichtigung der Situation, in der sich die Diplomaten befanden, ihrer Handlungsspielräume, der Möglichkeiten zum Widerstand, die sie hatten, und der Gefahren, denen sie sich dabei aussetzten. Sie vermisst auch die Sicht auf das Verhalten der Diplomaten im Kontext des Verhaltens anderer Ministerialer; immerhin scheint der Anteil der Angehörigen des Widerstands im Auswärtigen Amt größer gewesen zu sein als in anderen Ministerien.

Die Verfasser entgegnen, sie hätten keine moralischen Urteile gefällt, sie hätten die Geschichte dieser und nur dieser Institution erforscht und dabei auf individuelles Handeln lediglich konkretisierend und illustrierend verwiesen. Ihre Kennzeichnung des Auswärtigen Amts als »verbrecherischer Organisation« wäre demnach ein Urteil über die Institution und nicht über Personen. Aber Kapitel um Kapitel handelt die Arbeit, wie schon ihr Untertitel ankündigt, von *Deutschen Diplomaten im Dritten Reich und in der Bundesrepublik*, und in ihrer gemeinsamen Entgegnung beklagen die Verfasser, dass die nationalsozialistische Belastung deutscher Diplomaten nicht schon in den fünfziger Jahren eine »Welle der Empörung« ausgelöst hat. Man kann die Arbeit nicht lesen, ohne den Eindruck zu gewinnen, die Verfasser seien über die deutschen Diplomaten moralisch empört und sie wollten mit ihrer Darstellung moralisch empören.

Von der *Zeit* über *Süddeutsche* bis zur *Frankfurter Allgemeinen Sonntagszeitung* wird denn auch die »dezidiert kritische, sich um objektivierende Zurückhaltung gar nicht erst bemühende Stoßrichtung« der Arbeit gerühmt und ihr entnommen, Diplomaten seien als »Steinchen im Mosaik des Grauens« schuldig geworden oder »moralisch und historisch nicht mehr zu retten«. Zwar argumentiert Frank Schirrmacher in der *Frankfurter Allgemeinen Sonntagszeitung* zunächst, es gehe nicht um individuelles Verhalten, sondern um die Einrichtung des Auswärtigen Amts; der Kritik an der Darstellung der Einrichtung hält er dann aber entgegen, die Diplomaten hätten sich durch ihr Verhalten moralisch diskreditiert. Ähnlich argumentiert Joachim Käppner in der *Süddeutschen Zeitung* zunächst, es gehe um das Auswärtige Amt und daher nicht um Schuld, eine individuelle, keine kollektive Größe, um am Ende das Versagen des Auswärtigen Amts dahin zu resümieren, »die Menschen hatten eine Wahl, und sie trafen die falsche«.

Auf die moralische Bewertung läuft die Arbeit und läuft die Zustimmung zur Arbeit hinaus. Es ist eine Bewertung von der Höhe heutiger Moral. Die Forderung, die handelnden Personen im Horizont ihrer Zeit moralisch zu beurteilen, erinnert Käppner an »die Reaktionen überführter ss-Todesschützen«. Ulrich Herbert meint, in der Konsequenz der Forderung gebe es »keine Verantwortlichen mehr, sondern nur noch in unterschiedlich starkem Maße Getriebene« – eine moralische Bewertung historischer Personen im Horizont ihrer Zeit kann er, kein Journalist, sondern ein Historiker, sich schlicht nicht vorstellen.

## 5

Sie ist auch nicht einfach, und sie ist beim Dritten Reich besonders schwierig. Seit mehr als sechzig Jahren wird über die zwölf Jahre des Dritten Reichs geforscht, geschrieben, gelesen, werden neue Befunde erhoben und alte neu entdeckt und neu sortiert, wird analysiert und reflektiert. Es bleibt nicht aus, dass die Ergebnisse dieses Forschungs- und Reflexionsprozesses in die Köpfe der damals handelnden Personen projiziert werden – als hätten diese damals gewusst und bedacht, was sich in mehr als sechzig Jahren herausgestellt hat.

Aber natürlich haben die damals handelnden Personen in den zwölf Jahren nicht gewusst und bedacht, was sich heute von selbst versteht. Sechs der zwölf Jahre waren zwar noch Friedensjahre, aber schon eine Zeit sich jagender Ereignisse, und in den sechs Kriegsjahren jagten und überstürzten die Ereignisse sich erst recht. Die damalige Lebenswelt war von der heutigen gesättigten Wahrnehmung der zwölf Jahre weit entfernt. Es ist ein eigentümliches Paradox: Indem das Wissen über das Dritte Reich wächst, rückt die damalige Lebenswelt in immer weitere Ferne; je mehr wir über das Dritte Reich wissen, desto weniger wissen wir darüber, wie damals gelebt und erlebt und was gedacht und gefühlt wurde. Der Abstand zwischen dem, was aus heutigem Wissen und heutiger Reflexion an damaligem Wissen und damaliger Reflexion vorausgesetzt wird, und dem, was damals tatsächlich gewusst und bedacht wurde, wird mit dem Zuwachs des heutigen Wissens größer und größer.

Nicht dass die damalige Lebenswelt nicht erforschbar

wäre. Aber sie ist weniger die Welt der staatlichen und gesellschaftlichen Institutionen als vielmehr die Welt der sozialen Beziehungen, der Freundes- und Kollegengruppen, der Familien, der Milieus. Sie hat ihre Spuren weniger in Statistiken, Akten und offiziellen Verlautbarungen hinterlassen als vielmehr in privaten Aufzeichnungen, Tagebüchern, Briefen, den Büchern, die damals gelesen, den Filmen, die damals gesehen, den Predigten, die damals gehört, und den Vergnügungen, die damals gesucht wurden. Wie die Menschen damals gefühlt haben, lässt sich nicht ohne Einfühlung in ihre Wahrnehmungen und Empfindungen herausfinden, und wie moralisch sie sich damals verhalten haben, nicht ohne Rücksicht darauf, welche Verhaltensmöglichkeiten und moralischen Verpflichtungen sie damals gesehen haben. Mit der heutigen Außensicht die damalige Innensicht zu verbinden ist nicht unmöglich. Aber es ist schwierig.

Das Desinteresse an der damaligen Innensicht kommt auch daher, dass die Selbstzeugnisse der Kriegsgeneration oft der Rechtfertigung und Entschuldigung dienten. Es waren Legenden, Beschönigungen, Verfälschungen, die von der Nachkriegsgeneration demontiert werden mussten. Das Demontieren begegnete erheblichem Widerstand und musste mutig erkämpft werden; das rebellische Aufbegehren der sechziger und siebziger Jahre wurde dadurch auch zur moralischen Leistung. Dass es die Personen, deren Legenden, Beschönigungen und Verfälschungen es zu demontieren galt, nicht im Horizont ihrer Zeit und ihrer Lage sehen mochte, ist verständlich. Sie waren der Gegner.

Aber heute sind sie tot. Sie leisten keinen Widerstand

mehr. Sie müssen nicht mehr bekämpft werden. Ihre Legenden, Beschönigungen und Verfälschungen sind erledigt. Ihre Geschichte so zu schreiben, wie sie war, erfordert keinen Mut mehr. Der rebellische und moralische Anspruch geht ins Leere.

Aber als Gestus ist er anscheinend unentbehrlich. Als sei es etwas Besonderes, das man nicht von jedem Historiker erwarten darf, betonen die Verfasser der Arbeit über das Auswärtige Amt, ihre Darstellung sei »aufrichtig und ungeschönt«. Es müssen Legenden her, die endlich entlarvt werden: die Legende vom Auswärtigen Amt als Hort des Widerstands und die vom unbelasteten, unschuldigen Neuanfang des Auswärtigen Amts nach dem Krieg. Es muss moralisch Gericht gehalten werden – mit heutigen Maßstäben über gestriges Verhalten. Vor diesem Gericht sind alle Diplomaten schuldig, die nicht Widerstand geleistet oder ihren Abschied genommen haben, und ist Bismarck schuldig, der getrickst hat, und Freytag, der mit seinem Bild der Juden, Polen und Frauen nicht über seine Zeit hinaus war, und sind es die Rechtswissenschaftler des 19. und 20. Jahrhunderts, die nicht so demokratisch und wirklichkeitsorientiert und totalitarismusresistent waren, wie wir das heute von Rechtswissenschaftlern fordern. Würde ihr Verhalten im Horizont ihrer Zeit gesehen und moralisch bewertet, gäbe es »keine Verantwortlichen, nur Getriebene«.

## 6

Das ist denunziatorisch, obwohl es niemanden auf den Scheiterhaufen, ins Lager oder ins Gefängnis bringt. Es unterwirft Personen einem Maßstab, der ihnen nicht gemäß ist, und überantwortet sie einem Gericht, das ihnen nicht gerecht wird. Das Gericht ist fest etabliert, und der Maßstab wird verlässlich exekutiert. Aber das schließt Denunziation nicht aus, es ist deren Voraussetzung.

Es schafft eine Kultur des Denunziatorischen, weil es den Umgang mit der Geschichte insgesamt prägt, den wissenschaftlichen wie den alltäglichen, den Umgang mit der politischen Geschichte wie mit der Literatur- und Kulturgeschichte.

Es prägt sogar den Umgang mit der Gegenwart. Bei einer Bewertung historischer Personen, als lebten sie heute, bei einem Umgang mit der Geschichte, als sei sie Gegenwart, bleibt das nicht aus. Die Bewältigung der Vergangenheit erfolgte, indem die Verbrechen des Dritten Reichs aufgedeckt, die Legenden, Beschönigungen und Verfälschungen demontiert und das damalige Verhalten mit heutiger moralischer Strenge verurteilt wurde. Vergangenheitsbewältigung hat den Graben zwischen Vergangenheit und Gegenwart eingeebnet; indem der Maßstab der Gegenwart an die Vergangenheit angelegt wurde, wurde der Entlarvungs- und Demontierungsimpuls, der sich zunächst auf die Vergangenheit richtete, auch auf die Gegenwart erstreckt.

Manchmal ist die Gegenwart auch voller Vergangenheit. Die, die das Dritte Reich gestaltet haben, leben nicht mehr.

Von denen, die in der DDR Karriere gemacht oder doch begonnen haben, leben viele noch. Machen sie auch im wiedervereinten Deutschland Karriere, richtet sich der Entlarvungs- und Demontierungsimpuls auf sie. Das begann mit Manfred Stolpe und Gregor Gysi und reicht bis zu Stanislaw Tillich und Jan-Hendrik Olbertz. Gewiss, wer in der DDR Karriere machte oder auch nur begann, hat nicht Widerstand geleistet, sondern mitgespielt. Aber wie? Aus welchen Gründen, um welchen Preis und mit welchem Ziel? Auf Kosten anderer oder auf eigene Kosten? Es geht um Biographien, die eine differenzierte und nuancierte Betrachtung und eine moralische Bewertung im Horizont ihrer Zeit verdienen. Stattdessen wird der Blick darauf verengt, ob einer als Soldat an der Grenze eingesetzt war oder als inoffizieller Mitarbeiter des Ministeriums für Staatssicherheit geführt wurde oder als Wissenschaftler ein »ideologisch kontaminiertes« Fach vertreten hat. Die Verweigerung der moralischen Beurteilung im Horizont der Zeit wird besonders augenfällig, wenn dem Wissenschaftler, der sich dem damaligen Jargon nicht verweigerte, vorgeworfen wird, er müsse es entweder aus Überzeugung oder gegen seine Überzeugung getan haben und sei entweder ideologischer Verblendung oder der Unredlichkeit schuldig. Zwar kann, wer die administrativen oder auch gerichtlichen Überprüfungen der Wende- und Nachwendezeit bestanden hat, durch heutige Entlarvungen nicht mehr um die berufliche oder politische Stellung gebracht werden. Aber er kann und soll moralisch diskreditiert werden.

Auch wo die Gegenwart nicht voller Vergangenheit ist, bringt sich der Entlarvungs- und Demontierungsimpuls zur Geltung. Thilo Sarrazin, die, die sein Buch *Deutschland schafft sich ab* schätzen, und die, die es ablehnen, sind sich einig, dass in Deutschland die Integration von Zuwanderern nicht hinreichend gelungen ist, dass es bei ihnen das Problem der Bildungsferne gibt, dass die Integrationsbemühungen verstärkt und die Zuwanderungspolitik überdacht werden muss. Die falschen erbbiologischen Thesen des Buchs sind widerlegt und erledigt, anscheinend auch in den Augen des Verfassers. Der Streit, ob die polemischen Zuspitzungen des Buchs, weil Aufmerksamkeit garantierend, der Sache zuträglich sind oder, weil Empörung provozierend, abträglich, ist müßig.

Vom Verfasser und denen, die das Buch schätzen, wird wieder eine differenzierte und nuancierte Beschäftigung mit dem Buch gefordert. Stimmen dessen Befunde, beziehungsweise welche Befunde stimmen und welche nicht? Stimmen die theoretischen und historischen Analysen? Tragen sie die Folgerungen, die das Buch zieht? Was ist von den zuwanderungs-, sozial- und bildungspolitischen Vorschlägen des Buchs zu halten? Taugen sie als Beitrag zur Verbesserung der Integrationsbemühungen und Zuwanderungspolitik? Man muss das Buch gar nicht schätzen, um eine solche Diskussion notwendig zu finden. Dass es millionenfach gekauft wird, zeigt das gesellschaftliche Bedürfnis nach ihr an.

Statt auf eine Diskussion zielt die ablehnende Beschäftigung mit dem Buch auf seine Entlarvung. Es gehe dem Buch nicht um das, wovon es zu handeln vorgebe, sondern um das populistische Ansprechen politischer Ressentiments oder um die Propagierung einer neuen politischen

Moral oder vielmehr Unmoral im Geist des Darwinismus. Es sei menschenverachtend, rassistisch und unmoralisch – so unmoralisch, dass die Empörung manchmal zu den Adjektiven »abstoßend«, »unappetitlich«, »ekelerregend« greift.

In dieser Kultur des Denunziatorischen wachsen die Studenten intellektuell auf. In der Schule wird statt des Verständnisses des Verhaltens in der und aus der Lebenswelt des Dritten Reichs dessen moralische Bewertung mit ihnen eingeübt. In den Medien begegnen ihnen die denunziatorischen Kampagnen als Höhepunkte eines aufklärerischen und moralisch verantwortlichen Journalismus. In der Literatur zur politischen, Literatur- und Kulturgeschichte finden sie die Abwertung zeitgebundenen und -begrenzten Verhaltens bereits in der Behandlung des 19. Jahrhunderts. Wie sollte ihr Verhältnis zu Savigny, Puchta, Stahl und allen anderen anders sein, als es ist?

## 7

Was denn dagegen einzuwenden sei, mag man fragen – dagegen, dass die heutigen Studenten von der Höhe heutiger Moral nicht nur heutiges, sondern auch gestriges Verhalten beurteilen, dass sie Menschen anderer Zeiten für ebenso verantwortlich halten wie die Menschen unserer Zeit und dass sie niemandem erlauben, sein unmoralisches Verhalten auf die Umstände zu schieben und sich als Getriebenen zu verstehen und zu präsentieren. Ist das nicht ein couragierter kritischer Zugriff auf die Vergangenheit, der Zivilcourage gegenüber den Herausforderungen der Zukunft verspricht?

Aber was werden die moralischen Herausforderungen der Zukunft sein? Vermutlich werden es andere sein als die der Vergangenheit. Vermutlich wird von ihnen neu vermessen werden müssen, was an Anpassung erlaubt und an Widerstand geboten ist, wann Einfluss, der Unrecht mildern, korrigieren oder auch sabotieren kann, mit schmutzigen Händen erkauft werden darf oder sogar muss und wann die persönliche Integrität oder ein absolutes moralisches Gebot alles Vermessen verbietet. Dass das Argument von der Verhütung des Schlimmeren missbraucht wurde, heißt nicht, dass es die Situationen nicht gibt, in denen Schlimmeres dadurch verhütet werden kann, dass Schlimmes getan wird, und in denen sich die Frage stellt, ob es zu tun ist. Dass sich Menschen mit dem Argument, sie seien Getriebene, aus ihrer Verantwortung zu stehlen versuchten, heißt nicht, dass die Umstände nicht in Konflikte treiben können, in denen die richtige Entscheidung, das richtige Handeln über die Kräfte geht. Ohnehin ist Getrieben- und Verantwortlichsein eine törichte Dichotomie; wir werden getrieben *und* sind verantwortlich.

Die zukünftigen Konflikte im Spannungsfeld von Verantwortungs- und Gesinnungsethik und eigenen Schwächen und Zwängen und Ängsten werden andere sein als die, die es nach 1933 gab. Schon nach 1933 waren sie komplizierter, als dass sie mit Zivilcourage zu lösen gewesen wären, und sie werden wieder komplizierter sein. Gewiss, im Rückblick scheint es immer einen Moment zu geben, in dem couragiertes moralisches Verhalten vieler das Verhängnis verhindern kann. Aber wann ist der Moment? Und was, wenn nicht viele bereit sind, sondern nur wenige? Oder wenn man nicht weiß, ob auch andere bereit sind oder man allein bleibt?

Moshe Zimmermann, einer der Autoren der Arbeit über das Auswärtige Amt, wünscht sich, dass aus der Geschichte gelernt wird. Wer wünschte sich das nicht! Aber man lernt aus der Geschichte nicht, indem man auf sie blickt und über sie urteilt, als sei sie die Gegenwart. Man lernt Zivilcourage gegenüber totalitären Vereinnahmungen nicht, wenn sie präsentiert wird, als habe sie nach 1933 nicht mehr gekostet, als heute ein Aufbegehren gegenüber staatlichen oder gesellschaftlichen Institutionen kostet. Man lernt nicht, sich auch noch als Getriebener seiner Verantwortung bewusst zu sein, wenn man um das Verständnis für das Getrieben- und zugleich Verantwortlichsein anderer gebracht wird. Man lernt Widerständigkeit nicht, indem man einübt, sich vom Mainstream moralischer Selbstgewissheit und -gerechtigkeit tragen zu lassen.

Geschichte lehrt keine Rezepte. Sie lehrt, dass alles schon anders war und dass alles auch anders sein kann. Sie lehrt, am Anderssein der Vergangenheit einen Sinn für das zu entwickeln, was in der Gegenwart anders sein kann und in der Zukunft anders sein wird, und dafür, was in altem und neuem Gewand wiederkehrt. Sie lehrt das Leben mit Alternativen – dass Alternativen einem begegnen und man sie bewältigen muss, aber auch, dass man sie suchen und dass man sie gestalten kann. Sie lädt dazu ein, die Welt verschieden zu interpretieren, sie utopisch neu zu entwerfen und sie zu verändern.

## 8

Unsere Gegenwart ist alternativlos? Was Politik und Kultur an Alternativen verweigern – Geschichte bietet der Phantasie und Kreativität Stoff in Fülle. Erstaunlich an der Kultur des Denunziatorischen und ihrem Positivismus der Gegenwärtigkeit ist, dass sie nicht langweilen. Wieder und wieder besser sein und es besser wissen als die Vergangenheit, entlarven, was alle schon wissen, widerlegen, was niemand mehr vertritt, anklagen, was längst verurteilt ist – was ist daran attraktiv?

Der rebellische Gestus? Oder ist das Gefühl der Überlegenheit, das sich bei der Darstellung und Bewertung der Vergangenheit von der Höhe heutiger Moral einstellt, so verführerisch? Oder ist die entschlossene Einseitigkeit, die sich Differenzierungen und Nuancierungen erspart, so verlockend?

Es ist ein Geflecht von Gründen, dem sich die Kultur des Denunziatorischen verdankt. Der denunziatorische Zugriff auf die Vergangenheit und auch die Gegenwart ist einfach. Moralisieren reduziert Komplexität. Die Erforschung nicht nur des äußeren, sondern auch des inneren Geschehens, die Erhebung nicht nur der markanten, sondern auch der unscheinbaren Befunde, aus denen Lebenswelten rekonstruiert werden, das Bewussthalten der Distanz, der letztlich unüberbrückbaren Kluft zwischen Vergangenheit und Gegenwart, die Balance zwischen dem analytischen und theoretischen Gegenwartsblick und der Einfühlung in vergangene Mentalitäten, das moralische Urteil aus dieser Balance – es ist aufwendig. Mit heutigem moralischem Maßstab zu entlarven und zu diskreditieren bedarf keines großen Aufwands.

Dazu kommen die Gratifikationen moralischer Überlegenheit und des rebellischen Gestus. Sie befriedigen die Eitelkeit. Mehr noch, sie scheinen den Makel der deutschen Vergangenheit zu tilgen, den noch die Angehörigen der dritten und vierten Generation spüren, wenn sie sich für Geschichte interessieren und ihre Identität nicht nur aus dem Leben in der Gegenwart, sondern auch aus dem Leben mit der Vergangenheit bestimmen. Wird gegen die Vergangenheit rebelliert und wird sie moralisch verurteilt, dann scheint ihre Integration in die Identität zu gelingen: als Integration der Rebellion und der Verurteilung.

Wie die Gründe, denen sich die Kultur des Denunziatorischen verdankt, hat sich auch das Material noch nicht erschöpft. Ein Ministerium des Dritten Reichs nach dem anderen wird historisch aufgearbeitet werden, und es wird sich zeigen, dass es ein williges Instrument des Nationalsozialismus war. Bei noch einem und noch einem Industrieunternehmen wird aufgezeigt werden, dass es von Aufrüstung und Zwangsarbeit profitiert hat. Jedes Stadt-, jedes Gerichts-, jedes Kirchen- und jedes Vereinsarchiv enthält Quellen aus dem Dritten Reich, und wenn sie erhoben werden, werden sie den Weg der Ausgrenzung und Verfolgung der Juden bestätigen. Was sonst? Ohne Unterlass kann die Frage gestellt werden, was die Deutschen wussten und was sie nicht wussten – was wussten sie, wenn sie nicht wissen wollten, was sie hätten wissen können? Nach dem Dritten Reich gibt es die DDR und die Bundesrepublik der fünfziger und sechziger Jahre, die das Erbe des Dritten Reichs nicht entschlossen genug abgeschüttelt hat, und in den siebziger und achtziger Jahren den Terrorismus und seine Bekämpfung. Ständig wird Gegenwart zu neuer Vergangenheit und hält dem neuen moralischen Blick einer neuen Gegenwart nicht mehr stand. Ständig wird es in der Gegenwart neue Stoffe für moralische Skandalisierungen geben.

Aber wie sich bei der Kultur des Vergessens und Verdrängens und der Kultur des studentenbewegten und sozialdemokratischen Aufbruchs und der Kultur des In-der-Bonner-Republik-angekommen-und-mit-ihr-zufrieden-Seins schließlich Überdruss eingestellt hat, wird er sich auch bei der Kultur des Denunziatorischen einstellen. Es müsste einem nicht leid um sie sein, wäre nicht zu befürchten, dass sich mit ihr auch das Interesse an der Vergangenheit erledigen wird, mit der sie sich auf ihre besondere Art besonders intensiv beschäftigt. Der Überdruss an der Art der Beschäftigung wird deren Gegenstand nicht verschonen. Für eine der nächsten Generationen werden die Furchtbarkeiten des Dritten Reichs nicht nur weit weg sein; sie wird der Beschäftigung mit ihnen überdrüssig sein.

## 9

Im Sommer des letzten Jahres verbrachte ich einen Nachmittag und Abend mit einer Gruppe amerikanischer und deutscher Studenten. Die deutschen Studenten, die in England und Amerika Englisch gelernt hatten, zeigten den amerikanischen, die nicht Deutsch sprachen und noch nie in Berlin und Deutschland gewesen waren, die Universität und die Stadt. Ich begleitete die Gruppe durch die Universität, in die Alte Nationalgalerie und ins Deutsche Historische Museum. Als Letztes stand das Holocaust-Mahnmal auf dem Programm.

Nachdem wir uns zwischen den Stelen verloren hatten, fanden wir uns auf der Terrasse mit Bier- und Wurst- und Andenkenbuden wieder, die das Mahnmal säumt. Die Ersten waren durstig gewesen und hatten sich etwas zu trinken bestellt; wir Späteren setzten uns dazu. Den deutschen Studenten war das Getriebe und Gelärme auf der Terrasse, von der man auf das Mahnmal sieht wie von der Terrasse eines Schwimmbadcafés auf Strandkörbe und Badegäste, peinlich. Die amerikanischen waren über dieses Nebeneinander sichtbar verwundert, aber zu höflich, als dass sie Kritik geäußert hätten. Ein Gespräch über den Eindruck, den das Mahnmal hinterlassen hatte, mochte nicht aufkommen.

Bis ein deutscher Student unvermittelt sagte: »Mein Großvater war bei der ss.« Ein anderer Student erzählte, sein Großvater sei in Afrika gefallen, eine Studentin, ihr Großvater in Russland. Ein Student erwähnte, sein Großvater habe bei der Reichsbahn gearbeitet. Die Vorfahren einer amerikanischen Studentin waren vor dem Ersten Weltkrieg aus Russland nach Amerika ausgewandert; mit Beginn der deutschen Besatzung war der Kontakt zu den zurückgebliebenen Verwandten abgebrochen. Die Großeltern eines Studenten waren 1938 aus Würzburg nach Amerika entkommen; ihre Eltern waren geblieben und wurden ermordet. Es war wie bei einer Vorstellungsrunde; jeder Student, jede Studentin sagte ein paar Sätze über die Großeltern. Die anderen hörten aufmerksam zu; als ein amerikanischer Student mit Witz von seinem Großvater und Urgroßvater erzählte, sie hätten in der Prohibition ihr Geld mit Schwarzbrennerei verdient, lachten sie erleichtert.

Dann begann die amerikanische Studentin den deutschen Studenten zu fragen. Sie tat es interessiert, ruhig, fast sanft. Habe er seinen Großvater gut gekannt? Was wisse er über ihn? Warum sei der Großvater zur SS gegangen, und was habe er davor gemacht? Sei er ein fanatischer Nazi gewesen? Ein Antisemit? Ein Opportunist? Was habe er im Krieg gemacht? Was habe er gewusst? Der deutsche Student blieb die meisten Antworten schuldig. Er war stolz, dass sein Vater mit dem alten Nazi gebrochen hatte; er selbst hatte ihn nur drei Mal gesehen, das letzte Mal mit vierzehn Jahren. Aber dann wuchs sein Interesse am Großvater. Er wusste, dass der Großvater Bauingenieur war, dass seine Eltern katholisch waren und seine Ehe glücklich war. Warum ging so jemand zur SS? Er wusste, dass in den fünfziger Jahren ein Verfahren gegen ihn eröffnet, aber eingestellt worden war – worum war es gegangen? Er erinnerte sich, dass sein Vater von Erschießungen geredet, aber nicht gesagt hatte, was genau der Großvater getan hatte oder getan haben sollte; der Vater habe sich wohl geschämt. Er grub in seiner Erinnerung, wie der Großvater gewesen war – ein grimmiger alter Mann, ein freundlicher?

Der Student hatte an meinem Seminar teilgenommen, und ich erinnerte mich an die moralische Strenge seiner Urteile. Unter den behutsamen Fragen der amerikanischen Studentin schien sich sein strenger Blick auf den Großvater zu wandeln. Es war, als wolle der Student erstmals wissen, wer sein Großvater eigentlich war.

# Moralische Herausforderungen

# »Das Moralische versteht sich von selbst«

## I

Der Titelsatz stammt aus dem 1879 erschienenen Roman *Auch Einer* des Philosophen Friedrich Theodor Vischer. Man mag einen Satz eines Philosophen über das Moralische eher in einer philosophischen Abhandlung erwarten. Aber sein Platz im Roman hat einen philosophischen Grund.

Vischer, 1807 geboren und 1887 gestorben, Professor der Philosophie und Literatur in Zürich und in Tübingen, hat die Jahre 1835 bis 1857 an die Ausarbeitung einer großangelegten, schließlich sechsbändigen philosophischen Ästhetik gewandt. Er konnte die Vernunft nicht mehr in der Religion und nach 1848 auch nicht mehr in der Geschichte finden – in der Religion nicht, weil sie für ihn wie für Feuerbach Ausdruck der Entfremdung des Menschen war, in der Geschichte nicht, weil er nach der gescheiterten Revolution nicht mehr auf die Aufhebung der Entfremdung in der Entwicklung der Gesellschaft zu Freiheit und Demokratie hoffte. Er hatte vergebens versucht, als Abgeordneter in der Frankfurter Paulskirche die Republik »vorsichtig vorzubereiten«, und war deprimiert zu der Einsicht gelangt, dass die Revolution sich gegen die Restauration nur hätte behaupten können, wenn sie sich zu Diktatur und Terror gesteigert hätte. Nun sollte die Ästhetik leisten, was Religion und Geschichte nicht mehr leisten konnten: die Aufhebung der Entfremdung des Menschen in der modernen Welt.

Entfremdung bedeutete für Vischer nicht anders als für Hegel und Marx, dass der Mensch in der Welt nicht mehr zu Hause ist, dass seine natürlichen Lebensverhältnisse durch künstliche ersetzt sind, dass sein Verhalten nicht mehr von ihm, sondern von fremden Mächten bestimmt wird. Empirisch sah Vischer die Entfremdung des Menschen in der modernen Welt als Folge der Technisierung und Industrialisierung der Arbeitswelt, der Ersetzung des Gewachsenen durch das Gemachte in Gesellschaft und Politik, der Unterwerfung der Natur unter das Gesetz der Maschine. Philosophisch stellte sich ihm die Entfremdung als Auflösung der Welt in das Besondere und Subjektive dar; alles sei zufällig geworden. Lasse sich aber das Zufällige, das heißt das Sperrige, Hässliche, Tragische, Komische, als Moment des Schönen begreifen und im Schönen aufheben, dann sei das Besondere mit dem Allgemeinen, das Subjektive mit dem Objektiven, das Zufällige mit dem Notwendigen wieder versöhnt. Dann könne der Mensch wieder in der Welt zu Hause sein.

Wie Vischer die Aufhebung des Zufälligen im Schönen versucht hat, ist hier nicht näher zu schildern. Methodisch an Hegel und inhaltlich an Schelling anknüpfend, wollte er das Schöne zunächst als das Erhabene und das Komische, dann als das natürlich entstandene Naturschöne und das vom Menschen geschaffene Phantasieschöne, dann als das subjektiv und das objektiv Schöne und schließlich als das Schöne der verschiedenen Künste systematisch entfalten. Am Ende sollte, wie er einleitend versprach, alles und auch aller Zufall »im Schönen harmonisch verschmolzen und die letzte Spur des Widerspruchs getilgt« sein.

Aber es gelang Vischer nicht. Während der Arbeit an der Ästhetik merkte er, dass sich, was er verschmelzen wollte, nicht verschmelzen ließ. Er war überzeugt, dass die Ästhetik, die das Naturschöne nicht ebenso fassen kann wie das Phantasieschöne, ihr Ziel verfehlt. Damit aber die Ästhetik das Naturschöne fassen kann, muss die Natur ein Telos haben und darf nicht ein Spiel des Zufalls sein. Vischer ging daher von einem teleologischen Naturverständnis aus, und er meinte, dabei auf die Unterstützung der Naturwissenschaften rechnen zu können. Nach der Begegnung mit Darwins Schriften wusste er, dass er auf die Unterstützung nicht rechnen konnte.

Nicht weil Menschen und Affen gemeinsame Vorfahren haben. Diese Kränkung der Stellung des Menschen in der Welt hat Theologie und Kirche erschüttert. Was die Naturwissenschaften erschüttert hat, war die von Darwin aufgezeigte Zielblindheit der Entwicklung der Natur. Die Entstehung der Arten verdankt sich nach Darwin nicht nur keinem göttlichen, sondern auch keinem natürlichen Plan, sie ist keine Entwicklung zu Besserem und Höherem, sie rechtfertigt weder einen Fortschrittsglauben noch auch nur eine Fortschrittshoffnung. Sie ist Ergebnis eines Spiels des Zufalls: Zufällig finden sich in einer neuen Generation die Variationen, die sich in ihr finden, zufällig finden sie sich in der Umgebung, in der sie sich finden, und zufällig findet sich unter den Variationen eine, die für das Leben in der Umgebung besser geeignet ist als die anderen. Dass sie in der Umgebung besser überlebt als die anderen und diese verdrängt, bedeutet nur, dass sie der Umgebung besser angepasst ist als die anderen. Sie kann komplexer gebildet und in diesem Sinn höher entwickelt und sie kann stärker sein. Sie muss es aber nicht; zu viel Komplexität und Stärke können beim Überleben hinderlich sein.

Die fach- und erst recht die vulgärphilosophische Rezeption hat Darwin immer wieder teleologisch umgedeutet, und die unter dem Schlagwort des Sozialdarwinismus bekanntgewordene Verkehrung von Darwins Erklärung der Naturgeschichte in eine sozialpolitische Rechtfertigung von Stärke und Kampf lebte davon, dass der Sieg dem Besseren und Höheren gehört und Fortschritt bedeutet. Darwin selbst konnte da, wo er nicht wissenschaftlich, sondern spekulativ schrieb, Fortschrittsglauben oder doch -hoffnung erkennen lassen. Aber für die Naturwissenschaften bedeutete Darwin den endgültigen Abschied von teleologischen Entwürfen, und auch Vischer war zu kritisch, als dass er sich Darwin hätte teleologisch schönlesen können. Er sah, dass die Herrschaft des blinden Zufalls in der Wirklichkeit und die Sehnsucht des Menschen nach einer harmonischen Ordnung der Welt nicht zusammenstimmen. Die Sehnsucht ist echt und hat ihren Sinn und ihr Recht. Aber sie bleibt unerfüllt, der Mensch bleibt entfremdet.

Für die Hoffnung auf ein alles überwölbendes, versöhnendes System hatte Vischer danach nur noch Spott. Metaphysik und Dialektik waren ihm holperige begriffliche Konstrukte, die Idee des Schönen ein Wunschbild und das Resultat des Idealismus eine Scheinwelt. Woher nahm er in diesem philosophischen Trümmerfeld den Mut, dem Moralischen zu bescheinigen, es verstehe sich von selbst?

## 2

Er konnte schon bei Kant finden, dass »es keiner Wissenschaft und Philosophie bedürfe, um zu wissen, was man zu tun habe, um ehrlich und gut … zu sein«, und bei Hegel, dass die Wahrheit über die Sittlichkeit öffentlich bekannt und dass es »das einfache Verhalten des unbefangenen Gemütes ist, sich mit zutrauensvoller Überzeugung an die öffentlich bekannte Wahrheit zu halten und auf diese feste Grundlage seine Handlungsweise … zu bauen«. Das vorphilosophische Wissen um Gut und Böse bedarf der Philosophie nur, um Deutlichkeit und Dauerhaftigkeit zu gewinnen, so Kant, und um dem »vernünftigen Inhalt auch die vernünftige Form zu gewinnen«, so Hegel.

Aber Vischer hat weder an Kant noch an Hegel angeknüpft. Er verwendete das Stichwort »zweiter Darwinismus«, um die Vorstellung einer im Prozess der Evolution ausgebildeten, dem Menschen eingewachsenen Moral zu präsentieren. Bei Darwin, der ihm die Hoffnung auf das System zerschlagen hatte, fand er den Glauben an die Selbstverständlichkeit der Moral begründet.

Darwins Evolution der Moral beginnt bei den Tieren – nicht erst bei den Primaten, sondern schon bei den Bienen, Vögeln und Hunden. Darwin beobachtet, dass instinktives tierisches Verhalten oft ist, was beim Menschen als moralisch verstanden wird: koordiniert und kooperativ, liebevoll, fürsorglich, opferbereit, tapfer. Es bereitet dem Tier, das sich entsprechend verhält, Lust und wird von den anderen Tieren des Verbands belohnt, wie widersprechendes Verhalten von ihnen bestraft wird. Es gewinnt in historisch und geographisch verschiedenen Umwelten verschiedene Gestalt – die Gestalt, die dem Überleben des Verbands am besten dient. Auch der Mensch ist nach Darwin mit Instinkten ausgestattet, einem sexuellen, einem elterlichen und einem sozialen. Auch bei ihm leiten die Instinkte koordiniertes und kooperatives Verhalten, sie lassen ihn seinen sexuellen Partner und seine Kinder lieben, die anderen Mitglieder der Sippe vermissen, wenn er von ihnen getrennt ist, mit ihnen teilen, ihnen helfen, sie vor Gefahren warnen und in gemeinsamem Angriff und gemeinsamer Verteidigung schützen. Auch ihm bereitet entsprechendes Verhalten Lust, und es gibt dafür eine Belohnung und für Widersprechendes eine Bestrafung durch die anderen Mitglieder der Sippe. Auch bei ihm variiert das koordinierte und kooperative Verhalten von Umwelt zu Umwelt so, dass es dem Überleben der Sippe am besten dient.

Dass es um das Überleben des Verbands, eines Rudels oder einer Sippe geht, wird Darwin erst allmählich bewusst. Er entwickelt seine beiden Theorien von der natürlichen Auslese und vom sozialen Instinkt unabhängig voneinander. Beide scheinen zunächst nicht zueinander zu passen: Während die natürliche Auslese das Überleben dessen zu begünstigen scheint, der zum eigenen Nutzen zu handeln versteht, nützt der soziale Instinkt nicht dem Handelnden, der hilft, sondern dem anderen, der die Hilfe empfängt. Der Gesichtspunkt des Überlebens des Verbands fügt beide Theorien dann zusammen. Die natürliche Auslese begünstigt die, die zum eigenen Nutzen zu handeln verstehen, indem sie zum Nutzen des Verbands handeln.

Geraten Instinkte in Konflikt, endet für Darwin die beschriebene Parallele zwischen Tier und Mensch. Der Hund, der einerseits Kaninchen jagen und andererseits seine Jungen füttern will, tut, was ihn der stärkere Instinkt zu tun drängt, und denkt nicht darüber nach. Der Mensch denkt zurück und denkt voraus, er bewertet vergangenes und kalkuliert künftiges Verhalten, er plant die Folgen seines Verhaltens. *»Man has reasoning power in excess instead of definite instincts.«* So kann sich sein sozialer Instinkt zum reflektierenden Gewissen schärfen.

Nie gelangt Darwin zu völliger Klarheit darüber, was Mensch und Tier angeboren ist und was von ihnen gelernt wird, was Ergebnis von Gewöhnung und was Leistung der Vernunft ist. Wandeln sich Instinkte durch Lernen? Gibt es einen Übergang von Instinkt zu Vernunft? Wie auch immer – das Moralische versteht sich von selbst. Es hat die Tatsächlichkeit, die Notwendigkeit, die Selbstverständlichkeit, die allem eignet, was im Prozess der Entwicklung von Tier und Mensch entsteht und besteht.

## 3

Wie prägend Darwin mit seiner Auffassung von der Selbstverständlichkeit der Moral war, zeigt ein Blick auf Nietzsche und Freud, deren genealogische und phylogenetische Überlegung das Moralische ebenfalls als selbstverständlich ausweisen.

Zwar hat Nietzsche Darwin weder geschätzt noch verstanden; er hält ihm entgegen, im Kampf der Menschen ums Überleben würden sich nicht die Starken, sondern die

Schwachen durchsetzen, wobei er unter den Schwachen die Menschen versteht, die in der Gruppe leben, und unter den Starken die gesunden, kräftigen, kühnen Ausnahmegestalten, die keine Gruppe brauchen noch wollen. Vielleicht ist aus der Verkennung von Darwins Theorie, die dieser Versuch der Widerlegung offenbart, begleitet von einem abschätzigen »das ist englisch«, zu schließen, dass der spekulative Nietzsche für den Empiriker Darwin nicht nur keinen Sinn, sondern dass er ihn gar nicht gelesen hatte. Aber Darwin lag intellektuell in der Luft, und Nietzsches Lehre von der Genealogie der Moral ist ohne Darwins Evolution der Moral nicht vorstellbar.

Nietzsche betont die Relativität der Moral: »Da die Bedingungen der Erhaltung einer Gemeinde sehr verschieden von denen einer anderen Gemeinde gewesen sind, so gab es sehr verschiedene Moralen; und in Hinsicht auf noch bevorstehende wesentliche Umgestaltungen der … Gesellschaften kann man prophezeien, dass es noch sehr abweichende Moralen geben wird.« Aber eine Bedingung des Überlebens ist die Moral allemal, und ihre Relativität wird dadurch relativiert, dass, wie Nietzsche ebenfalls betont, Europa und die Länder, in denen Europas Einfluss herrscht, »in allen moralischen Hauptturteilen einmütig« geworden sind. Die »Erhaltungs- und Wachstumsbedingungen der Sozietät«, die sich in den moralischen Urteilen ausdrücken, sind in den meisten Ländern der modernen Welt eben die gleichen.

Nietzsche geht mit der Hauptmoral der modernen Welt streng ins Gericht. Er geißelt sie als »Herdentier-Moral«, als Moral des Ressentiments und der Dekadenz, als Moral der Schwachen, die ihren Willen zur Macht durchsetzen, indem sie Selbstlosigkeit und Mitleid, Gleichheit und Mittelmäßigkeit zur Norm erheben, unter der die Starken ihre Stärke nicht ausspielen dürfen. Sie ist für ihn Herdentier-Moral in wörtlichem Sinn; »das sorgfältige Vermeiden des Lächerlichen, des Auffälligen, des Anmaßenden, das Zurückstellen ... heftiger Begehrungen, das Sich-gleich-geben, Sich-einordnen, Sich-verringern – dies Alles als die gesellschaftliche Moral ist ... bis in die tiefste Tierwelt hinab zu finden«. Anders als dem Tier ist die Moral dem Menschen nach Nietzsche nicht Instinkt. Aber sie wird ihm anerzogen, angezüchtet, bis sie mit der »Sicherheit eines Instinkts« funktioniert. Bei Darwin gilt die Moral, die das Überleben der Gruppe fördert, insoweit fort und fort, als sich ihre förderliche Wirkung wieder und wieder bewährt. Bei Nietzsche ist das Gewissen »nach langer Vererbung« dem Menschen »angeboren«.

Auch für Nietzsche versteht sich das Moralische von selbst – das Moralische der Herdentiere. Nicht dass er meinte, es ließe sich nicht dagegen oder darüber hinaus denken; Nietzsche gibt die teleologische Hoffnung auf die Erhöhung des Menschen zum neuen, starken Typus des Übermenschen nicht auf. Aber er geht davon aus, dass die Moral des Übermenschen sich gerade nicht von selbst versteht.

Anders als bei Nietzsche ist bei Freud gewiss, dass er Darwin gelesen hat. Schon früh haben Darwins Schriften sein Interesse an phylogenetischen Fragen geweckt. Die Antworten auf diese Fragen findet Freud eher bei Lamarck als bei Darwin; er glaubt an die Vererbung erworbener Eigenschaften. Aber auch Freud ist der Gedanke von Entwicklung als Vervollkommnung fremd und »scheint die bisherige Entwicklung der Menschen keiner anderen Erklärung zu bedürfen als die der Tiere«. Soziales Verhalten entspringt »sozialer Angst«, der Angst, nicht geliebt zu werden, und den entsprechenden gesellschaftlichen Belohnungen und Bestrafungen. Die Angst braucht noch kein Über-Ich, nur die Differenzierung von Ich und Es, die Freud »nicht erst den Menschen, sondern schon einfacheren Lebewesen zuerkennt, da sie der notwendige Ausdruck des Einflusses der Außenwelt ist«.

Aus der sozialen Angst entwickelt sich das Gewissen. Die Angst vor dem Verlust der elterlichen Liebe wird zur Angst vor der inneren Autorität des Über-Ich, das der Mensch nährt und stärkt, indem er die Aggressionen, auf deren Befriedigung er verzichtet, dem Über-Ich gewissermaßen zuführt, wodurch es noch strenger wird. Über das, was Darwin bei Hunden als Entwicklung des moralischen Sinns beobachtet und beim Menschen als Schärfung des moralischen Sinns zum reflektierenden Gewissen beschreibt, geht das hinaus. Aber die phylogenetische Variante dieser ontogenetischen Entwicklung beginnt wieder mit der Horde, in der seit »affenähnlicher Vorzeit« Verbindungen zum sexuellen Partner und zu den Kindern auf Dauer gestellt und Hilfe und Schutz geleistet werden. Für das, was Freud in der Urhorde geschehen lässt, verweist er auf Darwin und auf wilde Rinder- und Pferdeherden. Die Söhne hassen und lieben den mächtigen, gewalttätigen Vater, befriedigen ihren Hass, indem sie ihn ermorden, bringen aber auch ihre Liebe zur Geltung, indem sie bereuen, ihm ein Totem errichten, das nicht verletzt werden darf, sich die Frauen versagen, die er ihnen versagt hatte, und sich versprechen, einander nicht anzutun, was sie ihm angetan haben. Ödipuskomplex, Inzestverbot, Bruderliebe – Freud spricht von den »ersten Anfängen einer sittlichen und sozialen Ordnung« und vom Über-Ich der Gemeinschaft, das das kulturelle Erbe enthält und die kulturelle Entwicklung prägt und mit dem Über-Ich des Einzelnen »verklebt«. Der Modus der Verklebung ist die Vererbung; »die Menschen bringen ein Stück Neigung zur Umwandlung der egoistischen in soziale Triebe als ererbte Organisation mit«.

Der Aufbau der Moralität beim Kulturkind möge einem wie ein Werk der Erziehung erscheinen. »In Wirklichkeit ist diese Entwicklung eine organisch bedingte, hereditär fixierte und kann sich gelegentlich ganz ohne Mithilfe der Erziehung herstellen.« Wenn Freud Vischer manchmal ausdrücklich zustimmt, dass das Moralische sich von selbst versteht, dann mag er es nicht als ein Resultat seiner Theorie sagen. Aber es ist ein Resultat seiner Theorie.

Und es ist eine Summe seines Lebens. Er schreibt an den Neurologen James Jackson Putnam, dass »ich mich … für einen sehr moralischen Menschen halte, der den guten Ausspruch von Th. Vischer unterschreiben kann: Das Moralische versteht sich von selbst. Ich glaube, an Rechtssinn und Rücksicht für den Nebenmenschen, an Missvergnügen, andere leiden zu machen oder zu übervorteilen, kann ich es mit den Besten, die ich kennengelernt habe, aufnehmen. Ich habe eigentlich nie etwas Gemeines und Boshaftes getan und spüre auch keine Versuchung dazu, bin also gar nicht stolz darauf«. Freud schreibt es 1915, als ihm der Krieg schon zur großen Enttäuschung geworden ist. Daran, dass sich das Moralische von selbst versteht, hat der Krieg nichts geändert.

## 4

Auch Albert Einhart, der Protagonist von Vischers Roman *Auch Einer*, hat seine Vorstellung von der Evolution: »Die Natur hat sich schwer und wild abgemüht, bis sie die jetzigen Typen (Gattungen und Arten) festgestellt hat, an ihrer Spitze den Menschen … Nun hat dann der Mensch wieder von vorn angefangen, er ist zuerst jedenfalls nicht viel besser gewesen als ein Tier. Wütend, viehisch muss Mensch mit Mensch gerauft haben um Wohnsitz, Speise, Weib, Macht. Ein Kampf, dem analog, durch den einst die Typen, die *genera* und *species* geworden sein müssen. Durch eine Reihe furchtbarer Erfahrungen, in unermesslicher Zeitdauer muss dieser Kampf dahin geführt haben, dass allmählich rechtliche, sittliche, politische Ordnungen sich herausarbeiteten und gründeten, zum Beispiel bis man einsah, dass es Eigentum geben muss, durch Gesetze geschützt, dass die Raserei des … Geschlechtstriebs nicht zu zügeln ist, als durch die Ehe. So entstand … die sittliche Welt … Wie nun jene Naturtypen nach so langen, harten Prozessen festgestellt sind, als wären sie ewig festgestanden, so die sittliche Ordnung. Sie hebt sich über die Zeit aus der Zeit heraus, ist ein … Unbedingtes, an sich Wahres, … ewige Substanzen … Sie sind allerdings auch in einer Entwicklung begriffen, aber diese trifft nicht ihren Kern; Eigentum, Recht, Gesetz, Staat muss immer und ewig sein. Und das Höchste in diesem

Hohen: die Einrichtungen, Tätigkeiten, die dem Mitleid ihr Dasein verdanken, und Kunst und Wissenschaft.«

Das ist schlichter und gröber als Darwin, Nietzsche und Freud. Aber es ist auf der Höhe der Zeit. Weil darin außer Spuren Darwins auch Spuren Hegels und überdies ein bisschen christliche Ethik zu finden sind, hat die Literaturwissenschaft die Äußerung des Protagonisten gelegentlich als Äußerung des Autors genommen, des Pfarrerskindes, abgefallenen Hegelianers und späten Darwinisten Vischer. Auch den Satz, das Moralische verstehe sich von selbst oder auch, es verstehe sich immer von selbst, den Einhart wie ein Mantra wiederholt, hat die Literaturwissenschaft zum Ausspruch von Vischer gemacht, und Freud tut es ihr gleich. Aber so gewiss jeder Roman Autobiographisches enthält und so gewiss Vischer Einhart immer wieder denken ließ, was er selbst dachte, so gewiss ließ er ihn auch denken, was er selbst nicht dachte. Vischer war auch nicht nur Einhart, sondern ebenso der Ich-Erzähler, der Einhart auf einer Reise durch die Schweiz kennenlernt.

*Auch Einer. Eine Reisebekanntschaft* hat drei Teile. Der erste schildert die Begegnung des Ich-Erzählers mit Einhart in der Schweiz, das Niesen und Husten, das Einhart überfällt und sprech- und gesellschaftsunfähig macht, die anderen Missgeschicke, die ihm widerfahren und ihn eine Theorie von der sprichwörtlich gewordenen Tücke des Objekts haben entwickeln lassen, und er endet mit einem Gericht und einer Exekution durch Ich-Erzähler und Protagonisten: Das Geschirr, von dem beide zusammen gegessen haben, zeigt sich so tückisch, ist nicht da, wo es sein soll, aber da, wo es nicht sein soll, steht, als sie die Landkarte ausbreiten wollen, so im Weg, dass Einhart es wegen seiner Tücke verurteilt und beide es aus dem Fenster des Gasthofes auf die Straße werfen. Der zweite Teil enthält ein Manuskript, das Einhart dem Ich-Erzähler schickt, eine Novelle über das Leben von Pfahlbauern, die in ihren feuchten Hütten über dem kalten Wasser eine Religion entwickelt haben, in der das Leiden an Husten und Schnupfen Heilsbedeutung hat und von Priestern mit Jenseitsversprechungen und -drohungen, Riten und Opfern und grausamen Strafen verwaltet wird, bis einer kommt und die Saat der Aufklärung sät. Im dritten Teil besucht der Ich-Erzähler die kleine Stadt, in der Einhart gelebt hat und gerade gestorben ist, und erfährt von Haushälterin und Bekannten, vor allem aber aus Einharts Aufzeichnungen von dessen edlem Bemühen und jämmerlichem Scheitern als Soldat, Beamter und Abgeordneter, von seinen Reisen und seinen unglücklichen Begegnungen mit einer dämonischen Schönen, die ihn nicht lieben kann, und mit einem gütigen Engel, den er nicht lieben darf, von seiner vergeblichen Arbeit an einem System des harmonischen Weltalls; er liest die essayistischen und aphoristischen Gedanken Einharts über Religion und Philosophie, Moral und Politik, die Künste und die Wissenschaften, über Deutschlands Größe und Kläglichkeit, über Arbeit, Krankheit und Tod.

Der Roman vereint ein Kunterbunt von tiefen Einsichten und öden Banalitäten, von ideologiekritischem Scharfsinn in der Pfahlbauernnovelle und animistischem Wahn in der Theorie von der Tücke des Objekts, von tragischen und lächerlichen Schicksalsmomenten, von nüchterner und weinerlicher Selbstwahrnehmung. Vischers Einhart kann Weisheiten komisch und Dummheiten ernsthaft präsentieren, und was an der einen Stelle und im einen Kontext vernünftig erscheint, gerät an der anderen Stelle und im anderen Kontext absurd.

Dann will es Einhart, der die sittliche Welt als zweite Welt über der ersten, als zweites Stockwerk über dem ersten sieht, »vorkommen, als sei in dem ersten Stockwerk ein Zorn, ein Gift darüber, dass es das zweite tragen muss, als sei da… ein Rachegeist, …nach den Zimmerleuten des zweiten Stockwerks mit Nadeln, mit Pfriemen, haarfeinen Dolchen durch die Dielenspalten hinaufzustechen«. Die Natur des ersten Stockwerks ist Einhart das Produkt einer Urgöttin, eines genialen und dämonischen, gütigen und grausamen Weibs, das sich mit Legionen im Urschlamm erzeugter Geister verbündet hat. Als der Mensch, von einem höheren männlichen Gott geführt, das zweite Stockwerk der sittlichen Welt erschuf, war das Weib, gut und böse zugleich, nur verwundert. Aber die Urschlammgeister beschlossen Rache. »Das Weitere wissen Sie, wissen, wie der Mensch nun geschunden wird, was alles ihm über den Weg rennt, wenn er mitten im besten, im vernünftigsten, im zweckmäßigsten Tun begriffen ist, wissen, wie er in allem tückisch durchkreuzt… ist… Wenn ein braver, wenn ein gescheiter, wenn ein großer Mann unsinnig, zweckwidrig, unrecht handelt, …wenn ein Redner, wenn ein Denker sich in unbegreifliche Widersprüche verwickelt: wissen wir denn, ob ihm nicht ein Knopf an den Hosen gerissen war?… Ob ihm nicht der Katarrh… sein Gehirn trübte, bewölkte, versimpelte und nichts ihm zu denken mehr übrig ließ als Unsinn, Unrecht, Widersinn? Brannte nicht vielleicht ein Hühnerauge, gab ihm glühende Dolchstiche von der Zehe aufwärts bis ins Herz und Mark? … Kurz, der Wahnsinn beherrscht das Geschehen: die Schuld der Geister, die Schuld der Teufelsrotte.« Immerhin könne und müsse der Mensch streben, ringen, kämpfen, und es gelinge den Geistern nicht mehr, das obere Stockwerk einzureißen.

Hinter den skurrilen Phantasien ist es Einhart und Vischer mit einem ernst: Wir stehen in der Entwicklung der Menschheit an einem Punkt, an dem wir alles in allem wissen, was richtig und was falsch ist. Dass das Moralische sich von selbst versteht, heißt nicht, dass es sich auch von selbst tut. Der abgerissene Knopf und der Husten- und Niesanfall stehen für die äußeren und die inneren Widrigkeiten, die uns anders handeln lassen, als wir sollen und wollen, und meistens sind es nicht die großen, sondern die kleinen Katastrophen, an denen wir scheitern. Unser Kampf gegen das Scheitern endet nicht mit einem Sieg, er endet überhaupt nicht, er geht immer weiter. Aber es ist kein Kampf um die Erkenntnis, was moralisch richtig und moralisch falsch ist, sondern darum, gemäß der Erkenntnis zu handeln.

Das mag klingen, als lüge sich ein saturierter Bürger die Probleme weg. Dazu würde passen, dass Vischers Roman seine auflagenreiche Karriere als Hausbuch des mit sich und der Welt zufriedenen Bürgertums des späten 19. und frühen 20. Jahrhunderts gemacht hat. Dazu würde auch die Verachtung passen, mit der Hannah Arendt nach dem Holocaust und dem Gulag schreibt, dass »niemand, der seine fünf Sinne beisammen hat, weiterhin behaupten kann: Das Moralische versteht sich von selbst«. Aber es ist anders. Vischer hat sich nichts zurechtgelogen. Hinter dem Moralischen, das sich von selbst versteht, sieht er ein Moralisches, das zutiefst problematisch ist.

## 5

Schon Darwin sieht es. Der Gesichtspunkt des Überlebens des Verbands, der seine Theorien vom sozialen Instinkt und von der natürlichen Auslese zusammenfügt, eröffnet sogleich das nächste Problem: Wie weit reicht der moralische Sinn? Er entwickelt sich innerhalb des Verbands und in Bezug auf den Verband – wird er auch nur innerhalb des Verbands wirksam? Oder reicht er über die Grenzen des Verbands hinaus? Hält er auch zu moralischem Handeln gegenüber den Fremden, den Anderen an? Darwin ist Fortschrittsoptimist und erwartet, dass der moralische Sinn sich weiten und über die Familie und die Nation hinaus der Menschheit gelten werde. Für Darwin ist Moral nicht nur, was für das Überleben des Verbands und im Verband funktional ist. Damit fängt sie zwar an. Aber damit hört sie nicht auf. Nicht auf Instinkte reduziert, sondern mit Vernunft begabt, zurück- und vorausdenkend, bewertend und kalkulierend kann der Mensch Moral universell ausbilden. Allerdings ist die universelle Moral nicht von der Tatsächlichkeit, Notwendigkeit und Selbstverständlichkeit wie die Verbandsmoral, die im Prozess der Evolution entsteht und besteht.

Nietzsche interessiert sich für das Problem nicht; die Moral der Herde ist eine Moral für alle, und die Moral des

Übermenschen eine Moral weniger Einzelner. Freud interessiert sich dafür. »Es währt lange, bis das Verbot des Brudermords die Einschränkung auf den Stammesgenossen abstreift und den einfachen Wortlaut annimmt: Du sollst nicht morden.« Zwar ist Liebe eine ursprüngliche, selbständige Triebanlage des Menschen. Aber Aggression ist eine ebenso ursprüngliche selbständige Triebanlage. Daher ist dem Menschen der Kampf zwischen Eros und Thanatos, Lebenstrieb und Destruktionstrieb vorgegeben; es ist der »Kampf des Lebens«. Der Liebe entspricht eine universelle Geltung der Moral, die Aggression wendet sich gegen das Fremde und Andere. Gesellschaften werden ihre Mitglieder immer wieder dadurch aneinander binden, dass sie Aggressionen gegen die Fremden, die Anderen richten und dies durch eine Moral rechtfertigen, die Grenzen zieht.

Auch die neuen evolutions- und spieltheoretischen Forschungen auf Darwins Spuren helfen nicht über die Grenzen des Verbands hinaus. Zwar berichten sie gelegentlich von einem Muttertier, das ein Junges säugt, das zu einem anderen Rudel oder sogar zu einer anderen Art gehört, oder von einem Affen, der einen aus dem Nest gefallenen Vogel wieder ins Nest trägt. Aber die bei Primaten beobachteten sozialen Strukturen mit koordinierten und kooperativen Akten des Teilens, Helfens, Warnens und Schützens, auch des Belohnens von verbandsfreundlichem und Bestrafens von verbandsfeindlichem Verhalten reichen nur so weit, wie der Verband reicht. Das Gleiche lehren die Experimente, in denen Menschen wiederholt in eine Situation gebracht werden, in der sie nur gewinnen können, wenn sie einander vertrauen und miteinander kooperieren, durch die

Umstände aber zu Misstrauen und zum Handeln gegeneinander verleitet werden. Es ist eine Situation wie beim Gefangenendilemma, bei dem zwei Verdächtige, wenn sie beide schweigen, nur minderer Straftaten überführt werden können, bei dem aber der eine Verdächtige, wenn er redet und wenn der andere schweigt, überhaupt freigelassen wird, und bei dem schließlich beide Verdächtige, wenn sie beide reden, schwerer Straftaten überführt werden können und auch entsprechend schwer bestraft werden. Zunächst verlieren die Beteiligten, weil sie den eigenen Nutzen ohne Rücksicht auf den Nutzen des anderen maximieren wollen. Wird das Experiment aber mehrfach wiederholt, dann lernen die Beteiligten, dass Vertrauen sich bezahlt macht. In einer Gruppe werden die Mitglieder anerkannt, die das entgegengebrachte Vertrauen erwidern, und die isoliert, die es ausnützen. Konkurriert die Gruppe mit einer anderen Gruppe, werden die Belohnungen und Bestrafungen verstärkt. Das mag zeigen, dass dem Menschen nicht der Kampf aller gegen alle, sondern Koordination und Kooperation gemäß sind. Aber es sind Koordination und Kooperation im Verband.

## 6

Vischer radikalisiert das Problem der Grenzen der Moral. Der Fremde, der Andere, an dem Einhart es vorführt, ist nicht, wie es dem Zeitgeist entsprochen hätte, der französische Erbfeind oder die englische Krämerseele, nicht der Wilde oder der Kannibale. An ihnen vorgeführt würde das

Problem nur als das Problem des moralischen Verhaltens gegenüber diesem Fremden, diesem Anderen anschaulich – eine partikulare Veranschaulichung, die der Universalität der Moral nicht gemäß wäre. Daher radikalisiert Vischer das Problem, indem er es nicht auf den Verband, die Nation, die Rasse oder Klasse begrenzt, sondern auf die Gattung bezieht. Er lässt Einhart das Problem der Grenzen der Moral am Verhältnis der Menschen zu den Tieren vorführen.

Gleich zu Beginn des Romans erlebt der Ich-Erzähler, wie Einhart einem Fuhrmann begegnet, der sein Fuhrwerk von einem Hund ziehen lässt. Er verprügelt ihn und schreit ihn an: »Willst du, Tierschinder, ... begreifen, dass ein Pfotentier nicht zum Ziehen gebaut ist, weil ihm der Huf fehlt, in den Boden zu greifen? Dass es das Sechsfache der Kraft aufwenden muss, die ein Huftier braucht?« Die Szene ist lächerlich, und sie ist rührend; rasch schlägt Einharts aufklärerischer Zorn in pädagogischen Eros um, und er gibt dem Mann einige Goldstücke, damit er sich einen Esel kaufen kann. In seiner einzigen Rede als Abgeordneter wettert Einhart gegen die Wiedereinführung der Prügelstrafe, es sei denn für Tierquälerei, bis ihn ein Hustenanfall überwältigt und der Lächerlichkeit preisgibt. Er stirbt, weil er von einem Fuhrmann niedergestochen wird, der sein Pferd misshandelt und dem er die Geißel entreißt; immerhin bleibt ihm dadurch der Ausbruch eines Katarrhs erspart, der sich bereits angekündigt hat.

Dass der Sonderling, dem in den Objekten tückische Geister begegnen, auch die Tiere beseelt erlebt, mit guten und schlechten Charaktereigenschaften begabt, der Dressur bedürftig, aber auch der Belohnung und Bestrafung würdig wie Menschen, nimmt nicht wunder. Seine Beobachtungen über den Ausdruck von Empfindungen bei Mensch und Tier sind präzise und erinnern an Darwins entsprechende Beobachtungen. Seine Achtung des Rechts der Tiere auf Leben und Wohlbefinden ist ohne jede Gönnerhaftigkeit; Tiere haben das Recht mit derselben Selbstverständlichkeit, mit der Menschen es haben. Allerdings sagt Einhart in diesen Zusammenhängen nicht, dass das Moralische sich von selbst versteht.

Er sagt es, wenn es um Billigkeit und Gerechtigkeit, Freiheit, Toleranz und Mitgefühl geht und es dieser großen Worte für die kleinen Akte des Helfens, des Anteilnehmens und Gewährenlassens, des fairen Einschätzens und Zuteilens, die das verträgliche Zusammenleben ermöglichen, eigentlich nicht bedarf. Er sagt es, wenn er es keiner Rede wert findet, dass man für das Gute, das man als gut erkannt hat, tapfer einsteht, dass man zum Besseren wendet, was man zum Besseren wenden kann, und erträgt, was man nicht ändern kann, dass man bescheiden und geduldig ist, zumal bei Krankheit, dass man fröhlich ist bei seiner Arbeit, dass man nicht nur für sich, sondern auch für das Allgemeine arbeitet, dass man trotz des Wissens um die Unvollkommenheit dessen, was man erreichen kann, das Suchen und Streben nicht aufgibt. Der Satz trägt, wie wir andere behandeln und uns selbst verstehen und verhalten sollen, er trägt zugleich einen Pflichtenkanon und eine Tugendlehre.

Das alles versteht sich für Einhart und für Vischer von selbst, wie es sich auch für Darwin, Nietzsche und Freud von selbst versteht – innerhalb der Gemeinschaft, der man zugehört. Es tut sich nicht von selbst; äußere und innere Widrigkeiten lassen einen immer wieder versagen. Aber das Versagen ist als Versagen eine Bestätigung der moralischen Normen, ob es verfolgt oder ob es vertuscht wird.

Das letzte Problem der Moral ist nicht, wie wir uns moralisch verhalten, sondern wem gegenüber wir zu moralischem Verhalten verpflichtet sind. Darauf findet Vischer in der Evolution keine Antwort. Weil ihm der Glaube an die Systeme abhandengekommen ist, versucht er auch nicht, das Problem innerhalb eines philosophischen Systems zu behandeln. Er behandelt es im Roman, und weil er es für unlösbar hält, gibt er dem Roman die Wendung ins Skurrile und handelt von Hunden und Pferden. Nicht dass er nicht wüsste, wem gegenüber wir zu moralischem Verhalten verpflichtet sind: jedermann. Aber er denkt, dass es unsere evolutionär entwickelte Ausstattung und unsere verlässlichen, natürlich gegebenen Möglichkeiten übersteigt. Er fordert, dass wir es gleichwohl tun.

Einhart ist nicht Don Quijote. Wenn er gegen die Begrenzung des Moralischen kämpft, kämpft er nicht gegen Windmühlenflügel, sondern gegen üble Fuhrleute. Letztlich kostet ihn der Kampf das Leben, aber ein Jahr, nachdem er den Hundeschinder verprügelt und aufgeklärt hatte, findet er ihn mit einem Esel vor dem Fuhrwerk und einem Kollegen, der sich auch vom Hund auf den Esel umgestellt hat. Er bringt etwas zustande und bringt doch nichts zustande. Einhart ist Sisyphos. Den Satz vom Moralischen, das sich von selbst versteht, sagt er sich, während er sich vergebens damit abmüht, dass das Moralische keine Grenze kennen möge – er sagt es sich zum Trost und aus Stolz und aus Trotz.

## 7

Hat er recht? Er und Vischer und Darwin und Nietzsche und Freud und auch schon Kant und Hegel? Versteht das Moralische sich von selbst?

Daraus, dass sich Menschen und erst recht dass sich Tiere in einer bestimmten Weise verhalten, folgt nicht, dass das Verhalten richtig ist. Daraus folgt es aber auch nicht für Vischer. Vischer schließt nicht in naturalistischem Fehlschluss aus einem natürlichen auf ein richtiges Verhalten, sondern findet für seine Beobachtung, dass das moralisch richtige Verhalten für selbstverständlich gehalten wird, die Erklärung in der natürlichen, evolutionär entwickelten Ausstattung des Menschen. Die Erklärung ist plausibel. Dass sich Formen oder Vorformen des Verhaltens, das wir als moralisch richtig bewerten, schon in der Tierwelt finden, umso differenzierter, je entwickelter die Art ist, ist inzwischen hinreichend oft aufgezeigt worden.

Aber stimmt die Beobachtung? Wird das moralisch richtige Verhalten für selbstverständlich gehalten? Vischers These von der Selbstverständlichkeit des Moralischen ist nicht falsch, weil es berühmte moralische Probleme gibt, deren Lösung immer wieder aufs Neue diskutiert wird; das Moralische, das sich von selbst versteht, ist reich genug, um mit seinen Prinzipien und Normen auch Prinzipien- und Normenkollisionen und -konflikte einzuschließen. Aber wenn Freud der These von der Selbstverständlichkeit des Moralischen 1915 freudig zustimmte, Hannah Arendt sie 1965 entschieden ablehnte und Ernst Forsthoff, in dessen Vorlesung ich den Vischer'schen Satz als Student das erste

Mal gehört habe, ihn 1946 dahin variierte, das Moralische verstehe sich in guten Zeiten von selbst, mag das klingen, als hätten die Erschütterungen des letzten Jahrhunderts auch die Selbstverständlichkeit, die das Moralische vielleicht einmal hatte, erschüttert oder sogar zerstört. Der Kommunismus und, ideologisch weniger ausgearbeitet, auch der Nationalsozialismus wollte einen neuen Menschen schaffen und mit ihm eine neue Moral. Man mag diese neuen Moralen in den Verbrechen des letzten Jahrhunderts so wirkmächtig geworden sehen, dass die alte Moral jedenfalls keine Selbstverständlichkeit mehr beanspruchen kann.

Aber das Neue an den neuen Moralen war nicht, welches Verhalten moralisch ist, sondern wem es geschuldet wird. Dass man koordiniert und kooperativ zu handeln, miteinander zu teilen, einander zu helfen, zu warnen und zu schützen hat und dass es gilt, dieses Verhalten durch Anerkennung, Belohnung und Bestrafung verbindlich zu machen, war auch der Inhalt der neuen Moralen. Neu war, dass das entsprechende Verhalten nicht mehr den Mitgliedern der Familie, sondern den Mitkämpfern in der revolutionären Bewegung geschuldet sein sollte, nicht mehr den Angehörigen derselben Nation, sondern derselben Klasse, nicht mehr den Kollegen, mit denen einen Interesse und Arbeit, sondern mit denen einen die Rasse verband. Auch für den SS-Soldaten und den GPU-Agenten verstand sich, füreinander einzutreten – für den anderen SS-Soldaten und den anderen GPU-Agenten und auch noch für den loyalen Volksgenossen und den loyalen Proletarier, nicht für den Rassenfremden und den Klassenfeind, die außerhalb des moralischen Zusammenhangs standen. Dass ein und dieselbe Person KZ- oder Gulag-Mörder und zugleich liebevoller Gatte, Vater und Freund sein konnte, hatte auch darin seinen Grund: Moralisches Verhalten verstand sich für ihn tatsächlich von selbst, aber nur so weit der moralische Zusammenhang reichte. Jenseits des moralischen Zusammenhangs begann eine andere Welt.

Nicht die Inhalte sind das Problem der moralischen Normen, sondern deren Reichweite. An der Grenze der Gemeinschaft hört das Moralische auf, sich von selbst zu verstehen. Dass es die Grenze überschreite, universell werde, kann gefordert werden und ist gefordert worden, von Vischer wie von Darwin und Freud, Kant und Hegel, Buddha und Christus. Heute kann die Forderung mit dem gemeinsamen globalen Schicksal, gemeinsamen globalen Gefahren und gemeinsamer globaler Verantwortung argumentieren. Aber der historische Rückblick zeigt, dass mit der Forderung nach der universellen Geltung der Moral eine moralische Praxis einhergehen konnte, die in der Behandlung von Juden und Ketzern, Angehörigen der eigenen und einer fremden Religion und Konfession, Freien und Sklaven, Weißen und Farbigen, Männern und Frauen Grenzen zog. Heute, wo die universelle Geltung der Moral sich für uns von selbst zu verstehen scheint, ist doch die Grenze, bis zu der wir teilen und helfen und jenseits deren wir leiden und sterben lassen, so fest wie zu Zeiten Vischers.

Das dürfe uns nicht verwundern, lehrt Vischer uns in seinem Roman. Das evolutionäre Entstehen der Moral verdankte sich einer in ihren Koordinationen und Kooperationen überschaubaren, mit ihren Belohnungen und Bestrafungen präsenten, emotional erfahrbaren Gruppe. Das ist die Weltgesellschaft nicht. In ihr bleibt der Kampf für die universelle Geltung der Moral ein absurdes Mühen, das wir gleichwohl auf uns zu nehmen haben wie Sisyphos den Stein.

Der Satz vom Moralischen, das sich von selbst versteht, ist nicht mehr in dem Gebrauch, in dem er einst war. Vor hundert Jahren wurde er als geflügeltes Wort in Büchmanns Zitatenschatz aufgenommen, damals und noch vor fünfzig Jahren wurde er oft zitiert. Dass er außer Gebrauch gekommen ist, zeigt an, wie sehr wir schon in einer Zeit leben, in der beim Moralischen das Entscheidende nicht mehr die Inhalte sind, die sich tatsächlich von selbst verstehen. Das Entscheidende ist vielmehr das Problem der Grenzen des Moralischen und ihrer Überwindung, der Koordination und Kooperation, der Verteilung und des Ausgleichs über die Nationen, Interessen- und Einflusssphären hinweg, das Problem, dessen Lösung sich in unserer wie zu Vischers Zeit gerade nicht von selbst versteht. Dass der schöne Satz außer Gebrauch gekommen ist, zeigt also auf paradoxe Weise nicht einen Verlust an, sondern einen Gewinn. Wir kommen in der Weltgesellschaft an.

# Der Verrat

## I

Die Frage, was etwas ist, zielt meistens darauf, wie es zu definieren ist, und damit nicht auf Wahrheit, sondern auf Zweckmäßigkeit. Denn Definitionen sind nicht wahr oder falsch, sondern zweckmäßig oder unzweckmäßig. Sie sind Vorschläge für den Sprachgebrauch, zweckmäßig, wenn sie Akzeptanz finden, weil sie die sprachliche Verständigung erleichtern, unzweckmäßig, wenn sie dies nicht leisten. Eine unzweckmäßige Definition kann der Verständigung hinderlich sein, aber nicht mehr.

Im Gegensatz dazu gilt die Leidenschaft, mit der immer wieder gefragt wird, was die Wahrheit ist, die Gerechtigkeit oder die Liebe, nicht dem zweckmäßigen Sprachgebrauch. Sie gilt der Sache selbst. Die Frage, was die Wahrheit ist, geht nicht in der Frage auf, wann zweckmäßig von Wahrheit die Rede sein kann, sondern zielt auf die Frage, wie man sich dessen, was ist, vergewissern kann. Die Frage nach der Gerechtigkeit fragt danach, was man vom anderen verlangen und was der andere von einem selbst verlangen darf. Wer fragt, was die Liebe ist, will wissen, ob er seinem Gefühl oder dem Gefühl eines anderen trauen kann. Die großen Was-ist-Fragen sind Orientierungsfragen, Fragen der Orientierung auch im Gebrauch der Sprache, vor allem aber in der Begegnung mit der Welt.

Die folgenden Überlegungen fragen, was Verrat ist. Es ist eine alte Frage, und sie wurde und wird immer wieder mit der gleichen Leidenschaft gestellt wie die anderen großen Was-ist-Fragen. Auch sie ist eine Orientierungsfrage. Aber worüber soll die Antwort eigentlich orientieren? Darüber, auf wen man sich verlassen kann? Wie man sich vor dem Verrat schützt? Oder vor dem Verräter? Oder geht es um den Verrat und den Verräter selbst? Ist die Frage aus der Erfahrung geboren, dass man im Laufe des Lebens nicht vermeiden kann, Verrat zu begehen und zum Verräter zu werden, und will sie herausfinden, was daran schlimm ist oder auch wann es schlimm ist, wann der Verrat verzeihlich ist und wann unverzeihlich, wann der Verräter verachtenswert ist und wann er Respekt und Sympathie verdient? Worüber mit der Vergewisserung über den Verrat die Orientierung gesucht wird, ist keineswegs offenkundig. Es ist ein Teil des Problems des Verrats.

## 2

Die Definition des Verrats ist nicht das Ziel der folgenden Überlegungen. Die Vergewisserung, was Verrat im tatsächlichen Sprachgebrauch ist, will nur das Themen- und Problemfeld abstecken.

Der Verrat hat drei Beteiligte: den Verräter, den Verratenen und den, an den der Verräter den Verratenen verrät, den Nutznießer des Verrats. Man mag fragen, ob dieser Dritte in jedem Fall dazugehört. Reden wir nicht von dem als verraten und verkauft, der von allen im Stich gelassen und allein auf sich gestellt ist? Aber dazu gehört, dass er in einer misslichen Lage im Stich gelassen ist, in der er üblen Gesellen, wilden Tieren oder anderen bösen Mächten ausgeliefert ist, die ihm nach Leben, Leib und Gut trachten. Er ist der misslichen Lage so ausgeliefert, wie wenn er ausdrücklich an die bösen Mächte verraten wäre. Wer in glücklicher Lage allein auf sich gestellt ist, ist nicht verraten und verkauft.

Der Verräter ist stets eine Person oder eine Mehrheit von Personen. Wie natürliche können auch juristische Personen Verräter sein; wie der Freund den Freund, kann der Verein das Mitglied, die Institution den Angehörigen und das eine Land das andere verraten. Beim Verratenen muss es sich dagegen nicht um eine Person handeln. Man kann ein Geheimnis verraten, eine religiöse Gewissheit, eine politische Überzeugung, eine Liebe, eine Aufgabe, die Revolution. Auch wenn wir davon reden, dass einer sich selbst verrät, meinen wir den Verrat einer identitätsstiftenden Gewissheit, Überzeugung, Liebe oder Aufgabe. Ebenso wird auch nicht nur an Personen verraten. Man kann die Revolution an die Konterrevolution, die eine Liebe an eine andere, eine Person an die öffentliche Neugier oder das öffentliche Gespött und, wie die Redewendung vom Verraten-und-verkauft-Sein lehrt, in gewissem Sinn sogar an eine missliche Lage verraten. Dieser dritte Punkt des Verratsdreiecks ist der amorphste; während dem Verräter die personale Qualität und dem Verratenen immerhin eine gewisse persönliche oder gegenständliche Bestimmtheit und Fasslichkeit eignet, kann der Nutznießer des Verrats die Gestalt von allem haben, woran man ausgeliefert werden kann. Er kann eine Person, eine Sache, eine Idee und eine Situation sein.

Diese Unterschiede folgen aus den Unterschieden der Beziehungen zwischen den Beteiligten des Verratsdreiecks. Den Verräter und den Verratenen verbindet ein wodurch auch immer gestiftetes Verhältnis der Loyalität, dessen Bruch im Zentrum des Verrats steht. Es setzt auf der einen Seite eine Person oder Mehrheit von Personen und auf der anderen Seite, wenn nicht ebenfalls eine Person oder Personenmehrheit, dann doch etwas von bestimmter Gestalt voraus. Denn Loyalität beginnt individual- wie gattungsgeschichtlich auf Personen gerichtet, auf die Eltern, die Familie, den Herrn, der Schutz gewährt und dem man Gehorsam schuldet. Sie kann diesen personalen Bezug zwar lockern und sogar aufgeben, aber nur zugunsten von etwas, das ähnlich mein sein kann wie eine Person, das mich ähnlich stützt und braucht wie die Familie, mich ähnlich schützt und fordert wie der Herr. Bei der öffentlichen Neugier oder dem öffentlichen Gespött ist das nicht möglich.

Möglich ist aber, an sie zu verraten. Denn das Verhältnis zwischen dem Verratenen und dem Nutznießer des Verrats ist ein ganz anderes Verhältnis als zwischen dem Verräter und dem Verratenen. Es ist ein Verhältnis der Überwältigung, in dem der Verratene bloßgestellt und ausgeliefert ist. Der, an den er verraten wird, gewinnt Macht über ihn und kann mit ihm alles Mögliche anstellen – nicht zu wissen, was ihm droht, macht das Schicksal des Verratenen besonders dramatisch. Während das Loyalitätsverhältnis zwischen Verräter und Verratenem vor dem Verrat stets Gestalt gewonnen hat, muss zwischen dem Verratenen und dem, an den er verraten wird, vor dem Verrat kein Verhältnis bestehen; der Verratene weiß vielleicht gar nicht, dass es die geheime Polizei oder die konspirative Organisation gibt, an die er verraten wird. Oft allerdings wird er an seine ihm bekannten Feinde, Unterdrücker oder Verfolger verraten.

Ähnliches gilt für das Verhältnis zwischen dem Verräter und dem Nutznießer des Verrats. Der Verräter muss ihn nicht kennen; er kann sich spontan zum Verrat entschließen, weil er auf eine Belohnung für den Verrat rechnet oder den Verratenen ausstechen oder ausschalten will. Er kann den Nutznießer des Verrats aber auch kennen und sogar ein Loyalitätsverhältnis zu ihm haben; so kann ein Spion die Loyalität zu dem Land, in dem er Geheimnisse ausspioniert, nur vortäuschen und eigentlich dem Land in Loyalität verbunden sein, an das er die ausspionierten Geheimnisse verrät.

## 3

Der Verrat hat Spielarten. Eine Spielart des Verrats, bei dem der Verratene bloßgestellt wird, ist das Verleugnen. Auch beim Verleugnen wird einer unter Bruch eines Loyalitätsverhältnisses bloßgestellt, aber der Bruch geschieht nicht durch ein Handeln, sondern ein Unterlassen. Wäre der, der verleugnet, loyal, würde er sich zu dem, den er verleugnet, bekennen, für ihn einstehen, sprechen, handeln. Stattdessen wendet er sich ab.

Die besondere Art, auf die das Loyalitätsverhältnis gebrochen wird, kennzeichnet auch die Denunziation. Der Bruch geschieht durch eine formelle oder informelle, offene oder anonyme Anzeige bei Staat, Partei, Kirche oder wer sonst die Macht hat, Sanktionen über den Denunzierten zu verhängen. Bei der Denunziation kann das Loyalitätsverhältnis dahin ausdünnen, dass der Denunziant und der Denunzierte sich nicht kennen, geschweige denn nahestehen, sondern nur Mitbürger oder von einem gemeinsamen Schicksal betroffen sind. Ganz ohne Bruch einer Zusammengehörigkeit gibt es aber keine Denunziation. Die gleiche Aussage, mit der ein Mitbürger einen anderen bei der Besatzungsmacht denunziert, ist im Mund eines Besatzungssoldaten oder auch eines Touristen eine schlichte Anzeige. Allerdings kann ein brutales Regime die Erwartung hervorrufen, alles, was Menschenantlitz trägt, müsse zusammenhalten, und auch der Besatzungssoldat und der Tourist dürften eigentlich nicht denunzieren.

Bei der Kollaboration werden die Mitbürger und die von ihnen anerkannte Ordnung des Gemeinwesens an ein Besatzungsregime verraten; ähnlich gibt es Kollaboration im Gefangenenlager, bei der die Mitgefangenen, oder bei der Geiselnahme, bei der die anderen Geiseln verraten werden. Das Besondere der Kollaboration ist wieder die Art, auf die das Loyalitätsverhältnis gebrochen wird. Der, mit dem kollaboriert wird, hat eine neue, von den Mitbürgern, Mitgefangenen oder anderen Geiseln abgelehnte Ordnung etabliert. Der Kollaborateur verletzt die Loyalität dadurch, dass er sich auf die abgelehnte Ordnung mehr einlässt, als er müsste, und ihr Anerkennung und Legitimität zuwachsen lässt. Ganz kommen auch die besten Bürger nicht darum herum, nach den Spielregeln der Besatzungsmacht zu leben; sie müssen die Ausgangssperre beachten, bei Anruf stehen bleiben und sich ausweisen, Steuern zahlen. Das alles ist lebensnotwendig. Der Kollaborateur tut mehr.

Bei der Korruption ist das Besondere wieder die Art, auf die das Loyalitätsverhältnis gebrochen wird. Der Bruch geschieht durch eine amtliche Handlung. Wenn es um Korruption in der Wirtschaft geht, die keine amtliche Handlung kennt, tritt an deren Stelle eine geschäftliche Handlung. Oft fehlen die Voraussetzungen, die vorliegen müssen, damit die Handlung rechtmäßig oder geschäftlich akzeptabel ist. Manchmal liegen sie vor, aber der Handelnde verweigert die Handlung, bis er vom Antragsteller oder Geschäftspartner einen Vorteil bekommt. Wie bei der Kollaboration wird auch bei der Korruption eine Ordnung verraten. Bei der Kollaboration ist es die Ordnung der Mitbürger, Mitgefangenen oder anderen Geiseln, die deren eigenen Vorstellungen entspricht und von der Herrschaft der Besatzer, Aufseher oder Geiselnehmer unterdrückt wird. Bei der Korruption wird die Funktionsweise des Staats oder der Wirtschaft zugunsten des privaten Profitstrebens verraten. Korruption kann freilich auch ein Element der Funktionsweise des Staats oder der Wirtschaft sein und hat dann mit Verrat nichts zu tun.

Der Begriff des Hochverrats für den Umsturz des staatlichen Systems leuchtet auf Anhieb nicht gleichermaßen ein wie der Begriff des Landesverrats für das Offenbaren staatlicher Geheimnisse. Das Offenbaren nützt dem aktuellen oder potentiellen Feind, mit dem das Verratsdreieck komplett ist. Der Umsturz enthält zwar den Loyalitätsbruch durch den Umstürzenden, scheint jedoch keinen Dritten zu kennen. Aber aktuell oder potentiell gegenwärtig ist der Feind auch hier. Stets gibt es außer denen, die den Umsturz betreiben, die, die von ihm profitieren. Hochverrat bedeutet ursprünglich, das Verderben des Königs zu betreiben, und schließt den Mord am König ein; die Norm dient dem Schutz des Königs vor inneren und äußeren Feinden. Gewiss, die Geschichte kennt als Mörder des Königs auch den, der selbst König werden will. Hier begegnet dieselbe Person im Verratsdreieck in zwei verschiedenen Rollen.

Eine Spielart des Verräters ist auch der Renegat. Er hat nicht nur mit einem religiösen, politischen oder auch wissenschaftlichen Glauben gebrochen, sondern muss den Bruch vernehmlich öffentlich rechtfertigen. Der sprichwörtlich gewordene Renegat war zunächst ein gläubiger Kommunist, fiel dann vom Kommunismus ab und hat ihn schließlich engagiert kritisiert. Er hat gelernt, aber die engagierte Kritik ist nicht nur dem Wunsch geschuldet, das Gelernte weiterzugeben, damit andere auch lernen können. Er kann sich vielmehr von seinem Glauben nicht lösen, ohne lautstark mit ihm abzurechnen und ihn bloßzustellen. Das ist auf der einen Seite verwunderlich: Sollte jemand, der sich einmal gläubig geirrt hat, nicht vorsichtiger, bescheidener und leiser sein? Auf der anderen Seite ist es begreiflich. Was einen fest im Griff hatte, kann nur mit wuchtigen Schlägen gesprengt werden.

Der Konvertit kann ebenso ein Verräter sein wie der Renegat, muss es aber nicht. Er kann einfach geistig auf der Reise und zugleich außerstande sein, ohne geistige Heimat zu leben, so dass er jede Station, an der er haltmacht, zur geistigen Heimat erklärt, sich zu ihr bekennt und für sie einsteht. Das mag nach Opportunismus aussehen. Aber es ist von einem Glaubenseifer getragen, der dem Opportunismus fremd ist. Der Konvertit kann vom radikalen linken

Rechtsanwalt über den grünen Abgeordneten und den sozialdemokratischen Abgeordneten zum engagierten rechten Innenminister werden, ohne Opportunist zu sein.

## 4

Gibt es wie die anderen Spielarten des Verrats auch eine Spielart des guten im Unterschied zum bösen Verrat? Einen Verrat, den nicht nur einige gut finden und andere böse, sondern dem niemand die gute Qualität absprechen kann?

Der Verrat von Judas an Jesus, für die Christenheit über Jahrhunderte der böse Verrat schlechthin, wurde und wird immer wieder auch als guter Verrat interpretiert. Dabei wird Judas von der Inkarnation des Bösen zu dem, der den Ruch des Bösen auf sich nimmt, damit Jesus zu seiner Bestimmung kommt. In der einen Interpretation irrt Judas und sieht Jesu Bestimmung in der politischen Befreiung des jüdischen Volks, zu der er ihn mit seiner Tat provozieren will. In der anderen Interpretation kennt er Jesu wahre Bestimmung, weiß, dass der Verrat im Alten Testament geweissagt und von Jesus selbst vorhergesagt wurde, und tut, was getan werden muss. Die Tat bleibt insofern Verrat, als Judas den jüdischen Autoritäten das Geheimnis des Aufenthalts Jesu offenbart, damit sie ihn ohne Tumult festnehmen lassen können. Aber handelt Judas illoyal? Er sorgt dafür, dass Jesus zu seiner Bestimmung kommt. Kann man loyaler handeln?

Der Evangelist Lukas lässt Jesus selbst zur Frage Stellung nehmen. Zwar erfülle sich mit dem Verrat seine Bestimmung, gleichwohl sei der Verräter verflucht. Nun sind in der Version des Lukas-Evangeliums der Satan und die Geldgier in Judas gefahren. Aber nicht darum redet Jesus von ihm als verflucht, sondern weil er den Verrat begangen hat, der doch begangen werden musste. Dass er begangen werden musste, im Alten Testament geweissagt und von Jesus selbst vorhergesagt, nimmt der Tat nicht den Makel. Sie bleibt eine Tat hinter Jesu Rücken, deren Folgen Jesus, wenn sie ihm nicht von Gott bestimmt wären, lieber nicht auf sich nähme. Sie bleibt ein Loyalitätsbruch, und daran ändert ihre höhere Bestimmung nichts. Ihre höhere Bestimmung kann Judas auch darum nicht zur Rechtfertigung dienen, weil sie Sache Gottes und nicht des Menschen ist.

Das Problemmuster kehrt in säkularem Kontext wieder. Brutus begegnet in der Literatur als tragische Gestalt, weil er Cäsar nicht nur um einer guten politischen Sache willen verrät und ermordet, sondern weil es ihm um die höhere Bestimmung Roms, seiner selbst und letztlich sogar Cäsars geht. In der Tat wäre Cäsars Bild in der Geschichte nicht so eindrucksvoll, wenn er sich noch zum König hätte krönen lassen, statt als Vollender von Roms republikanischer Größe zu sterben. Aber wieder bleibt trotz der höheren Bestimmung der Makel des Verrats. Brutus kommt von ihm nicht los.

Auch Thomas Becket wird, wenn er als literarische Gestalt vom Makel des Verrats freigesprochen wird, nicht wegen der höheren Bestimmung seines Bruchs mit dem König freigesprochen, sondern weil er die Loyalität offen und Schritt um Schritt aufgekündigt und dabei nicht den Feinden des Königs in die Hände gespielt hat. Dann aber hat er nicht einen guten, sondern einfach keinen Verrat begangen.

Auch Judas und Brutus wären keine Verräter gewesen, wenn sie ihre Loyalität gegenüber Jesus beziehungsweise Cäsar geraume Zeit vor ihrer Tat aufgekündigt hätten. Als möglicher guter Verrat bleibt nur der Verrat Judas' in der ebenfalls tradierten Interpretation, in der Judas über seine Tat mit Jesus gesprochen hat und dieser um der höheren Bestimmung willen mit ihr einverstanden war oder sogar zu ihr aufgefordert hat. Aber dann würde wieder nicht die höhere Bestimmung den Verrat zu einem guten machen, sondern die Absprache würde den Verrat entfallen lassen. Judas hätte nur so getan, als verrate er Jesus.

Kein Verrat wird zum guten Verrat, weil er eine Bestimmung erfüllt. Vielleicht wird er von denen akzeptiert, die an die Bestimmung glauben, aber es ist eine schmerzliche Akzeptanz, die weiß, dass mit dem Verrat ein hoher Preis gezahlt wird. Nur *ein* Verrat wird dadurch, dass sich mit ihm eine Bestimmung erfüllt, zwar nicht zum guten, aber doch zum respektablen und akzeptablen Verrat: der Verrat der Kinder an ihren Eltern. Dass heranwachsende Kinder, die sich von ihren Eltern lösen und das wechselseitige Loyalitätsverhältnis, wenn sie ihm nicht einvernehmlich eine neue, alters- und situationsgerechte Gestalt geben können, brechen und die Eltern enttäuschen und verraten müssen, liegt in der Bestimmung der Kinder begründet, selbständig zu werden.

Auch da liegt Stoff für Dramen und Tragödien, und Romeo und Julia haben nicht nur im 16. Jahrhundert in Verona, sondern auch im 19. Jahrhundert in Seldwyla und im 20. Jahrhundert auf der Westside New Yorks gelitten und können heute in Anatolien oder anatolischen Stadtteilen Berlins leiden. Dass sie im Recht sind, wenn sie sich in der Liebe selbst bestimmen und aus der familiären Loyalität, die zum Gefängnis geworden ist, befreien, ist außer ihren Eltern und Sippen heute niemandem mehr zweifelhaft und war es schon damals nicht, als die entsprechenden Stücke und Erzählungen entstanden. Aus der Loyalität, in die man hineingeboren ist, darf und muss man herauswachsen – wenn es anders nicht geht, durch Bruch und Verrat.

Ein Abglanz dieses milden Urteils fällt auch auf anderen Verrat, durch den Loyalitäten gebrochen werden, in die man zwar nicht hineingeboren, aber doch ohne rechtes Zutun geraten ist. Auch wer früh in die Kadettenanstalt oder ins Priesterseminar gesteckt, im elterlichen Betrieb vereinnahmt oder an jemanden verheiratet wurde, kann sich unter Umständen nur durch Bruch und Verrat befreien. Sogar wer sich zwar selbst für einen Beruf oder eine Institution, für Ehe und Familie entschieden, dies aber zu früh getan hat, hat Aussicht auf Nachsicht für Bruch und Verrat, wenn die Bindungen anders nicht gelöst werden können. Aber von einer besonderen Spielart des guten im Unterschied zum bösen Verrat kann in diesen Fällen nicht die Rede sein.

## 5

In allen seinen Spielarten setzt der Verrat ein Loyalitätsverhältnis zwischen dem Verräter und dem Verratenen voraus, ein Verhältnis der Anerkennung, des Vertrauens, der Treue. Manchmal kennt er noch ein zweites solches Verhältnis zwischen dem Verräter und dem Nutznießer des Verrats.

Es gibt die Fälle, dass jemand von den einen als Verräter verurteilt und von den anderen als Held gefeiert oder auch über Nacht vom Helden zum Verräter oder vom Verräter zum Helden wird. Dieser oft bestaunte Befund ist nicht wirklich erstaunlich. Loyalität ist nicht einfach eine Tatsache, die vorliegt oder nicht vorliegt. Sie ist ein Gefüge von normativen Erwartungen, die unter Menschen oft kontrovers sind und die nicht nur bestätigt, sondern auch enttäuscht werden können und dann von den einen gleichwohl beibehalten und von den anderen preisgegeben werden.

Dass ein Verrat vom Verräter anders gewertet wird als vom Verratenen und vom Verratenen anders als vom Dritten, dem Nutznießer des Verrats, versteht sich. Es kommt auch in dem Cäsar zugeschriebenen geflügelten Wort »Ich liebe den Verrat, hasse aber den Verräter« zum Ausdruck; der Nutznießer des Verrats ist meistens am Verrat interessiert, nicht am Verräter, und kann das Schäbige des verräterischen Loyalitätsbruchs in ganzer Schärfe sehen. Ebenso versteht sich, dass im Laufe der Zeit der Verrat anders gewertet wird, wenn sich die Wertschätzung der Loyalität ändert, die zwischen Verräter und Verratenem bestand und gebrochen wurde. Schließt ein Verrat zwei Loyalitätsverhältnisse ein, dann kann er von vornherein nur kontrovers gewertet werden. Denn dann ist der Verrat, der das Vertrauen des Verratenen verletzt, für den Dritten gerade ein Beweis der Treue, und wenn der Verräter nicht verriete, würde er das Vertrauen des Dritten verletzen. Von den zwei Loyalitätsverhältnissen geht das eine notwendig auf Kosten des anderen.

Den, der beide aufrichtig empfindet, stürzt der Konflikt

in tiefe Not. Man mag den Ausweg darin suchen, jede Loyalität an der Zumutung des Verrats enden zu lassen und von Anfang an unter diesen offen erklärten Vorbehalt zu stellen. Aber wie, wenn der Freund einen Anschlag plant mit vielen Opfern, die man nur durch Verrat retten kann? Wenn ein Betrieb etwas macht, das der Gesellschaft schadet und das ein Beschäftigter nur durch Verpfeifen verhindern kann? Durch Perhorreszierung des Verrats ist dem Konflikt nicht zu entkommen.

Immerhin können Loyalitätsverhältnisse enden und beendet werden. Mit dem Ende eines politischen Systems endet die Loyalität der Mitglieder, mit dem Tod des Königs die Treue der Untertanen und mit dem Sturz des Diktators die der Anhänger. Schon wenn sich das Ende erst abzeichnet, werden die Loyalitätsverpflichteten vorsichtig. Wenn sie das sinkende Schiff verlassen, sind sie Ratten. Wenn sie auf dem sinkenden Schiff bleiben, sind sie tot.

Der richtige Zeitpunkt ist also wichtig. Wer ein Loyalitätsverhältnis zu früh aufkündigt, ist ein Verräter. Wer es zu spät, das heißt dann aufkündigt, wenn es eigentlich nichts mehr aufzukündigen gibt, verspielt die Zukunft ebenso wie der, der die Aufkündigung verweigert. Das kann alten Menschen gleichgültig sein und bei jungen etwas rührend Schlichtes, Aufrechtes, Trotziges haben. Aber es spielt ins Lächerliche; die in den alten Ideen und Ritualen gefangenen Anhänger eines überlebten politischen Systems sind meistens komische, traurige Erscheinungen. Nicht dass nach dem Ende des politischen Systems, dem Tod des Königs oder Sturz des Diktators nichts mehr bliebe. Es bleibt ein Gebot des Takts, die Aufkündigung der Loyalität als

Erfahrungs- und Einsichtsprozess zu präsentieren und die Distanzierung von den alten Verhältnissen auf das Nötige zu beschränken. Die Verletzung des Gebots ist peinlich; wer zu schnell lernt, ist Opportunist, und die unnötige Schmähung der alten Verhältnisse wirkt immer ein bisschen denunziatorisch.

Lernen, dass ein Loyalitätsverhältnis aufzukündigen ist, kann man freilich nicht erst, wenn es seinen Bezug verloren hat oder zu verlieren beginnt. Die Einsicht, dass das Verhältnis nicht mehr stimmt, dass die Loyalität nicht mehr gerechtfertigt oder sonst nicht mehr angebracht ist, kann sich auch so einstellen. Wird dann das Verhältnis aufgekündigt, kann es sich um einen Verrat, den Vollzug einer Einsicht oder um beides handeln. Was die Aufkündigung ohne Verrat von der mit Verrat unterscheidet, ist das Fehlen eines Dritten. Der, dem die Loyalität aufgekündigt und der zugleich verraten wird, wird an einen Dritten ausgeliefert; der, dem die Loyalität nur aufgekündigt wird, wird an niemanden ausgeliefert, sondern nur verlassen. Die Auslieferung an den Dritten ist entscheidend, nicht die Heimlichkeit oder Öffentlichkeit der Aufkündigung. Mal kann die Heimlichkeit dem Verräter erleichtern, das Vertrauen des Verratenen zu missbrauchen und ihn dem Dritten auszuliefern. Mal ist ihm aber auch die Öffentlichkeit wichtig, weil er jemanden gerade vor der Öffentlichkeit bloßstellen will.

Ist der verratslose Vollzug der Einsicht der Ausweg aus dem Konflikt? Muss man die Einsicht, dass zwei Loyalitäten in Konflikt kommen können, nur rechtzeitig in der Entscheidung für die eine und gegen die andere vollziehen? Manchmal mag das möglich sein. Oft bricht der Konflikt aber zu überraschend auf, als dass man entscheiden könnte, bevor die Aufkündigung der Loyalität notwendig auf eine Auslieferung an einen Dritten hinausläuft. Überdies ist die Einsicht, dass zwei Loyalitäten in Konflikt kommen können, wenig ergiebig. Wir leben in so vielen Loyalitäten, dass eine Fülle von theoretischen Konflikten vorstellbar ist. Entscheidend sind die praktischen.

## 6

Die mit den vielen Loyalitäten, in die der Mensch heute gestellt ist und sich auch stellen muss, einhergehende Fülle von Konflikten und die daraus folgende Fülle von Verratssituationen sind das Thema von Margret Boveris 1956 erschienenen großen Arbeit über den Verrat. Ihrem Titel nach handelt sie vom Verrat im 20. Jahrhundert, und die Verratssituationen, mit denen sie sich beschäftigt, sind Situationen aus der ersten Hälfte des 20. Jahrhunderts. Aber als der erste Versuch einer sowohl systematischen als auch historischen Beschäftigung mit dem Verrat geht die Arbeit ihr Thema mit einer Grundsätzlichkeit an, die auch für den Verrat in früheren und späteren Zeiten ihre Bedeutung hat. Außerdem begreift Boveri die erste Hälfte des 20. Jahrhunderts als eine Scheitelzeit. Davor habe der Mensch in weniger Loyalitäten gelebt und weniger und klarere Loyalitätskonflikte bestehen müssen; in den großen Verratsmomenten der Vergangenheit geht es denn auch um schlichte Loyalitätsalternativen, für Judas um die Alternative zwischen der Treue zu Jesus und dem Drang zum Bösen, für Becket um die zwischen der Treue zum König und der Treue zu Gott, für Romeo und Julia um die zwischen der Liebe zum anderen und der Treue zur Familie. Nach dem Scheitel, so Boveri, werde die Fülle von Loyalitäten, Loyalitätskonflikten und Verratssituationen sogar noch wachsen.

Boveri veranschaulicht ihre These an Robert Oppenheimer. Er war Amerikaner, Jude, Demokrat, Gegner des Faschismus, zeitweilig Sympathisant des Kommunismus, Freund von Kommunisten, Soldat, Naturwissenschaftler, Konstrukteur der Atombombe. Zu allem, was er getan oder nicht getan hat, gab es Anschuldigungen aus der einen oder anderen Richtung, fast jede seiner Haltungen und Handlungen wurde ihm als Verrat vorgeworfen. Er hat persönliche Freundschaften über das Interesse der USA und dieses Interesse über persönliche Freundschaften gestellt, er hat der atomaren Aufrüstung gedient und war Anwalt der atomaren Verständigung, er war in der Zusammenarbeit mit den Militärs mal zu eifrig und mal nicht eifrig genug, er war zuweilen vorsichtiger und zuweilen mutiger als nötig. Boveri sieht ihn als außergewöhnlich differenzierten Menschen und in den Widersprüchen seines Verhaltens das »Sich-Öffnen für die Gegensätze des Daseins«; »je differenzierter der Mensch, desto vielfältiger seine Bindungen, desto zahlreicher die Möglichkeiten, dass sie untereinander in Konflikt geraten, dass eine zugunsten der anderen zurückgestellt, das heißt ›verraten‹ werden muss«. Was Boveri als Oppenheimers individuelles Schicksal schildert, begreift sie als Schicksal des heutigen Menschen überhaupt. Er finde sich in einer Vielfalt nebeneinanderliegender, ineinandergreifender und gegeneinanderstrebender Loyalitäten, die nicht mehr in einem Wertesystem geordnet sind. Der Befund der Gegenwart sei, dass »der Kern gespalten ist – nicht nur in der Physik – und dass die Partikel undeterminiert umeinanderwirbeln«.

Als Folge dieser Veränderung verändere auch der Begriff des Verrats seine Bedeutung. Boveri erinnert an eine frühere Bedeutung des Begriffs. »Es ist das unwillkürliche Verraten einer Wesensart, einer inneren Bewegung, die äußerlich nicht sichtbar wird oder sogar willentlich verborgen bleiben soll. Um die Wende vom 18. zum 19. Jahrhundert ist ›verraten‹ in diesem Sinne häufig verwendet worden... Kant: ›Ob aber das Erröten das Bewusstsein einer Schuld oder vielmehr ein zartes Ehrgefühl... verrate, ist in vorkommenden Fällen ungewiss.‹« In diesem Sinn, in dem Ambivalenz aufscheint und kein böser Ton mitklingt, möchte sie den Begriff des Verrats für die Loyalitätsbrüche des 20. Jahrhunderts verwenden.

## 7

Ein Aufsatz von Jörg Lau in der *Zeit* (Nr. 17, 1999) erinnert an Boveris Thesen und bringt sie auf den Stand des Jahres 1999. Er berichtet Lebenswege: Thomas Schmids Weg von der Mitgliedschaft zunächst beim SDS und dann beim »Revolutionären Kampf« über die Arbeit in der Fabrik und als Lektor, über multikulturelles und ökolibertäres Engagement, über Verfassungspatriotismus und nationalen Patriotismus zu einer leitenden Position bei der *Welt*; Daniel Cohn-Bendits Weg von den Pariser Barrikaden im Mai 1968 über antikapitalistische und pazifistische Positionen zum Grünen, zum Liberalen, zum Verfechter von Unternehmertum und militärischer Intervention; Christian Semlers Weg von der Studentenbewegung über Maoismus und KPD/AO zur *tageszeitung* und bei dieser zum Leitartikler und Essayisten mit Freude an der bürgerlichen Gesellschaft und den Institutionen der Bundesrepublik Deutschland.

Im Zentrum des Aufsatzes steht Hans Magnus Enzensberger, der das System der Bundesrepublik Deutschland 1968 nicht mehr reparabel und 1998 die gutmütigste Gesellschaftsverfassung fand, der gegen den *Spiegel* und die *Frankfurter Allgemeine Zeitung* wetterte und für sie schrieb und warb, der für die kubanische Revolution Zuckerrohr schnitt und ein Journal des Luxus und der Moden gründete, der die Amerikaner mit den Nazis und Saddam Hussein mit Hitler verglich, das amerikanische Engagement in Vietnam schmähte und am Golf pries. Einen Hasardeur nennt der Aufsatz Enzensberger, der sich als Verräter und zum Verrat bekannt, ihn »intellektuell salonfähig« gemacht und gelehrt habe, dass »die Fähigkeit zur Inkonsequenz eine Minimalbedingung der Klugheit« sei. Enzensberger stehe damit für die Nachkriegsgenerationen, für die »Verrat an einstmals heiligen Grundsätzen eine Ehrensache, eine Frage des Selbstrespekts und der intellektuellen Redlichkeit« ist.

Dann handelt der Aufsatz noch von Horst Mahler und seinen Wandlungen vom Wirtschaftsanwalt zum APO-Anwalt, zum RAF-Gründer, zum Gründer einer nationalen Bewegung, zum Prediger völkischer Erweckung. Lau kann in ihm nur eine Erscheinung des »politischen Wahnwitzes am Ende des Zeitalters der Extreme« sehen. Der Aufsatz nennt ihn nicht einmal einen Verräter.

Ist er einer? Sind die anderen Verräter? Wen haben sie an wen, was an was ausgeliefert? Sie haben die Schiffe, an deren Bord sie waren, versenkt und verlassen, und weil das Schiffe-Versenken zu den Spielen der Intellektuellen gehört, haben sie es mehrfach getan. Stets haben sie die Zeitpunkte richtig gewählt und sind richtig angekommen, nicht im statistischen Durchschnitt des politischen Deutschlands, aber an der Tête seines intellektuellen Justemilieu. Bis auf Mahler, der eben darum auch nicht einmal als Verräter dazugehören darf, sondern als Peinlichkeit ausgeschlossen wird.

Die wechselnden Äußerungen von wechselnden Standpunkten haben etwas Beliebiges. Mal hübsch, mal witzig, mal böse, mal heller Funke, mal düsteres Gewölk und hoffentlich stets gelungener Gag, fügen sie sich zu einem Segment der Spaßgesellschaft. »Aber sehen Sie, ich wollte mich amüsieren«, zitiert der erwähnte Aufsatz den auf frühere Positionen angesprochenen Enzensberger, und so sind auch seine Positionen; immer stimmt etwas, immer fehlt etwas, und immer sind sie amüsant.

Das ist vierzig bis fünfzig Jahre weiter als Boveri. Bei ihr hatte der Verrat, der das Schicksal des Menschen der Gegenwart war, noch etwas Tragisches; dass der Kern der in Loyalitäten geordneten Welt und zugleich des durch Loyalitäten gehaltenen Menschen gespalten ist und die Partikel undeterminiert umeinanderwirbeln, war in Boveris Augen zwar auch eine Chance, zunächst aber ein Leid. Sie sah den Menschen der Gegenwart nicht fröhlich die Schiffe wechseln, sondern zwischen ihnen, an deren Deck er es nicht mehr schafft, auf einer Planke treiben. Während Boveris damalige Menschen sich für die Gegensätze des Daseins zu öffnen lernen mussten, sind die heutigen für sie offen. Während die damaligen Menschen unter dem Gegeneinander vieler Loyalitäten litten, fühlen sich die heutigen dadurch entlastet, und während die undeterminiert umeinanderwirbelnden Partikel die damaligen Menschen erschreckten, amüsieren sie die heutigen.

Diese Entwicklung spiegelt sich nicht nur in den skizzierten Lebenswegen von Intellektuellen. Im Krieg in Afghanistan wurde von den Amerikanern mit anderen Taliban auch Suleyman al-Faris gefangen genommen, der sich als der Amerikaner John Walker Lindh entpuppte. Ob er nach der engen, in der amerikanischen Verfassung enthaltenen Bestimmung über Verrat verurteilt werden könne, war zweifelhaft. Aber unzweifelhaft war er ein Verräter im Sinne der gängigen Bedeutung des Worts. Er hatte seine Loyalität zu den USA gebrochen und mit den Feinden der USA gekämpft. Die Stimme des Volkes beschuldigte ihn denn auch des Verrats. Aber dann gewann das Bild eines verwirrten jungen Manns Gestalt. Aufgewachsen ist er in einem Mittelschichthaushalt und einer Mittelschichtgegend in Kalifornien, die Eltern sind katholisch und liberal, aufgeschlossen und unsicher genug, die Konversion des Sohns zum Islam in der Highschool und den Abgang vom College zugunsten eines Studiums des Arabischen im Jemen zu akzeptieren. Nach einer Weile ist er von der Überzeugung erfüllt, er dürfe den Koran nicht nur auswendig lernen, sondern müsse etwas für ihn, für die unterdrückten muslimischen Brüder und für einen reinen islamischen Staat tun. Er weiß weder viel über den Islam noch über Politik, schließt sich verschiedenen militärischen Gruppen an, kämpft zunächst in Kaschmir gegen die Inder, dann in Afghanistan gegen die Nordallianz und gerät schließlich zu Al Qaida. Er wird gefangen genommen, ist ein kooperativer Gefangener, kooperativ auch beim Aushandeln von Urteil und Strafe, und liest im Gefängnis mit Begeisterung Dostojewski und Harry Potter.

John Walker Lindhs Offenheit für die Gegensätze des Daseins ist nicht größer als die unzählig vieler anderer junger Leute, und er hatte lediglich das Pech, an den Islam und militante Muslime statt an den Buddhismus und tibetische Mönche zu geraten, vom Bedürfnis, endlich etwas zu tun, im Jemen statt in Texas überfallen zu werden und als Geborgenheit versprechende Gemeinschaft Al Qaida statt des Marinekorps oder einer Gemeinschaft fundamentalistischer Christen zu finden. In der globalen Welt birgt das Herumschnuppern zugleich mehr Chancen und mehr Gefahren. Verrat? Gewiss, aber ebenso wenig ernst zu nehmen wie der Verrat, dessen sich die Intellektuellen rühmen.

## 8

Erledigt ist der Verrat damit aber nicht. Wäre er erledigt, dann würde der erwähnte Aufsatz, und nicht nur er, nicht die Selbststilisierung der Intellektuellen zu Verrätern pflegen. Dann hätten auch die Themen des Verrats und der Denunziation nicht die Konjunktur, die sie haben.

Schon an der die Erledigung andeutenden Würdigung des Verrats durch Margret Boveri bleiben Zweifel. Zwar ist richtig, dass der heutige Mensch, der in einer Vielfalt von Rollen agiert, auch in einer Vielfalt von Loyalitäten steht und dass ihm wie die Rollen auch die Loyalitäten nicht geordnet vorgegeben sind. Er muss die Loyalitäten, denen er sich verpflichten will, selbst wählen und im Konflikt selbst entscheiden, welche er vorziehen und welche er hintansetzen will. Das macht Verrat vielleicht unvermeidlich. Aber zugleich gilt, dass Verrat überhaupt erst möglich wird, wenn der Mensch zwischen mehreren Loyalitäten wählen kann. Gibt es nur eine politische Autorität, eine religiöse Gewissheit, eine wissenschaftliche Wahrheit, dann kann man von ihr abfallen, sie aber nicht an eine andere verraten. Man kann ihr eigentlich nicht einmal treu oder untreu sein, denn Treue setzt eine subjektive Überzeugung, ein subjektives Bekenntnis, setzt Subjektivität voraus, für die, wenn nur eine objektive Größe existiert, kein Platz ist. Wie kann, wenn erst eine Mehrzahl von Loyalitäten den Verrat möglich macht, die Mehrzahl von Loyalitäten ihm nach Boveri die Bedeutung nehmen? Weil aus den mehreren Loyalitäten viele geworden sind, zu viele? Geht es wirklich um Quantität? Geht es nicht vielmehr um die Qualität der Loyalitäten, in denen wir stehen? Darum, dass die Loyalitäten anders geworden sind?

Eine ähnliche Frage gilt der Selbststilisierung der Intellektuellen zu Verrätern. Der Wechsel von Positionen und Perspektiven könnte sich durchaus statt in das Bild eines verräterischen in das eines loyalen Intellektuellen fügen. Julien Benda hat es gezeichnet; für ihn ist der Intellektuelle nur der Wahrheit verpflichtet und bleibt loyal, solange er nicht Partei, kein Parteisoldat, kein Parteiideologe wird. Um die Wahrheit zu erfassen, muss er verschiedene Positionen einnehmen, aus verschiedenen Perspektiven sehen, sein Interesse und Engagement auf Verschiedenes richten. Er muss sich einlassen, aber nicht loyal, sondern kritisch. Der Preis dieser Lebensweise ist Unbehaustheit, ihr Lohn die Anwartschaft auf intellektuelle Autorität. Weil er nur der Wahrheit verpflichtet ist, hat seine Stimme die Chance, als die Stimme der Vernunft und nicht als eine der vielen Stimmen im Gezänk der Parteien gehört zu werden. Gelegentlich ruft er *»J'accuse«* und ergreift Partei. Wenn er Partei nicht nur ergreift, sondern Partei wird, verrät er die Wahrheit und sich selbst.

So geht es auch beim Verrat des Intellektuellen um die Qualität von Loyalität. Gilt die Loyalität, die er schuldet, den Positionen, die er einnimmt, aber wieder verlässt, und wird er darüber zum Verräter? Oder gilt sie der wahrheitsverpflichteten Positionen- und Perspektivenvielfalt, die er verrät, wenn er Partei wird? Dann sind die heutigen Intellektuellen Verräter nicht, wo sie sich zu Verrätern stilisieren, sondern wo sie sich als loyal erfahren, weil sie Partei sind – zwischen dem einen vermeintlichen Verrat und dem nächsten. Enzensberger, der Parteistandpunkte einnimmt, aber nicht an sie glaubt, sondern mit ihnen spielt, ist dem Benda'schen Ideal am nächsten, ohne dessen Wahrheits- und Vernunftspathos, aber mit dem Wahrheits- und Vernunftswitz des Schalks.

Was den Begriff des Verrats unverändert interessant macht, ist das Problem der Loyalität. Manchmal möchte man angesichts der Leidenschaft, mit der Intellektuelle über den Verrat diskutieren und sich als Verräter bekennen, meinen, der Begriff sei ein Sehnsuchtsbegriff, ein Begriff der Sehnsucht nicht nach Verrat, aber nach der Verbindlichkeit von Loyalitäten, die im Verrat zum Schwur kommt wie nirgend anders.

## 9

Denn unsere Loyalitäten konstituieren unsere Identität. Zwar hat die Rollentheorie recht, wenn sie Personen über die Auswahl und Koordination ihrer Rollen identifiziert. Aber Rollen haben verschiedene Bedeutung; sie sind emotional stärker oder schwächer besetzt, werden als mehr oder weniger verbindlich und verpflichtend erfahren und werden schwerer oder leichter gewechselt. Die Rollen, in denen wir uns durch Loyalitäten gebunden und vielleicht auch geschützt sehen und bei denen wir im Loyalitätskonflikt schwierige Entscheidungen zu treffen haben, sagen mehr über uns aus als die anderen. Wer über sie Bescheid weiß, weiß über uns Bescheid.

Die Loyalitäten, in denen wir leben, sind im Vergleich mit früheren Zeiten nicht einfach zahlreicher geworden, sondern anders. Anders als früher sind sie uns nicht mehr vorgegeben, sondern werden von uns gewählt und gestaltet. Jedes Paar muss selbst entscheiden, ob es heiratet oder welche andere Form der Gemeinsamkeit es findet, ob es die Ehe traditionell oder auf neue Weise, ob es sie nah oder offen führt. Eltern müssen ihre Elternrolle definieren, Vorgesetzte ihres Vorgesetztenrolle, und nicht einmal Offiziere können noch einfach befehlen, sondern müssen den richtigen Ton finden, die angemessene Mischung aus Befehlen, Werben und Überzeugen. Obwohl diese Rollen auf Loyalität angelegt sind, versteht diese sich doch nicht mehr von selbst; sie muss jeweils definiert und entwickelt werden und erhält dabei ihre spezifische Prägung. Generell lässt sich sagen, dass die Loyalitätsrollen weniger hierarchisch funktionieren als früher, weniger Gehorsam verlangen und auch weniger Schutz bieten. Wie die Menschen überhaupt begegnen sich auch die Partner der Loyalitätskontexte heute eher von gleich zu gleich und handeln individuell aus, was sie verlangen können und bieten wollen.

Das bedeutet, dass sich das Verratsdreieck heute häufig gewissermaßen statt in der Vertikalen in der Horizontalen abbildet. Der Verrat an eine übergeordnete Größe, an eine staatliche oder kirchliche Obrigkeit, eine Organisation, die Partei, den Vorgesetzten verschwindet nicht. Aber lebensweltlich immer wichtiger wird der Verrat im sozialen Umfeld, die Bloßstellung vor der Peergroup, die Auslieferung an das Mobbing der Kollegen, die Preisgabe von privaten Sachverhalten an die mediale Öffentlichkeit. Der Verrat wird demokratisiert. Das kann ihm auch etwas von dem Makel nehmen, der ihm in der obrigkeitlichen Tradition anhaftet. Wer in der Demokratie den Mitbürger an den Staat verrät, bricht nicht mehr die Loyalität mit denen da unten zugunsten eines Sich-Andienens bei denen da oben, sondern verhindert, dass einer sich auf Kosten aller einen Vorteil verschafft und damit die Loyalität der Gleichheit bricht. Es dauert, bis die obrigkeitliche Tradition überwunden ist. In unseren Schulen hält sie sich bis heute und ist der Mitschüler, der erfolgreich täuscht, pfiffig, und wer ihn meldet, ein Petzer. In Ländern mit längerer demokratischer Tradition kann der Mitschüler, der täuscht, weil er den

Wettbewerb zu Lasten der anderen verfälscht, bei diesen auf keine Loyalität rechnen.

Schließlich hat auch die Treue zu sich selbst ein anderes Gesicht als früher. Sie war die Treue zu den eigenen Überzeugungen, Aufgaben und Lieben. Entsprechend hat noch Arthur Schnitzler in einem schönen Aphorismus den aus Treue zu sich selbst begangenen Treuebruch gegenüber einer Pflicht oder einem nahen Menschen als leichte und feige Selbsttäuschung abgetan, weil die Treulosigkeit gegen unsere Pflichten und die uns nahen Menschen letztlich eine Treulosigkeit gegen uns selbst sei. Im nachpsychoanalytischen Zeitalter ist die Treue zu sich selbst auch die Treue zur eigenen Beschädigtheit und zur eigenen Zerrissenheit, zur eigenen Bindungsunfähigkeit und Treulosigkeit, eben zu allem, was einen so sein lässt, wie man ist. Sie ist inhaltlich beliebig, wird aber doch durchaus tief und stark empfunden.

Mit diesem anderen Verständnis der Treue zu sich selbst geht auch ein anderes Verständnis der Treue überhaupt einher. »Unsere Ehre heißt Treue« – es war die Überspitzung und Pervertierung der normativen Vorstellung, dass unsere Selbstachtung wie unsere Wertschätzung durch andere davon leben, dass wir unseren Überzeugungen, Aufgaben und Lieben so treu wie möglich bleiben. Indem Selbstachtung und Wertschätzung heute auf die sich selbst verwirklichende Person weniger, wie sie sein soll, als vielmehr, wie sie ist, wie sie sich mit ihren verschiedenen Facetten zu verschiedenen Zeiten und in verschiedenen Kontexten zeigt, bauen, verliert das nicht auf Wechsel, sondern auf Kontinuität setzende Konzept der Treue an verbindlicher und verpflichtender Kraft.

Aber es ist kompliziert. Statistiken zeigen Jahr um Jahr nicht nur, dass es um die eheliche Treue schlechter und schlechter bestellt ist, sondern auch, dass die Sehnsucht nach einer Ehe in Treue unvermindert groß ist. Ähnlich zeigen Statistiken über Institutionenvertrauen, dass mit starker Kritik am tatsächlichen Funktionieren der staatlichen und gesellschaftlichen Einrichtungen ein Vertrauen in die Einrichtungen als solche einhergeht, das nur als Sehnsucht interpretiert werden kann. Dass Loyalitäten leichter genommen werden, schließt nicht die Sehnsucht nach verbindlichen und verpflichtenden Loyalitäten aus. Sie äußert sich auch in den vielen Versuchen, Häuser-, Straßen- und Nachbarschaftsprojekte zu entwickeln, in der Anhänglichkeit an Stadt und Region, in der wachsenden Bereitschaft, Ehemaligen- oder Alumnigemeinschaften zu pflegen.

Unsere Loyalitäten konstituieren unsere Identität, die heutigen, anders als früher gearteten und empfundenen Loyalitäten konstituieren unsere Identität lediglich anders als früher. Wie die Loyalitäten offener, wählbarer, gestaltbarer geworden sind, kann auch Identität idiosynkratischer ausgebildet werden. Zugleich gibt es die Sehnsucht nach verbindlicher und verpflichtender Loyalität – auch sie ist heute Teil der Identität.

## 10

Der jüngste Beleg dafür, dass die Beschäftigung mit Verrat im Kern eine Beschäftigung mit Loyalität und Identität ist, ist das große Interesse an der Denunziation in der DDR und, dadurch angestoßen, auch an der Denunziation im nationalsozialistischen Deutschland. Wie inoffizielle Mitarbeiter gewonnen wurden und gearbeitet haben, aus welchen Motiven sie mitgemacht haben, ob freiwillig oder genötigt, überzeugt oder gekauft, leichten oder schweren Herzens, hat das große Publikum weniger als historischer Befund denn als existentielle Frage interessiert. Wer sind die, die sich darauf eingelassen und Kollegen, Freunde, Verwandte, die eigene Frau und das eigene Kind bespitzelt und verraten haben. Wie konnten sie so handeln? Könnte ich auch so handeln?

Zwei Fälle haben besondere Aufmerksamkeit gefunden: der des Dichters Sascha Anderson, der sich in der Boheme des Prenzlauer Bergs als Dissident nicht nur präsentierte, sondern auch fühlte und zugleich an die Staatssicherheit berichtete, und der von Knud Wollenberger, der für die Staatssicherheit seine Frau bespitzelte. In beiden Fällen wird der Unterschied gegenüber dem Bespitzeln und Denunzieren im nationalsozialistischen Deutschland augenfällig; während die Menschen in großer Zahl aus Überzeugung unaufgefordert denunziert haben, mussten sie in der DDR mit einer Mischung aus Versprechen und Drohung eigens als inoffizielle Mitarbeiter geworben werden. Die Loyalitäten zum politischen System waren, wie auch die unterschiedlichen Selbstmordzahlen nach dem Ende der Systeme zeigen, unterschiedlich stark ausgebildet. Bespitzeln und Denunzieren geschah nicht offen, war nichts, womit man sich brüstete oder wozu man sich auch nur bekannte, sondern blieb im Schatten eines Doppellebens.

Sascha Anderson und Knud Wollenberger erinnern weniger an den klassischen Denunzianten oder den klassischen Spitzel als an die Geschäftsleute, von denen man gelegentlich lesen kann, die viel in der einen und viel in der anderen Stadt zu tun und hier wie dort eine Familie haben. Sie sind liebevolle Partner und engagierte Väter, erfüllen, weil nicht immer präsent, ihre Pflichten sogar besonders liebevoll und besonders engagiert, stehen unter hohem Stress, genießen aber auch den Wechsel und das Gefühl der Macht, das den Jongleur beseelt, der mit vielen Bällen spielt. Sie empfinden sich als loyal. Schaden sie einer ihrer Frauen, einem ihrer Kinder? Geben sie nicht jeder der beiden Familien, was eine Familie von einem Geschäftsmann, der viel unterwegs ist, füglich erwarten kann? So nahm auch Sascha Anderson einerseits am Leben und an den Arbeiten der Künstler- und Schriftstellerkollegen interessiert und engagiert Anteil und setzte andererseits die Staatssicherheit kundig ins Bild; so war Knud Wollenberger einerseits ein liebevoller Ehemann und andererseits ein verlässlicher Informant. Auch sie fanden, dass sie gaben, was die anderen brauchten, und niemandem schadeten, sondern sogar nützten, indem sie Sachverhalte, die die Staatssicherheit leicht hätte missverstehen können, so übersetzten, dass sie keine falschen Reaktionen auslösen konnten.

Das hat einen falschen Klang, ohne jedoch einfach falsch zu sein. Vielleicht hat sich die Staatssicherheit aufgrund der Informationen von Anderson und Wollenberger tatsächlich nicht schlimmer, sondern besser verhalten. Vielleicht leben die Frauen ein und desselben Mannes in Düsseldorf und in München tatsächlich glücklich und wachsen seine Kinder glücklich heran. Schon beim Seitensprung fängt das

Unglück häufig erst dann an, wenn er offenkundig wird. Die Empörung über das Doppelleben eines Geschäftsmanns und einen Seitensprung bleibt denn auch verhalten, und sie blieb auch verhalten bei Anderson und Wollenberger. Die Schärfe, Wut und Verachtung, mit der Wolf Biermann auf die Nachricht von Sascha Andersons IM-Tätigkeit reagiert hat, wirkte, als stamme sie aus einer anderen Zeit, einer Zeit der stärkeren Loyalitäten, tieferen Überzeugungen und größeren Leidenschaften. Sie wurde ein bisschen irritiert zur Kenntnis genommen, irritiert, weil sie nicht recht in unsere Zeit passte, und zugleich sehnsüchtig irritiert, weil unserer Zeit die Tiefe, Stärke und Leidenschaft der Überzeugungen und Loyalitäten fehlt.

Den falschen Klang haben die Doppelleben, weil sie ständiges Verstellen und Verstecken verlangen. Kann Glück echt sein, das auf Lügen baut? Aber diese Ablehnung der Lüge ist etwas anderes als eine Empörung über Verrat, und überdies zeigt die Erfahrung, dass echtes Gefühl auf Lüge vielleicht nicht bauen dürfte, aber durchaus bauen kann.

Die Frau von Knud Wollenberger hat sich von ihm scheiden lassen, die Kollegen von Sascha Anderson haben mit ihm gebrochen. Verrat bleibt eine persönliche Enttäuschung und Verletzung und mag manchmal unverzeihbar und unheilbar sein. Aber wie es heute ehemalige Partner gibt, die einander nach Seitensprung, Trennung und Scheidung wieder freundschaftlich begegnen können, kann man sich auch Sascha Anderson bei einer Vernissage im Kreis seiner ehemaligen Kollegen und Knud Wollenberger zusammen mit seiner ehemaligen Frau auf einem Familienfest vorstellen – sie selbst kann sich, wie sie jüngst in einem Interview gesagt hat, ein Wiedersehen vorstellen. Wo die Loyalitäten lockerer binden, wird auch das Verzeihen und Heilen leichter.

Im Verrat zeigt sich die Wahrheit unserer Loyalitäten, in unseren Loyalitäten zeigt sich die Wahrheit unserer Identität. Darum zählt die Frage, was Verrat ist, zu den großen Was-ist-Fragen. Darum ist der Verrat heute auch nicht erledigt. Gewiss, die große Zeit des Verrats ist vorbei. Die Zeit der großen Loyalitäten ist vorbei. Aber der kleine Verrat ist nicht weniger aussagekräftig als der große, und in der Diskussion der Denunziation der DDR zeigte sich, wie wir sind: gerne loyal gegenüber anderen, aber wenn es die Umstände oder die Treue gegenüber uns selbst verlangen, auch ohne allzu schweres Herz illoyal, dabei bereit, Loyalitätsbrüche zu verstehen und zu verzeihen. Und immer spielt die Sehnsucht in das Thema des Verrats und speist es: die Sehnsucht nach der tiefen Überzeugung, der großen Leidenschaft, der starken Loyalität.

# Das Opfer des Lebens

## I

An die Stelle des Opfers, das man bringt, ist das Opfer getreten, das man ist. Die moralische Wertschätzung und der Anspruch auf gesellschaftliche Anerkennung und Unterstützung, die einst dem zustanden, der sich als Soldat oder Arzt oder Krankenschwester für andere geopfert hat, werden heute dem zuerkannt, der zum Opfer geworden ist, weil Menschen ihn ungerecht behandelt oder Katastrophen der Natur oder der Technik ihn ungerecht betroffen haben. Diese Verschiebung hat in Deutschland durchgreifender stattgefunden als in anderen Ländern; in Deutschland ist die Rolle des Opfers, das man bringt, besonders diskreditiert und wird die Rolle des Opfers, das man ist, besonders gewürdigt.

Dass die Opfer, die im Krieg gebracht werden, bei Männern das Opfer des Lebens, bei Frauen das Opfer der Männer und der Söhne, aber auch des Schmucks, den sie spenden, und der Zeit, die sie an den Lazarettdienst und ans Scharpiezupfen wenden, als Opfer auf dem Altar des Vaterlands eine zivilreligiöse Weihe genießen, verstand sich im 19. und frühen 20. Jahrhundert in allen Nationalstaaten. Aber in Deutschland ging die Verherrlichung des Opfers weiter; sie wurde im Ersten Weltkrieg zu einer Verherrlichung des Opfers um des Opfers willen. Georg Simmel pries 1914 die Weihe des Opfers, bei dem der Verstand nicht mehr wägt und nicht mehr rechnet, Ina Seidel ließ 1918 die Toten mahnen: »Beweint uns nicht, fragt nicht nach dem Gewinn…, das Opfer ist des Opfers letzter Sinn«, Ernst Jünger fand 1923 des Menschen tiefstes Glück darin, geopfert zu werden – drei Stimmen aus einem großen Chor.

Auf diesen Opfermythos konnte der Opferkult aufbauen, den der Nationalsozialismus theoretisch und szenisch entwickelte, zunächst als Variation des Schemas von Fall und Erhebung, bei der die Opfer der Bewegung die Wende zur nationalen Gesundung einleiteten, zuletzt als Feier des totalen Opfers im totalen Krieg. Auch philosophisch blieb der Opfermythos lebendig; 1943 verklärte Martin Heidegger das Opfer als »die allem Zwang enthobene, weil aus dem Abgrund der Freiheit erstehende Verschwendung des Menschenwesens in die Wahrung der Wahrheit des Seins für das Seiende«.

Diese Opfertheoretik hat sich 1945 nicht nur erledigt, weil sie auf absurde Weise übertrieben hatte, weil die Opfer, die den Sieg hatten bringen sollen, die Niederlage nicht verhindert hatten und weil jede Kriegsrhetorik sich im Frieden erledigt. Sie war diskreditiert, weil die Opfer, die gepriesen worden waren, sich als Täter der furchtbarsten Verbrechen erwiesen. Damit wurde die andere Opferrolle attraktiv, in der man nicht auch Täter, sondern nur Opfer war, Opfer von Bombardierung, Vertreibung und Gefangenschaft. Die Lektüre der in den fünfziger Jahren vom Bundesministerium für Vertriebene veranstalteten Dokumentation der Vertreibung der Deutschen aus Ost-Mittel-Europa zeigt, wie dieses neue Opferbewusstsein wuchs; je früher nach der Vertreibung die Zeugnisse abgefasst sind, desto nüchterner sind sie gehalten, je später, desto wehleidiger und anklagender schreiben sie die Opferrolle aus.

Aber auch diese Opferrolle hatte keinen Bestand. Als sich in den sechziger und siebziger Jahren die Einsicht durchsetzte, dass die Opfer von Bombardierung, Vertreibung und Gefangenschaft doch nicht nur Opfer, sondern auch Täter, Helfer, Profiteure, Zu- oder Wegschauer gewesen waren, verlor die deutsche Opferrolle überhaupt ihre Evidenz. Es dauerte bis zum Beginn dieses Jahrhunderts, dass über Bombardierung, Vertreibung und Gefangenschaft wieder in Ausführlichkeit und mit Anteilnahme geschrieben werden konnte.

So brüchig die deutsche Opferrolle wurde – die gewissermaßen universelle Opferrolle blieb durch das immer deutlicher wahrgenommene, beschriebene und gewürdigte Opferschicksal der Juden positiv besetzt, ja, sie wurde in den sechziger und siebziger Jahren mit der Anerkennung des Opferschicksals der Juden zur moralischen Rolle schlechthin. Heutige Opferschicksale, seien die Ursachen Krieg, Unterdrückung, Ausbeutung und Diskriminierung oder Hunger, Natur- und Technikkatastrophen, zehren von der moralischen Qualität des Opferstatus der Juden im Holocaust. Wenn ihre Furchtbarkeit ganz deutlich gemacht werden soll, werden sie im gesellschaftlichen und politischen Sprachgebrauch denn auch gerne mit den Begriffen der Judenverfolgung und -ermordung bezeichnet und ist von einem Auschwitz im Kosovo, von Selektionen unter bosnischen Muslimen und von einem Holocaust mit Gas getöteter Kurden die Rede.

## 2

Die Heroisierung und existentialistische Verklärung von Opferbereitschaft und Opfergang ist in Deutschland aber nicht nur passé, weil die Diskreditierung des Opfers, das man bringt, nach den Verbrechen des Dritten Reichs so tiefgreifend und die moralische Anerkennung des Opfers, das man ist, im Opferschicksal der Juden so zwingend war. Die Übertragung des positiven Wertakzents vom einen auf den anderen Opferbegriff konnte so erfolgreich nur sein, weil in Deutschland keine Opfer verlangt und gebracht werden mussten. Spätestens seit dem Bau der Mauer war der Kalte Krieg derart erstarrt, dass die Aussicht, das Leben in einem heißen Krieg opfern zu müssen, ganz unwahrscheinlich war. Ohnehin hatte es viel für sich, lieber rot als tot zu sein – die Landsleute im östlichen Teil Deutschlands kamen damit ja auch zurecht.

Andere Länder, die insofern in einer anderen Lage waren, haben die Übertragung des positiven Wertakzents nicht in gleichem Maß vollzogen. Schon der östliche Teil Deutschlands, der sich bis zur Wiedervereinigung auf einen Umschlag des Kalten Kriegs in einen heißen intensiver vorbereitete als der westliche, hat sich um ein heroisches Bild des kämpfenden und sich aufopfernden Soldaten bemüht. Amerika, das seit dem Zweiten Weltkrieg immer wieder von seinen Soldaten das Opfer des Lebens verlangt hat, hat in seinen Filmen dieses Opfer immer wieder heroisiert. Israel sieht auch deshalb in heilsgeschichtlicher zionistischer Interpretation die im Holocaust ermordeten Juden als Märtyrer, die ihr Leben gegeben haben, um die Notwendigkeit und Berechtigung des jüdischen Staats zu bezeugen, weil es in seinem Konflikt mit den Arabern auf die Opferbereitschaft seiner Soldaten setzen muss. Die muslimischen Selbstmordattentäter wollen mit dem Opfer, das sie bringen, endlich heroisch die Rolle des Opfers überwinden, das sie über Jahrzehnte waren. Wo Opfer verlangt und gebracht werden müssen, kommt die Gesellschaft mit einem positiven Begriff des Opfers, das man ist, nicht aus. Sie braucht einen positiven Begriff des Opfers, das man bringt.

Auch für Deutschland wird immer wahrscheinlicher, dass das Opfer des Lebens wieder verlangt und gebracht werden muss. Aus dem Windschatten der Geschichte, in dem Deutschland sich seit dem Zweiten Weltkrieg über fünfzig Jahre behaglich eingerichtet hatte, wird es immer mehr herausgefordert und tritt es auch immer mehr heraus. Es ist damit zu rechnen, dass die Auslandseinsätze der Bundeswehr eines Tages nicht nur bei Hubschrauberabstürzen und Autounfällen Opfer fordern, sondern die Soldaten in Situationen bringen werden, in denen sie mit- und füreinander kämpfen und ihr Leben einsetzen müssen. Es ist auch damit zu rechnen, dass Anschläge des islamischen Terrorismus eines Tages in Deutschland in größerer Zahl Opfer fordern und dabei, wie der Anschlag des 11. September 2001 in New York, der Polizei und Feuerwehr den Einsatz des Lebens abverlangen werden. Zur Abwehr von Anschlägen mit Flugzeugen verlangt das Luftsicherheitsgesetz, das die Flugzeuge abzuschießen erlaubt, von den Passagieren das Opfer des Lebens. Wo derart Opfer gefordert werden, bedarf es auch der Opferbereitschaft: der Opferbereitschaft der Soldaten, Polizisten und Feuerwehrmänner, der Bürger, die mit dem Flugzeug reisen.

## 3

Gewiss, wer als Soldat beim Auslandseinsatz, als Polizist und Feuerwehrmann beim Einsatz nach einem terroristischen Anschlag und als Passagier im Flugzeug sein Leben verliert, *ist* Opfer im moralisch positiv besetzten Sinn, und es lässt sich fragen, warum er daneben oder stattdessen noch ein positiv besetztes Opfer gebracht haben soll. Es lässt sich auch fragen, ob die doppelte Bedeutung des deutschen Worts »Opfer«, für das andere Sprachen verschiedene, aus einerseits *sacrificium* und andererseits *victima* entwickelte Worte haben, nicht einen tiefen Sinn darin offenbart, dass am Ende alle Opfer gleich sind: die, die ihr Leben zum Opfer gebracht, und die, die es ohne ihr Zutun und gegen ihren Willen verloren haben. Es lässt sich sogar bezweifeln, ob die beiden Opferbegriffe klar voneinander geschieden sind: Hat der im Unwetter tödlich verunglückte Bergsteiger sein Leben seiner Leidenschaft geopfert oder ist er ein Opfer des Unwetters geworden?

Aber die Begriffe sind klar voneinander geschieden. Das Opfer, das man ist, kann schlechterdings weder gefordert noch gerechtfertigt werden. Dass Natur- und technische Katastrophen Leben fordern, ist bloße Redeweise, und die

Opfer können nur betrauert werden. Beim Opfer, das man bringt, lässt sich nach der Rechtfertigung fragen. Ob die Antwort aus einer Norm des Rechts oder der Moral folgt, aus der Liebe zu Gott oder zum Nächsten, aus einer gesellschaftlich vermittelten oder allein persönlich empfundenen Verantwortung oder Zuneigung – es gibt sie. Die Rechtfertigung definiert geradezu das Opfer, das man bringt. Selbst beim Bergsteiger stiftet die Leidenschaft für das lebensgefährliche Abenteuer einen Rechtfertigungskontext, in dem er nicht nur ein Opfer des Unwetters ist.

Weil die Gesellschaft nur fordern kann, was sie auch rechtfertigen kann, kann sie nur fordern, dass man ein Opfer bringt, nicht, dass man ein Opfer ist. Muss sie es fordern, dann muss sie den Begriff des Opfers, das man bringt, auch positiv besetzen, die Rechtfertigung sichtbar und die Rolle attraktiv machen und zur Anerkennung bereit sein. Heroisierung kann übertrieben, befremdlich und lächerlich geraten. Aber zuerst einmal ist sie die Anerkennung eines Opfers, das für andere gebracht wurde. Ohne die Anerkennung kann die Gesellschaft das Opfer nicht fordern.

Tut sie es gleichwohl, dann erleben die Betroffenen es, als verlange die Gesellschaft von ihnen nicht, ein Opfer zu bringen, sondern Opfer zu sein. Die Vorstellung, als nicht freiwilliger, sondern wehrpflichtiger Soldat im Krieg sein Leben zu lassen, lässt Studenten regelmäßig nach der Würde des Menschen fragen. Wird der Soldat im Krieg nicht zum bloßen Mittel strategischer und taktischer Planung gemacht und im tödlichen Einsatz als bloßes Mittel geopfert? Auch wenn die Studenten darauf hingewiesen werden, dass die Definition der Menschenwürde, mit der Verfassungsrechtsprechung und -wissenschaft arbeiten, über die konkrete Behandlung als bloßes Mittel hinaus ein prinzipielles Moment einschließt, ein Moment der Infragestellung, Abwertung und Missachtung als Subjekt und Person, bleiben viele von ihnen bei ihrer Ansicht. Sie sehen in den Soldaten nicht Subjekte, die ihr Leben zum Opfer bringen, sondern Objekte, die zu Opfern gemacht werden, und eben darin liegt für sie auch schon die Missachtung und Verletzung der Würde.

Ist diese Sicht in der Gesellschaft gängig? Jedenfalls ist die gegenteilige Sicht, die ein positives Bild des Soldaten böte, der sein Leben opfert, nicht präsent. Es gibt keine heroisierenden, zu Bewunderung und Nachahmung einladenden Bücher oder Filme über die Einsätze im Kosovo oder in Afghanistan. Sollte Deutschland tatsächlich in die Lage geraten, von seinen Soldaten, Polizisten, Feuerwehrmännern und auch Bürgern in größerer Zahl das Opfer des Lebens verlangen zu müssen, ist es schlecht vorbereitet.

## 4

Wendet sich die Suche nach einer Rechtfertigung für das Opfer des Lebens, die heute auf Zustimmung hoffen kann, den Antworten zu, die Rechts- und Staatsphilosophie in der Vergangenheit hervorgebracht haben, dann wird sie lange nicht fündig.

Aristoteles sieht den Bürger dem ganzen der Polis so verpflichtet, wie er auch nur als Teil der Polis existiert; daher müsse der Bürger, wenn die Existenz der Polis auf dem Spiel steht, seine Existenz für die Polis aufs Spiel setzen.

Ähnlich ist das Leben des Bürgers bei Rousseau »nicht nur eine Gabe der Natur, sondern ein bedingtes Geschenk des Staates«; weil der Bürger sein Leben auf Kosten der anderen erhalte, müsse er es auch für sie hingeben. Beide Mal wird Zugehörigkeit zum Gemeinwesen in einer Intensität als erfahren oder doch erfahrbar vorausgesetzt, die heute nicht mehr akzeptiert und kaum noch verstanden wird. Das Gemeinwesen ist nicht mehr der Ort der Selbstentfaltung und lohnt daher auch nicht mehr den Preis der Selbsthingabe. Die Bürger suchen und finden Selbstentfaltung privat, in der Familie und mit den Freunden, im Verein, in der Kirche, beim Hobby, auf Reisen, im Ausland wie im Inland, immer weniger in der staatlich doch mitgestalteten und mitverantworteten Arbeitswelt und allenfalls gelegentlich in den staatlich gestalteten und verantworteten politischen Lebensräumen.

Auch die Hobbes'sche Rechtfertigung des Opfers des Lebens aus dem Zusammenhang von Schutz und Gehorsam überzeugt heute nicht mehr. Zwar findet sie in der Notwendigkeit des Selbstschutzes eine Grenze, die die Rechtfertigung bei Aristoteles und Rousseau nicht kennt und aus der die Freiheit zum allerdings gefährdeten Los des Deserteurs folgt. Aber der Zusammenhang von Schutz und Gehorsam kann die Rechtfertigung im europäisierten und globalisierten Deutschland nicht mehr leisten. Deutschland bleibt der Bezugspunkt für die arbeits-, sozial- und wirtschaftspolitischen Erwartungen der Bürger, und die Bürger erwarten auch, dass die Polizei Sicherheit und Ordnung gewährleistet. Vor den großen Gefahren terroristischer Anschläge, atomarer oder chemischer Verseuchung oder kollabierender Energieversorgung kann Deutschland keinen hinreichenden Schutz bieten. Der Einzelne lernt, sich zu fragen, ob er seinen Schutz nicht anderswo suchen will, wo die Energieversorgung nicht so wichtig ist, keine atomaren oder chemischen Anlagen stehen und nichts das Interesse von Terroristen weckt, auf Mallorca oder in Kanada oder in Tasmanien. Kein Bürger opfert als Soldat gehorsam sein Leben im Kosovo oder in Afghanistan, weil Deutschland ihn andererseits schützt.

Obwohl Hegel die skizzierten Rechtfertigungen und die sie tragende Vorstellung, durch Aufopferung des Lebens könne die Sicherung des Lebens erreicht werden, ablehnt, bleibt auch seine Rechtfertigung heute fremd. Für ihn ist der Sinn des Kriegs, dass »die sittliche Gesundheit der Völker in ihrer Indifferenz gegen das Festwerden der endlichen Bestimmtheiten erhalten wird, wie die Bewegung der Winde die See vor der Fäulnis bewahrt«, und der Sinn des Opfers des Lebens im Krieg, dass der Soldat, der es bringt, sich seiner Freiheit von den besonderen Zwecken, Gütern und Genüssen des Lebens und seiner Vereinigung und Einordnung ins Allgemeine vergewissert. Dieses Verständnis von Krieg und Opfer ist die Schwelle zu der oben gekennzeichneten Rhetorik des Opfers um des Opfers willen.

## 5

Dazwischen steht Kant. Auch für ihn ist selbstverständlich, dass die Bürger zum Kriegsdienst verpflichtet werden können; anders als für Hegel gilt für ihn die Logik der Sicherung des Lebens durch Aufopferung des Lebens. Dabei lässt er Hobbes hinter sich, indem er kein Recht auf Selbstschutz durch Desertion kennt, und Rousseau, indem er die Anforderungen an die Zustimmung der Bürger verschärft. Er bindet nicht nur den Kriegsdienst allgemein, sondern auch die besondere Kriegserklärung an die freie Zustimmung der Repräsentanten der Bürger. Ohne die freie Zustimmung sieht er den Bürger, dem im Krieg das Opfer des Lebens abverlangt wird, nicht als Zweck anerkannt, sondern nur als Mittel benutzt, wie er auch im Beruf des Söldners einen »Gebrauch von Menschen als bloßen Maschinen und Werkzeugen in der Hand eines anderen…, der sich nicht wohl mit dem Rechte der Menschheit in unserer eigenen Person vereinigen lässt«, sieht.

Kant verbindet die Rechtfertigung des Opfers des Lebens im Krieg mit der Stellung des Menschen als Zweck und nicht als Mittel. Das macht ihn heute, wo das Opfer des Lebens im Krieg zum Würdeproblem geworden ist, für die Frage nach der Rechtfertigung so wichtig. Denn um die Stellung des Menschen als Zweck und nicht als Mittel, als Subjekt und nicht als Objekt kreist heute verfassungsrechtlich das Verständnis der Menschenwürde und die Diskussion, wann sie gewahrt und verletzt ist.

Darauf, dass Kant den Beruf des Söldners ablehnt, wo doch eine Berufsarmee heute gerne als ein besonders schonendes, gerechtes und gewiss nicht menschenwürdegefährdendes Mittel der Landesverteidigung angesehen wird, muss nicht weiter eingegangen werden; der Beruf des Soldaten, der seinem Land dient, ist etwas anderes als der Beruf des Söldners, der jedem dient, der ihn löhnt. Auch darauf, dass Kant die Verletzung der Menschenwürde mit der Zustimmung der Repräsentanten der Bürger ausgeschlossen sieht, während das Verfassungsrecht heute Verletzungen der Menschenwürde durch das Handeln der Repräsentanten der Bürger für möglich hält und daher eigens verbietet, soll hier nicht eingegangen werden; Kant hatte noch nicht die Erfahrungen, die im 20. Jahrhundert in repräsentativen Demokratien mit Machtmissbrauch gemacht wurden.

Entscheidend ist die Gleichung, die Kant zwischen der Stellung als Zweck und nicht als Mittel und der Zustimmung überhaupt herstellt. An anderer, nicht auf den Kriegsdienst und die Kriegserklärung bezogener und beschränkter Stelle fordert er noch klarer, das leidende Subjekt »niemals bloß als Mittel, sondern zugleich selbst als Zweck zu gebrauchen«, nur um durch diese Forderung die andere Forderung zu erläutern, es »keiner Absicht zu unterwerfen, die nicht nach einem Gesetz, welches aus dem Willen des leidenden Subjekts selbst entspringen könnte, möglich ist«. Der Kant, den Verfassungsrechtsprechung und -wissenschaft in der sogenannten Objektformel tradieren, ist ein halbierter Kant. Dem ganzen Kant geht es nicht nur um Selbstschutz, sondern um Selbstgesetzgebung. Für ihn wird der Mensch, dem etwas zugemutet oder abverlangt wird, auch der, dem ein Opfer zugemutet und abverlangt wird, dann nicht als Mittel genommen, sondern als Zweck gesehen und in seiner Würde geachtet, wenn er es unter einem Gesetz bringt, dem er zugestimmt hat oder, wenn es nicht zum Gegenstand seiner Zustimmung geworden ist, zugestimmt hätte, wenn es dazu geworden wäre.

## 6

Dem Gesetz stimmt er nicht alleine zu. Stimmt er als Bürger zu, dann mit anderen Bürgern als Glied der staatlichen Gemeinschaft. Aber er ist Glied auch anderer Gemeinschaften: der Familie, des Freundeskreises, einer Mannschaft, einer Gruppe von Soldaten, Polizisten oder Feuerwehrmännern im gemeinsamen Einsatz, einer Gruppe von Überlebenden nach einer Katastrophe. Kants Überlegung gilt allgemein. Wo immer eine Gemeinschaft existiert, die etwas von ihren Gliedern beziehungsweise deren Glieder etwas voneinander verlangen, erfolgt das Verlangen ohne Verletzung der Menschenwürde, wenn die Glieder der Gemeinschaft ihm zugestimmt haben oder zugestimmt hätten.

Die Gemeinschaft kann auch virtuell sein. Eine entsprechende Konstellation bietet das überkommene strafrechtsdogmatische Schulbeispiel des Weichenstellers, der einen Eisenbahnarbeiter, der an einem Gleis beschäftigt ist, opfert, damit der unaufhaltsam heranrasende Zug nicht auf einem anderen Gleis einen Wagen mit einer Gruppe von Menschen tötet. Der Eisenbahnarbeiter und die Menschen im Wagen bilden eine Gemeinschaft von Menschen, die von einer Gefahr gemeinsam betroffen und darauf angewiesen sind, dass einige von ihnen sich opfern, damit die anderen leben. Die Situation lässt nicht zu, dass die beteiligten Menschen sich als Gemeinschaft konstituieren und betätigen. Ihre Gemeinschaft wird durch den heranrasenden Zug konstituiert, ihre Gesetzgebung und ihr Gesetzesvollzug durch den Weichensteller realisiert.

Das ist die Härte des Schulbeispiels. Die Gemeinschaft

kann sich nicht konstituieren, sie kann sich über das Gesetz, unter dem sie das Opfer des Lebens verlangt, nicht verständigen, und sie kann dem, von dem sie es verlangt, keine Verhaltensalternativen lassen. Der Soldat, von dem das Opfer des Lebens verlangt wird, hat Verhaltensalternativen, indem er kämpfen und sich sogar noch auf verlorenem Posten seiner Haut wehren und sie teuer verkaufen kann. Die Überlebenden eines Flugzeugabsturzes können sich darüber verständigen, wer an der Absturzstelle bleibt, das Signalfeuer unterhält und, wenn die Rettungsmannschaft nicht kommt, sterben muss, während die anderen vielleicht den nächsten Ort erreichen: der Kranke, damit die Gesunden durchkommen, der Alte, damit die Jungen überleben, oder der, den das Los bestimmt. Sie können sich auch darüber verständigen, ob sie sich überhaupt als Gemeinschaft konstituieren wollen oder nicht jeder für sich bleiben und sorgen will.

Dass dies alles im Schulbeispiel nicht möglich ist, macht aber auch seine Evidenz. Es geht schlechterdings nicht anders. Wenn es anders ginge, wenn der Eisenbahnarbeiter über seine Zugehörigkeit zur Gemeinschaft entscheiden, sich mit den anderen über die Bewältigung der Gefahr verständigen und, selbst wenn es letztlich sein Leben kosten muss, auf verschiedene Weisen verhalten könnte, wäre das Opfer seines Lebens durch den Weichensteller eine Verletzung seiner Würde.

Der Weichensteller würde die Würde des Eisenbahnarbeiters auch dann verletzen, wenn er ihn in Ansehen seiner Person als Opfer auswählen würde. Das gilt nicht nur für eine von Hass und Neid bestimmte Auswahl, sondern auch für eine Auswahl, die verantwortlich den Wert der beteiligten Menschen abzuschätzen und abzuwägen suchen und statt des Eisenbahnarbeiters die im Wagen sitzenden Eisenbahningenieure und -manager retten oder in anderem Kontext statt der Mutter die kinderlose Frau, statt des Vaters den kinderlosen Mann und statt des Künstlers oder Wissenschaftlers den Taugenichts opfern würde.

Die Gemeinschaft mag jemanden wegen seiner Funktion, seiner Kenntnisse und Fertigkeiten als mögliches Opfer ausschließen. Der Einzelne mag sich in Ansehen seines Alters, seiner Krankheit oder seines Unglücks freiwillig als Opfer anbieten. Aber das Gesetz, unter dem die Gemeinschaft antritt, ist das Gesetz der Gleichheit, das kein Ansehen der Person kennt. Wie sollte aus dem Willen der gemeinsam gefährdeten, leidenden, zur Opferbereitschaft verurteilten Subjekte ein anderes Gesetz entspringen?

## 7

Gemeinsam gefährdet, gegenseitig aufeinander angewiesen, einander Gleichheit und einen größtmöglichen Entscheidungs-, Verständigungs- und Verhaltensspielraum zuerkennend, bilden die Beteiligten eine Solidargemeinschaft. Das Opfer, das sie unter diesen Voraussetzungen verlangen und bringen, ist als solidarisches Opfer gerechtfertigt.

Der positive Begriff des Opfers, das man bringt, geht mit einem positiven Begriff von fordernder und verpflichtender Solidarität zusammen. Auch der positive Begriff des Opfers, das man ist, geht mit einem Begriff von Solidarität zusammen: dem Begriff einer berechtigenden und gewährenden Solidarität. Das eine Mal fordert die Solidargemeinschaft ein Opfer und nimmt den Einzelnen in die Pflicht, das andere Mal sieht sie den Einzelnen als bedürftiges und berechtigtes Opfer und gewährt Unterstützung. Wie heute an die Stelle des Opfers, das man bringt, das Opfer getreten ist, das man ist, trägt auch der Begriff der Solidargemeinschaft heute eher die Vorstellung von Berechtigung und Gewährung als von Forderung und Verpflichtung.

Dies ist der eine Grund, warum die Gesamtgesellschaft als eine Solidargemeinschaft, für die das Opfer des Lebens gefordert werden kann, heute schwerlich in Betracht kommt. Der andere Grund ist, dass die Gesamtgesellschaft die nationale Gesellschaft ist, die Gesellschaft des Nationalstaats, der durch Entwicklungen der Europäisierung und Globalisierung relativiert und in Deutschland überdies historisch belastet ist. Solidargemeinschaften, in denen die Bereitschaft zum Opfer des Lebens erwartet und gefordert werden kann, sind eher die kleinen Gefahrgemeinschaften, die der gemeinsame Einsatz als Soldaten, Polizisten oder Feuerwehrmänner oder auch der Zufall stiftet, durch den eine Katastrophe mehrere gemeinsam betrifft. Selbst in Amerika, das die nationale Solidargemeinschaft noch ungebrochen feiert, wird in den Kriegs- und Katastrophenfilmen nicht die Gesellschaft als Opfergemeinschaft heroisiert, sondern die kleine Gruppe.

Aber als opferwürdige Solidargemeinschaft wurde die Nation nicht nur durch kleinere Einheiten ersetzt. Europa ist so klein geworden und die Welt so nah gerückt, dass in der jungen Generation Ansätze eines Solidarbewusstseins und -gefühls wachsen, das der Menschheit gilt. Wie einerseits die jungen Menschen, die bei einem Auslandseinsatz der Bundeswehr oder bei einem Einsatz nach einem terroristischen Anschlag ihr Leben riskieren, in ihrer Opferbereitschaft eher von der Solidargemeinschaft derer getragen werden, die das gleiche Schicksal teilen, als von der Solidargemeinschaft der Deutschen, dürften andererseits mehr junge Menschen für einen lebensgefährlichen Einsatz zu gewinnen sein, der der Menschheit zu helfen verspricht, als für einen, der den Interessen Deutschlands dient.

Was aber die Passagiere des Flugzeugs betrifft, die das Luftsicherheitsgesetz abzuschießen erlaubt, so ist der Dreh- und Angelpunkt des Problems die Ungewissheit der Situation. Wo ist die Solidargemeinschaft? Sie besteht aus den Passagieren, die das Opfer des Lebens bringen sollen, und denen am Boden, die beim Anschlag mit dem Flugzeug ihr Leben verlören und durch den Abschuss gerettet werden. Aber woher soll die Gewissheit kommen, dass der Anschlag gelänge und die am Boden ihr Leben verlören? Woher die Gewissheit, dass andere am Boden ihr Leben nicht gerade durch den Abschuss und Absturz des Flugzeugs verlieren? Es gibt eine Solidargemeinschaft der Passagiere im Flugzeug, denen durch den Abschuss jeder Entscheidungs-, Verständigungs- und Verhaltensspielraum genommen wird. Woher soll die Gewissheit kommen, dass sie nicht mehr handeln können und für sie gehandelt werden muss? Woher schließlich die Gewissheit, dass der Verteidigungsminister, der den Befehl zum Abschuss gibt, mehr weiß als der Pilot, der abschießen soll und dem dadurch, dass er einen Befehl bekommen hat, die Verantwortung doch nicht abgenommen werden kann?

Unter dem Thema des Opfers des Lebens wurde bisher von Kriegen, von Einsätzen im Ausland und nach terroristischen Anschlägen gehandelt, aber nicht von dem Opfer des Lebens, das in unserer Gesellschaft am häufigsten verlangt und gebracht wird: dem Opfer des ungeborenen Lebens.

Der besonderen Situation der Schwangerschaft ist der Begriff der Solidargemeinschaft nicht angemessen. Die werdende Mutter und das in ihr wachsende Kind bilden eine Gemeinschaft von einzigartiger Intensität und Asymmetrie. Ebenso einzigartig sind daher auch die Rechtfertigungsüberlegungen, die beim Schwangerschaftsabbruch anzustellen sind.

Anders steht es mit den Rechtfertigungsüberlegungen zur Stammzellforschung und zur Präimplantationsdiagnostik. In anderen Ländern entsteht bei Bemühungen zur künstlichen Befruchtung stets eine Vielzahl in vitro erzeugter Embryonen, die von derselben Frau und demselben Mann stammen und der Frau nicht alle auf einmal eingepflanzt werden können. Wird die Frau beim ersten Versuch nicht schwanger, werden sie ihr beim zweiten Versuch eingepflanzt oder entsprechend beim dritten oder vierten. Hat ein Versuch Erfolg, bleiben Embryonen übrig, die nicht durch Schwangerschaft zur Geburt gebracht werden. Das deutsche Recht will dies ausschließen und lässt in vitro nur die Erzeugung von so vielen Embryonen zu, wie tatsächlich eingepflanzt werden können. Die Folge ist, dass jeder erneute Versuch für die Frau mit einem erneuten Eingriff verbunden ist, der eigentlich vermeidbar und eine erhebliche physische und psychische Belastung ist. Das Ziel ist die Vermeidung der Entstehung von todgeweihtem Leben.

Darin liegt ein doppeltes Missverhältnis. Zum einen gehen die Belastungen der wiederholten vermeidbaren Eingriffe bei der künstlichen Befruchtung über die Zumutungen, unter denen eine Schwangerschaft abgebrochen werden darf, weit hinaus. Zum anderen passt die Entschlossenheit, mit der die Entstehung todgeweihten Lebens in vitro vermieden wird, nicht zu der Großzügigkeit, mit der sie in vivo zugelassen wird, wo Embryonen durch den Gebrauch eines Pessars abgetötet und ausgeschieden werden dürfen. Wenn das doppelte Missverhältnis beseitigt würde, würde auch in Deutschland bei einer künstlichen Befruchtung eine Vielzahl von Embryonen entstehen, von denen nur einige, aber nicht alle eingepflanzt werden können – eine virtuelle Gemeinschaft von lebens- und todgeweihten Embryonen.

Wenn dann die, die nicht eingepflanzt werden können, für die Forschung geopfert werden, wird Leben geopfert. Aber es ist das solidarische Opfer von Leben, das ohnehin nicht die Chance zur eigenen Entfaltung als Mensch und Person hat, wohl aber die Chance, durch einen Beitrag zu Forschung und Therapie anderen zu helfen oder sogar andere zu retten. Auch in der Präimplantationsdiagnostik wird Leben geopfert, und auch hier wird mit dem präimplantationsdiagnostisch untersuchten und zerstörten embryonalen Leben ein solidarisches Opfer für die Einpflanzung eines gesunden Geschwisterembryos beziehungsweise für die Geburt eines gesunden Geschwisterkinds gebracht.

# 9

Dass die Beschäftigung mit dem Opfer des Lebens heute vom Opfer des Soldaten im Krieg bis zum Opfer des Embryos für die Forschung reicht, zeigt einen letzten Grund für die Verschiebung des Opferbegriffs an. Wenn im Opfer des Embryos für die Stammzellforschung oder Präimplantationsdiagnostik gemeinhin nicht ein Opfer gesehen wird, das der Embryo bringt, sondern nur ein Opfer, das der Embryo ist, dürfte dies daran liegen, dass der Zugriff, den die moderne medizinische Wissenschaft auf die Entstehung des menschlichen Lebens nimmt, weithin als technische Überwältigung natürlicher Lebenszusammenhänge erlebt wird. Der Embryo wird durch das deutsche Recht deshalb nur bei Entstehung in vitro und nicht auch bei Entstehung in vivo geschützt, weil er nicht davor geschützt wird, das Leben zu verlieren, sondern davor, das Opfer eines wissenschaftlich-medizinisch-technischen Fortschritts zu werden, der die Ordnung aus den Fugen hebt, in der Geburt, Leben und Tod ihre natürliche, vielleicht schicksalhafte, vielleicht gottgewollte Richtigkeit haben. Der Fortschritt wird als eine Bedrohung abgewehrt, die nicht nur den Embryo, sondern den Menschen in der ihm gemäßen Stellung in der Welt bedroht – zum Opfer einer technischen Überwältigung zu machen droht.

Vor dieser anonymen Überwältigung zählt nicht mehr, was der Einzelne will und tut. Als ebenso überwältigend wie heute der medizinische Fortschritt wurde lange der physikalische Fortschritt empfunden, der mit der Atombombe den atomaren Krieg möglich macht, in dem Soldaten keinen Heroismus mehr zeigen, keine Opfer mehr bringen, sondern nur noch Opfer sein können. Die Katastrophen von Tschernobyl und Seveso haben sich dem Bewusstsein als Ereignisse eingeschrieben, in denen die atomare oder chemische Technik ihre menschlichen Fesseln gesprengt und den Menschen zum wehr- und hilflosen Opfer gemacht hat. Sogar in den Katastrophen der Natur begegnet nicht mehr nur deren gewissermaßen natürliche Gewalt, sondern eine von menschlichem Fortschritts- und Wachstumswahn ökologisch und klimatisch beschädigte Natur und in ihr wieder die technische Überwältigung, der kein Opfer standhält, das man bringen, sondern unter der man nur Opfer sein kann.

Mit der Entfesselung des wissenschaftlich-technischen Fortschritts wird die natürliche Ordnung des menschlichen Lebens als gefährdet oder überhaupt zerstört empfunden – von den Kriegen über die Katastrophen bis zur Entstehung des menschlichen Lebens. Das Opfer des Lebens, das gefordert und gebracht wird, ist als Moment der Solidarität auch ein Moment dieser Ordnung. Indem diese Ordnung überwältigt wird, bleibt auch nur noch das überwältigte Opfer – das Opfer, das man ist.

## 10

Aber tatsächlich wandelt sich die Ordnung nur. Die natürliche, schicksalhafte, gottgewollte Ordnung des menschlichen Lebens gibt es nicht. Daher wird sie auch durch keine Stammzell- und keine Atomforschung, keine chemischen und keine Klimakatastrophen überwältigt. Die menschliche Ordnung stellt sich unter neuen wissenschaftlichen und technischen Bedingungen immer wieder neu her.

Auch die Solidargemeinschaften, die zur menschlichen Ordnung gehören, stellen sich neu her: statt der Nation einerseits kleinere Einheiten, andererseits die Menschheit, und der Embryo ist Glied einer Gemeinschaft von Geschwisterembryos wie Teil der Menschheit. Mit ihnen stellen sich neue Bedingungen her, unter denen das Opfer des Lebens zu fordern und zu bringen ist: im Auslandseinsatz, im Einsatz nach einem terroristischen Anschlag, in vitro. Aber die Rechtfertigung des Opfers aus der Zustimmung in der Gemeinschaft bleibt, und dem solidarischen Opfer, das man bringt, bleibt ein moralischer Wert, den das Opfer, das man ist, nicht hat und nicht ersetzen kann.

# Die Zukunft der Verantwortung

## I

Die Vergangenheit der Verantwortung ist kurz. Erst im 19. Jahrhundert tauchte der Begriff auf, erst im 20. wurde er geläufig. Er verdrängte den Begriff der Pflicht, der als Kennzeichnung dessen, was zu tun sei, nicht mehr angemessen erschien.

Er verdrängte ihn in der theologischen und philosophischen Ethik, in der Politik und in der Wirtschaft. Was der Christ der Welt politisch und sozial schuldete, war über Jahrhunderte der Gehorsam gegenüber Gottes Gebot gewesen. Im 19. Jahrhundert wurde, was Gottes Gebot in der nicht mehr ständisch gefügten, sich industrialisierenden und demokratisierenden, unübersichtlich werdenden Welt bedeute, immer fraglicher. Das politische und soziale Engagement des Christen konnte nicht mehr einfach der Erhaltung der brüchig gewordenen alten, sondern musste der Gestaltung einer neuen Ordnung des politischen und gesellschaftlichen Lebens gelten.

An die Stelle der alten, engen Vorstellung von der Pflicht, Gottes Gebot zu gehorchen, trat die neue, offene Vorstellung von der Aufgabe der politischen und sozialen Gestaltung in Verantwortung vor Gott. Für den Atheisten säkularisierte sich die Verantwortung vor Gott im 19. Jahrhundert zur Verantwortung vor der Geschichte, sei es einer Geschichte des Fortschritts, einer Geschichte der Klassenkämpfe oder einer Geschichte der Kämpfe der Rassen und Völker ums Überleben. Heinrich Heine, bei dem der Begriff der Verantwortlichkeit erstmals auftauchte, forderte den Menschen zu einem Leben »im Gefühl seiner ernsthaften Pflichten, seiner Verantwortlichkeit gegen Mitwelt und Nachwelt« auf.

In die Politik fand die Verantwortung im 19. Jahrhundert als Ministerverantwortung Eingang. Wenn der Minister das Gesetz brach, konnte er bestraft werden. Er hatte eine Rechtspflicht verletzt. Wenn er handelte, wo Politik nicht vorausgesehen und nicht gesetzlich geregelt werden konnte, konnte er keine Rechtspflicht verletzen. Hier, wo es nicht um das Befolgen und Brechen von Gesetzen ging, wurde das Reden von Pflichten als unpassend empfunden. Das Reden von Verantwortung passte besser zu den Spielräumen politischer Selbständigkeit und Eigenmacht, in denen der Minister für sein ungerechtes, unbilliges oder auch nur unkluges Handeln nicht vor Gericht gezogen werden konnte, aber dem Parlament Rede und Antwort zu stehen hatte oder, bei entsprechender Gestaltung der Verfassung und Stellung des Monarchen, sogar abgesetzt werden konnte.

Sowohl in der theologischen und philosophischen Ethik als auch in der Politik begegnete der Begriff der Verantwortung zunächst als Begriff der prospektiven oder Ex-ante-Verantwortung. Dieser Begriff, bei dem es um die Wahrnehmung von Aufgaben geht, die vor einem liegen, wird vom Begriff der retrospektiven oder Ex-post-Verantwortung unterschieden, bei dem es um das Einstehen für Geschehnisse geht, die sich bereits ereignet haben. In diesem zweiten Sinn begegnete der Begriff der Verantwortung zuerst in Wirtschaft und Industrie.

Hier war er die Antwort auf die grundlegende Veränderung der Arbeitswelt durch den Fortschritt der Technik und die Zunahme der Arbeitsteilung. Durch beides schoben sich zwischen das Handeln einer Person und das Eintreten einer Wirkung immer mehr vermittelnde Instanzen, Personen, Maschinen und Verfahren, die die Zurechnung der Wirkung zum Handeln der Person immer schwieriger machten. An die Stelle von Schäden, die eine Person durch ihr pflichtwidriges Handeln einer anderen zugefügt hatte, traten Schäden, die das Resultat eines komplizierten Zusammenspiels von pflichtwidrigem und pflichtgemäßem menschlichem Handeln, technischem Funktionieren und Versagen und überdies natürlichen Faktoren waren.

Die Bewältigung dieser Eisenbahn- und Bergwerksunglücke, Kesselexplosionen, Wasser- und Luftverseuchungen war nicht mehr über die Suche nach Einzelnen zu leisten, die die Schäden durch die Verletzung ihrer Pflichten verursacht hatten. Die Schäden mussten denen zugerechnet werden, die das komplizierte Zusammenspiel eingerichtet und überwacht beziehungsweise zu überwachen versäumt hatten, oder vielmehr dem Unternehmen, für das sie standen, und der Versicherung, die für das Unternehmen eintrat. Ähnlich wie der Minister konnten auch diese Verantwortlichen ihre Aufgabe nicht durch pünktliche Befolgung genauer Vorschriften erfüllen. Statt bürokratischer Pflichterfüllung waren Selbständigkeit und Eigenmacht, Kreativität und Initiative, Organisationsfähigkeit und Kooperationsbereitschaft gefordert.

Es versteht sich, dass die beiden Begriffe der prospektiven und der retrospektiven Verantwortung miteinander verknüpft sind. Die ethische Verantwortung des Christen oder auch Atheisten für die Welt wie die politische Verantwortung des Ministers wurde zwar zunächst prospektiv gedacht, sie verwandelte sich aber, wenn ihr nicht genügt wurde, in eine retrospektive Verantwortung für das Ungenügen. Die Verantwortung derer, die das Zusammenspiel der Fabrik, der Eisenbahn oder des Bergwerks eingerichtet und überwacht hatten, kam zwar zunächst als retrospektive Verantwortung für das Unglück, das aus schlechtem Einrichten und Überwachen resultierte, in den Blick, wurde damit aber auch zur Verantwortung für gutes Einrichten und Überwachen.

Die vierstellige Relation, die den Verantwortungsbegriff kennzeichnet, ist ohnehin in allen Fällen die gleiche: Jemand (zum Beispiel der Minister) ist für etwas (prospektiv für die gerechte, billige und kluge beziehungsweise retrospektiv für die ungerechte, unbillige und törichte Politik) vor jemandem (dem Parlament) nach Maßgabe von Normen (dem Gebot, Gerechtigkeit und Billigkeit zu befördern und Klugheit walten zu lassen) verantwortlich.

Diese im 19. und 20. Jahrhundert aufgekommenen Verantwortungsbegriffe und -themen prägen die Diskussion noch heute. Auch das heutige Thema der Verantwortungsüberforderung hat seinen Anfang im 19. Jahrhundert. Sören Kierkegaard hatte den Begriff der Verantwortung in die Philosophie eingeführt und den Menschen umfassend für sein Leben verantwortlich gemacht, das gelungene wie das misslungene, das selbst gewählte wie das nicht selbst gewählte. Friedrich Nietzsche stellte zwar, um den Menschen von der überkommenen Moral zu befreien, die These von der Unverantwortlichkeit des Menschen auf, sprach ihm damit aber die nicht kleinere, sondern größere Verantwortung für das Leben in Freiheit zu. Es deutete sich an, dass eine Überforderung darin liegt, die Verantwortung des Menschen mit seinen im Zeitalter der Industrie und Demokratie wachsenden Einfluss- und Wirkungsmöglichkeiten einfach mitwachsen zu lassen.

2

Die heutige Verantwortungsdiskussion steht zum einen im Zeichen der weiter gewachsenen und weiter wachsenden Wirkungsmöglichkeiten menschlichen Handelns, die Gefahren und Risiken freigesetzt haben und freisetzen, die über bisherige Gefahren und Risiken weit hinausgehen. Der Mensch kann heute seine Umwelt, sein Klima, seinen Planeten zerstören. Die Diskussion steht zum anderen im Zeichen der Ausdifferenzierung und der Globalisierung der Gesellschaft und der veränderten Rolle des Staats. Die gesellschaftlichen Systeme, zum Beispiel die Systeme der Wirtschaft, der Politik und der Wissenschaft, funktionieren derart nach ihren eigenen Logiken, der Logik des Gelds, der Macht oder der Wahrheit, dass das, was die Gesellschaft zusammenhält, zwischen den Systemen verlorenzugehen droht. Der Verlust droht besonders, weil das System der

Wirtschaft mehr als die anderen Systeme der Gesellschaft nicht mehr ein nationales System, sondern global geworden ist und weil der Staat, der traditionelle Sachwalter dessen, was die Gesellschaft zusammenhält, national beschränkt bleibt.

Wer soll die Verantwortung tragen, wenn aus systeminternen Prozessen Schäden resultieren, die nicht nur das System selbst, sondern auch und vor allem andere Systeme oder die Gesellschaft als ganze treffen? Die Frage stellt sich, ob es sich um große und größte anzunehmende Unfälle, Umwelt- oder Klimaschäden, Wirtschafts- oder Finanzkrisen handelt.

Ein Artikel im *New Yorker* verglich kürzlich die Erschütterung der Finanzmärkte mit der Erschütterung der Millennium Bridge in London am Tag ihrer Einweihung. Minuten nach ihrer Eröffnung begann die Brücke zu schwingen und zu schwanken und musste geschlossen werden. Die Untersuchung ergab, dass die Architekten und Ingenieure nicht bedacht hatten, dass der zufällige Gleichschritt einiger weniger Fußgänger die Brücke leicht schwingen lässt und dass die anderen Fußgänger ihren Schritt auf dieses leichte Schwingen abstimmen, dadurch den Gleichschritt verstärken, die Brücke heftiger schwanken und letztlich bersten lassen. Die Fußgänger handeln vernünftig, das Ergebnis ist unvernünftig – der Artikel wollte illustrieren, wie auch bei der Finanzmarktkrise rationales Verhalten Einzelner zur irrationalen Katastrophe führen konnte. Ein hübsches Bild, bei dem man geneigt ist, die Fußgänger für die Bankkunden zu nehmen, die verantwortlichen Architekten und Ingenieure für die verantwortlichen Banken und die Stadt London, die die Brücke schloss und umbauen ließ, für den Staat, der die Finanzmärkte retten musste. Aber nein, der Artikel sah die Banken in der Rolle der vernünftigen Fußgänger und den Staat in der Rolle der Architekten, Ingenieure und der Stadt London zugleich.

Systemtheoretisch ist das auch richtig. Während Architekten und Ingenieure auf das ganze von Statik, Ästhetik und Benutzbarkeit zu achten haben und der Staat Gefahren für die Benutzer wie für die Allgemeinheit abzuwehren hat, wollen Fußgänger lediglich vorankommen und setzen Fuß vor Fuß. Wie die Fußgänger daran interessiert sind, möglichst ungehindert Fuß vor Fuß zu setzen, sind die Banken daran interessiert, möglichst unreguliert Geschäft um Geschäft, Gewinn um Gewinn zu machen. Und wie die Fußgänger die Architekten, Ingenieure und die Stadt London verantwortlich machen, machen die Banken den Staat verantwortlich: Er hätte eben mehr regulieren müssen oder weniger deregulieren dürfen.

In der systemfunktional ausdifferenzierten Gesellschaft gehorchen die Banken der Logik des Finanzsystems, wie andere der Logik ihres Systems gehorchen. Im Rechtssystem bearbeiten Richter, Staats- und Rechtsanwälte Fall um Fall so, dass dem Recht genügt wird; für die Herzinfarkte, Magengeschwüre und Depressionen, die jemand wegen eines Urteils erleidet, werden sie nicht verantwortlich gemacht. Im Wissenschaftssystem forschen Wissenschaftler, um das Wissen zu mehren; ob sie dafür verantwortlich sind, dass die Kernspaltung zum Bau der Atombombe und die Genforschung zur Manipulation von Genen benutzt wird, wurde zwar diskutiert, wird aber letztlich verneint. Der

Schriftsteller wird nicht dafür verantwortlich gemacht, dass der Selbstmord in seinem Roman Teenager zum Selbstmord animiert, und der Filmregisseur nicht für den Amoklauf des Schülers, der seinen Film über einen Amok laufenden Schüler gesehen hat – das Kultursystem orientiert sich an der sinnstiftenden und kommunikationsfördernden Qualität seiner Produkte, nicht an deren sozialen Wirkungen.

Das heißt nicht, dass es in der systemfunktional ausdifferenzierten Gesellschaft keine Verantwortung gäbe. Es gibt die Verantwortung für das Funktionieren im System, für die verlässliche Wahrnehmung der beruflichen Rolle, die jemand im System spielt. Der Richter ist dafür verantwortlich, dass seine Entscheidungen das Recht zur Geltung bringen, der Wissenschaftler für methodisch korrekte Forschung und der Künstler dafür, dass seine Werke wenn nicht Sinn stiften und Kommunikation fördern, dann immerhin unterhalten. Wer seine berufliche Rolle im Finanz- und Wirtschaftssystem spielt, ist für den ökonomischen Erfolg der Bank oder des Unternehmens verantwortlich. Um diese Kernverantwortungen legen sich Randverantwortungen; der Richter hat die Parteien, der Wissenschaftler die Mitarbeiter und der Künstler das Modell mit Respekt zu behandeln, und dem Banker und dem Unternehmer dürfen die Arbeitnehmer und die Kunden nicht gleichgültig sein. Aber diese Randverantwortungen stehen im Schatten der Kernverantwortungen; Erfolg misst sich daran, ob den Kern-, nicht ob den Randverantwortungen genügt wird.

Es gibt in der systemfunktional ausdifferenzierten Gesellschaft noch eine andere Verantwortung, die mit außerberuflichen Engagements vielfacher Art einhergeht. Polizisten trainieren Hand- und Fußballjugendmannschaften, Apotheker dienen in der freiwilligen Feuerwehr, Handwerker und Lehrer sind Kirchengemeinderäte, Jugendliche unterstützen Dritte-Welt-Aktionen, und Rentner helfen jungen Familien, denen die Großeltern fehlen. Reiche fördern bestehende oder gründen neue Stiftungen und unterstützen NGOs, die manchmal sogar Politik und Gesellschaft verändern.

Es handelt sich um Verantwortung als Liebhaberei – mit der Verantwortung im System hat sie ebenso wenig zu tun wie Golf- oder Tennisspielen. Sie kann denn auch mit einer ganz und gar verantwortungslosen Wahrnehmung der Rolle im System einhergehen. Unternehmer haben als *robber barons* Menschen ruiniert und zugleich Museen und Institute gestiftet, und Bernard L. Madoff war ein verlässlicher Mäzen. Nicht dass das die Verantwortung als Liebhaberei diskreditieren würde. Die Beispiele der *robber barons* und Madoffs zeigen aber an, wie entfernt die Verantwortung als Liebhaberei von der Verantwortung im System ist.

Auf die Frage, wer für die Schäden verantwortlich ist, die Krisen und Katastrophen eines Systems in anderen Systemen und in der Gesellschaft als ganzer verursachen, ist die Verantwortung als Liebhaberei keine Antwort. Beides ist und schafft keine Verantwortung für das, was die Gesellschaft zusammenhält. Aber eine Instanz für diese Verantwortung kommt in der Systemtheorie auch nicht vor. Die Systemtheorie vertraut auf das Mit- und Gegeneinander der Systeme, deren Anpassungs- und Entwicklungsfähigkeit und einen evolutionären Prozess, in dem die Systeme, wie von einer unsichtbaren Hand geleitet, sich auf die kommenden Herausforderungen einstellen.

Aber nicht nur in der Systemtheorie, sondern auch in der Wirklichkeit der Systeme kommt die Instanz für den Zusammenhalt nicht vor. Der Staat ist überfordert, nicht nur als Nationalstaat durch globale Herausforderungen, sondern auch weil er mehr und mehr Aufgaben der Daseinsvorsorge, der Infrastrukturgestaltung und -erhaltung, der Gewährleistung von Sicherheit und Ordnung abgibt und damit auch mehr und mehr an Steuerungskraft verliert. Mit der Entstaatlichung geht der Niedergang der Volksparteien einher; je punktueller die Verantwortung des Staats wird, desto punktueller wird auch die Wahrnehmung von Politik durch Parteien und Bürger.

Bei der Jugend zeigt sich die Veränderung besonders deutlich. Sie ist nicht weniger bereit als früher, Verantwortung zu übernehmen. Aber während ihr Interesse früher dem galt, was die Gesellschaft zusammenhält, und sie in die Parteien führte, gilt es heute diesem und jenem *single issue*. Nicht einmal das, was ihre Lebens- und Ausbildungswelt zusammenhält, kann noch auf das frühere und schon früher nicht große Interesse rechnen; statt für Studenten- und Hochschulpolitik übernehmen die Studenten lieber Verantwortung für eine originelle Liebhaberei.

## 3

Wer ist verantwortlich für die Abwehr der Gefahren und Risiken beziehungsweise für die Schäden, die Krisen und Katastrophen eines Systems in anderen Systemen und in der Gesellschaft als ganzer verursachen? Sind die Systeme verantwortlich? Der Gedanke liegt nahe, weil eine solche Systemverantwortung dem Systemvertrauen korrespondieren würde, ohne das das Zusammenleben in der systemfunktional ausdifferenzierten Gesellschaft nicht gelingt. Keiner kann das Funktionieren der hochspezialisierten, hochkomplizierten Systeme, auf das er angewiesen ist, selbst kontrollieren. Dass es im Rechtssystem mit rechten Dingen zugeht, dass Wissenschaftler die Ergebnisse ihrer Forschungen korrekt gewinnen, dass Ärzte auf der Höhe der medizinischen Wissenschaft behandeln – wer mit den Systemen zu tun hat, kann sich unter Bekannten umhören und im Internet recherchieren und statt dieses Rechtsanwalts jenen und statt des einen Arztes einen anderen wählen. Aber die Wahl des richtigen Rechtsanwalts und Arztes, Architekten und Beraters bei der Bank bleibt Glückssache, und spätestens beim Gericht und beim Labor hört die Wahlfreiheit auf und kann nur noch vertraut werden.

Es gibt auch Ansätze von Systemverantwortung. Der Staat des 19. und 20. Jahrhunderts hat mit der Einführung der Haftung von Unternehmen plus Versicherungen und mit der Schaffung von Solidargemeinschaften Systemverantwortung institutionalisiert. Weitere Ansätze von Systemverantwortung realisieren sich in den Kammern der freien Berufe, den kassenärztlichen Vereinigungen, den Einlagensicherungsfonds des Bundesverbandes der Deutschen Banken, der Selbstverwaltung der Universitäten, dem Deutschen Presserat und manchem anderen. Aber die Gefahren und Risiken, für die diese überkommenen Ansätze die Systeme in die Verantwortung nehmen, sind die Gefahren und Risiken von gestern, nicht von heute.

Bleibt die Verantwortung für das, was die Gesellschaft zusammenhält, also an den Einzelnen hängen? Sie bleibt nicht an ihnen hängen, die Einzelnen können sie abwehren, und das empirisch untersuchte Arsenal der Strategien der Verantwortungsabwehr erweist sich als reich: So schlimm sind die Probleme unserer Gesellschaft nicht – es besteht kein Grund zur Aufregung; wenn jeder seine Aufgabe erfüllt (gemeint ist: wenn jeder in seinem System funktioniert), läuft die Gesellschaft – ich erfülle meine Aufgabe; in unserer Gesellschaft gibt es für alles Zuständigkeiten, auch für das, was die Gesellschaft zusammenhält – sie liegt bei der Politik und den Parteien und den Kirchen, aber nicht bei mir; wer anderen bei ihren Problemen hilft, hilft ihnen nur scheinbar – sie müssen lernen, sich selbst zu helfen.

Eine empirische Untersuchung der ethischen Einstellungen von Führungskräften in Wirtschaft und Verwaltung zeigt auf, wie diese grobskizzierten Strategien benutzt werden. Die befragten Führungskräfte sprachen viel über das Gewissen, dem sie sich in erster Linie verpflichtet fühlten, kennzeichneten es aber als eine subjektive Instanz, die auch nur einen subjektiven Maßstab für Gut und Böse biete – Gewissensentscheidungen seien Gefühlssache. In zweiter Linie fühlten sie sich der Rechtsordnung verpflichtet, die den objektiven Maßstab für Gut und Böse bietet.

Das Zusammenspiel dieser beiden Verpflichtungen bringt erstaunliche Resultate. Bei den moralisch besonders zu verurteilenden Handlungen, die aus einer Liste moralisch umstrittener Handlungen auszuwählen waren, führten Ladendiebstahl, kriegsrechtswidrige Gefangenenerschießung, Werksdiebstahl und Krankfeiern und galten Steuerverkürzungen und Preisabsprachen bei öffentlichen Ausschreibungen als moralisch akzeptabel. Neben der beruflichen Verantwortung wurde die Verantwortung für die Familie betont und dann auch für die Freunde; als im Leben besonders wichtig wurden Friede und Freiheit genannt, die Freiheit der persönlichen Lebensgestaltung und die Freiheit der Staats- und Gesellschaftsordnung. Konflikte zwischen den Anforderungen des Berufs und denen des Gewissens wurden selten und seltener als bei einer früheren Untersuchung empfunden, sei es, weil die berufliche Situation der persönlichen Gewissensentscheidung mehr Raum gibt, sei es, weil das persönliche Gewissen opportunistischer geworden ist. Übereinstimmung bestand, dass einem nichts geschenkt werde und dass man sich nach der Decke strecken müsse – als eigene Erfahrung und als Ermahnung für andere. Immer wieder machten sich Führungskräfte den Vorwurf, sie seien zu weich und ließen es an der nötigen Härte gegenüber ihren Untergebenen fehlen. Im Ergebnis sieht die Untersuchung weniger materialistische über nichtmaterialistische Orientierungen dominieren als vielmehr individuumsbezogene über individuumstranszendierende; sie spricht von einem neuen Egoismus gerade der jüngeren Führungskräfte.

Das mag weder der beruflichen Verantwortung gerecht werden, die Führungskräfte im System haben, noch der, die sie gewissermaßen als Liebhaberei außerhalb des Systems wahrnehmen. Es zeigt aber an, dass die berufliche Verantwortung auf das Funktionieren im System und gemäß der Logik des Systems reduziert ist. Sie blickt nicht über die Grenze des eigenen Systems und gilt nicht dem, was die

Gesellschaft zusammenhält und was das eigene System bei anderen Systemen und in der Gesellschaft anrichtet. Dass es um eine entsprechende übergreifende Verantwortung schlecht bestellt ist, zeigt noch ein weiteres Stück Empirie, die Berufsprestigeskala, die von Allensbach jährlich erstellt wird. An ihrem Ende finden sich Politiker, Gewerkschaftler, Journalisten und Manager – die Berufe, bei denen die Gesellschaft einen Sinn für das ganze erwartet, aber vermisst. An ihrer Spitze stehen Ärzte, Pfarrer, Professoren, Grundschullehrer und Unternehmer – bei ihnen findet die Gesellschaft diesen Sinn eher. Dazu kommt, dass bei den Berufen am Ende nicht einmal für die berufliche Verantwortung gilt, was Arnold Gehlen treffend als Voraussetzung für Verantwortung benannt hat: dass jemand die Folgen seines Handelns öffentlich abgerechnet bekommt. Politiker stürzen vielleicht über Parteispenden, nicht sozialversicherten Putzfrauen und nicht gehörig sortierten Bonusmeilen, aber nicht über ihrer Politik, und Manager kriegen ihren Bonus, auch wenn sie versagt haben, und begegnen alsbald als Manager des nächsten Unternehmens.

Die übergreifende Verantwortung wird nicht nur dadurch abgewehrt, dass man sich ihr entzieht. Sie wird außerdem nach unten weitergereicht.

Zu den Faktoren, die für den Zusammenhalt einer Gesellschaft sorgen, gehört zentral, dass Menschen Arbeit haben, von ihrer Arbeit leben können und in ihrer Arbeit ihre Würde erfahren. Wenn es hierfür eine übergreifende Verantwortung gibt, dann liegt sie gewiss nicht nur, aber auch bei Managern, Unternehmern und Aktionären. Tatsächlich hat sich im öffentlichen Diskurs aber der Konsens herausgebildet, der Wettbewerbsdruck sei nie zu groß, das Kostenmanagement nie zu radikal und der Gewinnanspruch nie zu hoch. Entsprechendes Wirtschaften gehorche nur den Sachzwängen der globalen Märkte; es sei ohne Alternative und entziehe sich damit einer moralischen Beurteilung unter dem Gesichtspunkt der Verantwortung. Mäßigung könne nicht von Managern, Unternehmern und Aktionären, sondern müsse von Arbeitnehmern verlangt werden. Sie seien für ihre Arbeitslosigkeit verantwortlich, weil sie falsch oder schlecht qualifiziert, zu wenig flexibel, zu wenig mobil, nicht hinreichend leistungsorientiert, zu teuer seien. Weil sie, modern gesprochen, vor ihrer Verantwortung für das eigene Humankapital versagten und nicht verstünden, dass sie sich selbst besser managen und vermarkten müssten.

Dasselbe Muster des Weiterreichens von Verantwortung findet sich bei der Diskussion der Finanzmarktkrise. Zu dem Argument, der Weg in die Krise sei nach immanenten Gesetzlichkeiten abgelaufen, denen die Akteure hätten gehorchen müssen, weshalb sie nicht verantwortlich zu machen und moralisch zu verurteilen seien, kam das andere Argument, die Hypothekenschuldner, Darlehensnehmer und Käufer schlechter Papiere seien selbst verantwortlich; wenn jemand gierig gewesen sei, dann seien sie es gewesen.

Aber das Weiterreichen funktioniert nicht wirklich. Vielleicht lernt der Käufer schlechter Papiere, seiner Bank nicht mehr zu trauen und Bundesschatzbriefe zu kaufen. Was soll der Arbeitslose lernen, für den es keine Arbeit gibt? Nach einer Weile richtet er sich im System Hartz IV ein. In diesem System hat er seine Rolle und nimmt sie auch verlässlich wahr; er kommt mit dem aus, was er kriegt, und vielleicht verdient er, weil er keine Steuer zahlen muss und also auch keine Steuer hinterziehen kann, stattdessen ein paar Euro schwarz. Die übergreifende Verantwortung, die an ihn weitergereicht wird, kommt auch bei ihm nur noch als kleine Münze der Verantwortung für das Funktionieren im System an. Was er anrichtet, indem er sich auf diese Verantwortung beschränkt, interessiert ihn ebenso wenig wie die, die sie an ihn weitergereicht haben. Der Hartz-IV-Empfänger ist der Bruder des Managers, der nur seine berufliche Rolle verlässlich wahrnimmt. Auf treffende Weise hat mir das eine Bemerkung eines Arbeitslosen übers Schwarzarbeiten illustriert: Der Staat müsse das Schwarzarbeiten eben schärfer kontrollieren, meinte er – wie die Banker, die zur Finanzkrise bemerken, der Staat müsse eben die Finanzmärkte stärker regulieren.

## 4

Vom Versagen vor der übergreifenden Verantwortung war bisher beim Wirtschaftssystem die Rede. Es zeigt sich nicht nur bei ihm. Das politische System erzeugt Akteure, bei denen als Ziel oft nur erkennbar ist, dass sie aufsteigen oder, einmal aufgestiegen, oben bleiben wollen; im Rechtssystem reüssieren Richter, deren arbeits- und zeitsparende Deals eine Variante von Korruption sind und das Vertrauen in Recht und Gerechtigkeit schwächen; an den Universitäten interessieren Professoren sich nur für die reputations- und gehaltsmehrende Forschung und nicht für die Lehre und schon gar nicht dafür, was aus den Studenten wird; und für das Fernsehen zählt nur noch die Quote – Beispiele des Versagens finden sich überall.

Dennoch gibt es einen guten Grund, beim Wirtschaftssystem anzusetzen. Die Systemtheorie kennt unter den Systemen, aus denen sich die Gesellschaft konstituiert, ein jeweils führendes. Nicht dass dieses System die anderen Systeme hierarchisch beherrschen würde. Aber mit seiner Komplexität, Veränderungs- und Anpassungsfähigkeit sei es der Komplexität der Welt besser gewachsen als die anderen. Daher dominierten seine Probleme die Probleme der anderen Systeme, seine Möglichkeiten zeichneten den anderen Systemen ihre Möglichkeiten vor, an seiner Rationalität und Sprache orientierten die anderen Systeme ihre Rationalität und Sprache. In unserer Zeit identifiziert die Systemtheorie die Wirtschaft als das führende System; sie habe die Politik abgelöst, um vielleicht eines Tages von der Wissenschaft abgelöst zu werden. Die Probleme, die die Gesellschaft dominierten, seien in unserer Zeit die Probleme der Wirtschaft.

Die prägende Kraft des Wirtschaftssystems ist vielfach sichtbar. Dass weder Wissenschaft noch Kultur, noch Religion eine der Wirtschaft vergleichbare Lobby haben, ist nicht neu. Neu ist eine leise Ökonomisierung der Gesellschaft. Wissenschaft muss heute für sich werben und sich verkaufen; wie beim Fernsehen auf die Quote wird beim Film auf den Blockbuster und beim Buch auf den Bestseller gesetzt; die Kirchen lernen, sich als Wettbewerber auf dem Markt der Lebenssinnangebote zu verstehen und zu verhalten. Die Einführung von Leistungsanreizen in Verwaltung und Justiz soll Engagement und Flexibilität erhöhen, unterstützt bei den Beschäftigten aber auch die Grundhaltung des Vorteilskalküls, die die Beschäftigten in der Wirtschaft geneigt macht, nicht den Nutzen des Kunden, sondern die eigene Provision und den eigenen Bonus zu maximieren.

Wie der Arbeitnehmer sich zum Arbeitskraftunternehmer wandeln muss, muss jeder, der in der Arbeitswelt Erfolg haben will, unternehmerische Qualitäten zeigen. Er muss qualifiziert, kreativ, innovativ und initiativ sein, muss seine Ellenbogen benutzen und Netzwerke knüpfen, muss auf Enttäuschungen, Misserfolge und Ungerechtigkeiten geschmeidig reagieren. Zur Ökonomisierung der Gesellschaft gehört auch, dass mit der Akzeptanz der Sachzwänge der globalen Märkte als Grund für die Alternativlosigkeit der heimischen Finanz- und Wirtschaftssituation auch der Rest der Gesellschaft als alternativlos gesehen und akzeptiert wird. Wo es keine Alternativen gibt, kann eine übergreifende Verantwortung auch nichts ausrichten; sie wird entbehrlich, und es bleibt nur die Verantwortung für das Funktionieren im System.

Mit dem Wirtschaftssystem wird auch dessen Verantwortungskultur prägend. Sie hat eine Tradition, in der voraussehbare und vermeidbare schädigende Folgen des Handelns nicht negativ, sondern positiv zugerechnet werden. Unternehmer, die Investitionen wagen, dadurch Konkurrenten ruinieren und dadurch Arbeitnehmer in die Arbeitslosigkeit und Familien in die Armut treiben, handeln nicht verwerflich, sondern setzen sich erfolgreich durch. Das ist nicht selbstverständlich; die statische zünftische Wirtschaft des Mittelalters war so organisiert, dass Innovation und Konkurrenz verhindert und deren Gefahren und Schäden vermieden wurden. Es ist der Preis dafür, dass der Kapitalismus

Innovation und Konkurrenz nicht wegen ihrer Gefahren und Schäden verhindert, sondern wegen ihrer Chancen fördert und dadurch eine enorme Dynamik und Produktivität freisetzt. Deren Nutzen ist unübersehbar.

Unübersehbar ist aber auch, dass der Kapitalismus eine Verantwortungskultur erzeugt hat, in der voraussehbare und vermeidbare schädigende Folgen wirtschaftlichen Handelns von den Betroffenen zu ertragen oder von Staat und Gesellschaft zu lindern sind, eine Kultur der Verengung der Verantwortung auf die Wahrnehmung der eigenen Rolle. Das Konzept der sozialen Marktwirtschaft hat versucht, diese Verantwortungskultur auf soziale Gerechtigkeit zu verpflichten. Aber seine Leuchtkraft hat abgenommen.

## 5

Die Gegenwart der Verantwortung ist gekennzeichnet durch eine große Bereitschaft zur Eigenverantwortung. Das Bewusstsein wächst, dass die Herausforderungen des Lebens aus eigener Kraft bewältigt werden müssen. Dies schlägt sich in der Berufs- wie in der Liebhabereiverantwortung nieder; es versteht sich für mehr und mehr Menschen, dass sie ihre beruflichen Rollen nicht mehr bürokratisch, sondern kreativ und initiativ ausfüllen und dass sie sich auch außerhalb des Berufs und ohne materielle Entlohnung engagieren müssen.

Von alledem mag man sich noch mehr wünschen. Aber das Problem der heutigen Verantwortungskultur ist nicht, dass es zu wenig Eigenverantwortung gäbe. Es ist der

Mangel der übergreifenden Verantwortung, die dem gilt, was die Gesellschaft zusammenhält. Es ist dies eine prospektive und retrospektive Verantwortung, eine Verantwortung dafür, dass die großen Krisen, die unserer Gesellschaft drohen, nicht eintreten und dass, wenn sie doch eintreten, die Schäden beseitigt werden. Dabei sind die großen Krisen die, die in oder von einem System verursacht werden, sich aber nicht nur auf dieses System, sondern auch auf andere Systeme und die Gesellschaft als ganze verhängnisvoll auswirken. Diese Krisen sind groß auch insofern, als der Staat die Verantwortung für sie nicht mehr schultern kann.

Eine große Krise ist die Krise des Arbeitsmarkts, die nicht nur mal mehr und mal weniger Arbeitslose, sondern eine stetig wachsende Schicht von arbeits- und bildungsfernen und auch -unfähigen Familien hervorbringt, deren Reintegration in die Gesellschaft eine ebenso schwierige Krisenbewältigungsaufgabe ist wie die Integration integrationsunfähiger oder auch -unwilliger Migrantenfamilien. Eine große Krise ist die Bildungskrise, die zu viele falsch, schlecht oder nicht ausgebildete Absolventen hervorbringt. Eine große Krise wird in unserer alternden Gesellschaft vermutlich das Ansteigen der Krankheits- und Pflegekosten. Eine große Krise ist vielleicht schon die mediale Verwüstung von Kindern und Jugendlichen durch Fernsehfilme, Computerspiele und Internetangebote. Eine große Krise ist die Finanz- und Wirtschaftskrise.

Krisenzeiten sind Zeiten der Appelle an die Einzelnen. Deren Problem ist das Problem der Predigten, die nur die Menschen erreichen, die ohnehin im Gottesdienst sitzen.

Darum muss man die Appelle nicht verachten und mag sogar versuchen, sie zu verschärfen.

Die Kultur der Verantwortung, die fehlt, ist eine Kultur der Verantwortung in den Systemen, die nicht nur jeweils dem Funktionieren des Systems und im System gilt und nicht nur dem Funktionsmodus des Systems gehorcht, sondern die die Wirkungen des systemimmanenten Handelns auf andere Systeme und die Gesellschaft als ganze berücksichtigt – gewissermaßen eine Verantwortung, die den Horizont der Systemtheorie hinter sich lässt. Es ist eine Verantwortung, unter der Unternehmer nicht nur Gewinn machen, Politiker nicht nur aufsteigen, Richter nicht nur ihre Fälle erledigen, Professoren nicht nur ihre Reputation mehren, Lehrer nicht nur ihre Stunden durchstehen und Fernsehredakteure nicht nur Quote machen wollen.

Aber der Appell an die Unternehmer, sich um die Ausbildung Jugendlicher zu kümmern, statt sich über schlecht ausgebildete Jugendliche zu beschweren, braucht die Verstärkung durch andere Unternehmer. Die öffentliche Entrüstung über absurde Managergehälter und -boni braucht die unterstützende Entrüstung von Managern. Die Lehre an den Universitäten wird nicht besser werden, wenn nicht die Professoren die Kollegen ablehnen, die sich aus der Lehre nichts machen und sich nicht um sie kümmern. Fernsehsendungen werden nicht an Niveau gewinnen, wenn unter den Redakteuren die Quote ohne Niveau nicht ähnlicher Herablassung begegnet wie jetzt das Niveau ohne Quote. Es gibt eine Kumpanei der Leistungsträger, bei der die, die vielleicht durchaus verantwortlich handeln, das unverantwortliche Handeln anderer als deren Privatsache ansehen. Also müsste der Appell an die unverantwortlich Handelnden zum Appell an die verantwortlich Handelnden verschärft werden. Aber die Aufkündigung der Kumpanei fällt so schwer wie das verantwortliche Handeln.

Die Aufkündigung der Kumpanei durch individuelle Kollegenschelte bleibt erspart, wo es gelingt, übergreifende Verantwortung durch Festlegungen und Einrichtungen verbindlich zu machen. Es gibt Ethikräte in Krankenhäusern und ethische Regeln für Mediziner in Praxis und Forschung. Es gibt ethische Regeln für Ingenieure. Es gibt Initiativen von Studenten, *honor codes* für das eigene Verhalten an der Universität auszuarbeiten, und wenn sie gelingen und nicht nur systemimmanente Verantwortung, sondern übergreifende Verantwortung zur Geltung bringen, werden sie auch Professoren in die Verantwortung entsprechender Selbstverständigungen und -festlegungen nehmen. Banken und Unternehmen könnten Entsprechendes erarbeiten. Der Einwand ist stets, dass die, die verantwortlich handeln, keine schriftlichen Festlegungen brauchen und dass bei denen, die unverantwortlich handeln, auch schriftliche Festlegungen nicht helfen. Aber Festlegungen und Einrichtungen setzen Maßstäbe und schaffen Verbindlichkeit; wenn die einen sie haben, fordert die Gesellschaft sie und das entsprechende Verhalten auch von den anderen.

Das alles bleibt weit entfernt von dem, was für die Bewältigung der großen Krisen der heutigen Zeit erforderlich ist. Es bleibt davon so weit entfernt, wie es im 19. und 20. Jahrhundert die überkommenen Festlegungen auf das waren, was die Angehörigen eines Berufsstands nicht nur ihren Klienten, sondern auch der Allgemeinheit schuldeten. Zur Bewältigung der großen Krisen seiner Zeit musste der Staat des 19. und 20. Jahrhunderts übergreifende Verantwortung mit der Einführung der Haftung von Unternehmen plus Versicherungen und mit der Schaffung von Solidargemeinschaften institutionalisieren. Er musste die Systeme in die Verantwortung nehmen; statt die gefahrenträchtigen und risikoreichen Unternehmensabläufe zu steuern, machte er die Unternehmen haftbar, statt für die wirtschaftenden Individuen das Recht und die Pflicht zum Schutz in individuellen Beziehungen zu regeln, organisierte er das Kollektiv der Wirtschaftenden als Solidargemeinschaft.

Es mag sein, dass das Scheitern des Staates bei der Regulierung der Finanzmärkte, aber auch bei der Gestaltung von Wissenschaft, Bildung und Ausbildung oder bei der Organisation des Gesundheitswesens, das dem Fehlen nicht nur der Kraft, sondern auch der Kompetenz zum Regulieren geschuldet ist, wieder nur durch die Institutionalisierung von Systemverantwortung überwunden werden kann. Das würde zum Beispiel bedeuten, der Wirtschaft Ausbildungs- und Arbeitsplatzkontingente zur internen Aufteilung zuzuweisen oder den Akteuren des Gesundheitssystems einschließlich der Pharmaunternehmen das Anhalten der Kostenspirale zu übertragen oder den Medien die Entwicklung und Durchführung von Projekten zur Erziehung der Kinder und Jugendlichen zur Gewaltfreiheit aufzugeben oder die Banken zahlen zu lassen, wenn die Finanzmärkte kollabieren.

Neue Formen der Systemverantwortung könnten einzelne Unternehmen oder Banken ebenso ungerecht treffen, wie die alten Formen es tun, wenn sie den Gesunden für den Kranken und den Starken für den Schwachen eintreten lassen. Es läge an den Systemen, die Außenverantwortung in eine Innenverantwortung zu übertragen, bei der Ungerechtigkeiten vermieden oder akzeptiert werden, weil sie in solidarischer Gemeinschaft getragen werden. Es versteht sich, dass Systeme sich gegen die Institutionalisierung von Systemverantwortung wehren würden. Der Staat braucht für sie zwar nicht mehr Kompetenz, aber mehr Kraft, als er heute hat. Vielleicht wächst ihm, wenn die Lage wirklich verzweifelt wird, die Kraft der Verzweiflung zu.

# Rechtliche Verpflichtungen

# Jurist sein

## 1

Als ich meine erste juristische Staatsprüfung bestanden hatte, hatten auch meine Freunde aus der Schul- und Studienzeit ihre Abschlüsse gemacht und waren Ärzte, Architekten, Ingenieure oder Lehrer. Ihnen fehlte es noch an Praxis und Routine. Aber wenn Not am Mann gewesen wäre, wenn wir auf der einsamen Insel gestrandet oder im Urwald abgestürzt wären, hätte der Arzt den entzündeten Blinddarm operieren, der Architekt eine Unterkunft bauen, der Ingenieur eine Mühle am Wasser betreiben und der Lehrer, Hauptfächer Französisch und Spanisch, bei der sprachlichen Herstellung von Kontakten mit Fremden helfen können.

Und ich? Was hätte ich zu bieten gehabt? Gab es irgendetwas Nützliches, das ich als Jurist hätte beitragen können? Was konnte ich eigentlich? Klausuren und Hausarbeiten schreiben, Gutachten und Referate. Ich hätte eine Verfassung für uns Gestrandete oder Abgestürzte entwerfen können. Aber wir brauchten keine Verfassung. Nicht einmal einen Streit hätte ich besser schlichten oder entscheiden können als jeder andere. Und auch wenn wir die Insel Insel und den Urwald Urwald sein lassen und nur ans Ausland denken, an zivilisierte, kultivierte andere Länder, hätten der

Arzt, der Architekt, der Ingenieur und der Lehrer etwas vorzuweisen gehabt und ich nicht. Kenntnisse im deutschen, ein bisschen auch im europäischen und ein bisschen im internationalen Recht – wen interessiert das im Ausland schon?

Auch nach der zweiten juristischen Staatsprüfung wäre ich auf der Insel oder im Urwald nicht besser dran gewesen und auch nicht im Ausland, wo die Nachfrage nach deutschen Juristen zu vernachlässigen ist. Zwar gab es jetzt mehrere Berufe, die ich ergreifen konnte, aber während meine Freunde mit ihren Berufen hinaus in die Welt gehen und, vielleicht nach erneuter Ablegung eines Examens, draußen in der Welt leben konnten, war ich zur Provinzialität verurteilt. Ich konnte deutscher Richter oder deutscher Verwaltungsbeamter oder deutscher Rechtsanwalt oder deutscher Professor werden. Das sind alles schöne Berufe, und als Professor wird man auch mal von einer ausländischen Universität eingeladen oder sogar an eine berufen, und ohnehin lässt sich fragen: Was soll man auf Inseln, in Urwäldern oder im Ausland? Bleibe im Lande und nähre dich redlich. Von meinen Ärzte-, Architekten-, Ingenieur- und Lehrerfreunden sind ja auch die meisten im Land geblieben.

Ich habe erst spät, vielleicht beschämend spät begriffen, was wir Juristen können – von der ersten juristischen Staatsprüfung an und, wenn einer engagiert studiert, schon im Studium. Ich war junger Professor in Bonn, betreute als Vertrauensdozent der Studienstiftung Studenten aller Fakultäten und veranstaltete mit ihnen Abende mit Gästen aus Politik, Wirtschaft und Kultur, bei denen auf einen kurzen Vortrag Fragen und Aussprache folgten. Das Thema mochte sein, was es wollte – die Naturwissenschaftler der Gruppe, einschließlich der Mediziner, meinten stets, man müsse das Problem nur mit naturwissenschaftlicher Rationalität angehen, dann sei es leicht zu lösen, den Historikern fiel etwas aus der Geschichte zum Thema ein, den Psychologen etwas mit der Seele, und den Politologen und Soziologen, wenn sie gut waren, eine empirische Untersuchung, mit der das Problem zu erhellen und zu vertiefen wäre.

Anders war es bei den Juristen und den Juristinnen – sehen Sie mir nach, dass ich die Juristinnen mit den Juristen, die Soziologinnen mit den Soziologen, die Politologinnen mit den Politologen und so weiter anrede. Die Doppelanrede ist mir zu beschwerlich, und ich habe Sympathie für die Leipziger Kollegen und Kolleginnen, denen sie auch zu beschwerlich war und die sich deshalb entschlossen haben, die Professoren mit den Professorinnen anzureden. Der Leipziger Entschluss kündet von einer Zukunft, in der einfach die Frauen die Männer mit den Frauen und die Männer die Frauen mit den Männern anreden – erlauben Sie, dass ich Sie im Zeichen dieser Zukunft anrede.

Also bei den Juristen unter meinen Studienstiftlern war es anders als bei den Studenten der anderen Fakultäten. Was immer das Problem war, sie ließen sich auf seine Logik ein und fragten nach: nach seinen Zusammenhängen, Voraussetzungen und Verknüpfungen, nach den Bedingungen für eine Lösung im einen oder im anderen Sinn, nach den Folgen der verschiedenen Lösungen, den unmittelbaren und den mittelbaren. Ein Vortrag über Probleme des Klimawandels – die Juristen fragten danach, was zu den Problemen herrschende Meinung und was streitig war, nach den Möglichkeiten und Voraussetzungen von Lösungen, nach den Folgen des Nichtstuns oder des Ergreifens dieser oder jener Maßnahme. Ein Vortrag über die Abfälle in öffentlichen Anlagen – sie fragten, ob die Zahl der Abfallkörbe und die Menge des herumliegenden Abfalls miteinander korrelieren, ob in verschiedenen Arten öffentlicher Anlagen verschieden viel Abfall herumliegt, wie die Nutzer der Anlagen auf Hinweise, Ermahnungen und Bußgelder reagieren, wie es um die Effizienz öffentlicher und privater Reinigungsdienste steht. Ein Vortrag über Probleme der Babyklappe – sie fragten nach den Zahlen über Kindesaussetzungen und -tötungen, nach Erfahrungen mit Babyklappen in anderen Ländern, nach den Spätfolgen anonymer Adoptionen für die adoptierten Kinder.

Alle Fragen waren letztlich Ausdruck eines Wenn-dann-Denkens: Wenn ein Problem so gesehen werden soll, dann hat diese Sicht diese Voraussetzungen, wenn es so gelöst werden soll, dann muss für diese Lösung dieser Aufwand getrieben werden, wenn dieser Aufwand getrieben wird, hat das diese Folgen. Die Fragenden hatten keinerlei Wissen über die Probleme des Klimawandels, der Abfälle in öffentlichen Anlagen oder der Babyklappe. Aber sie wussten, dass Probleme in Netzwerke von Faktoren eingebettet sind und dass die Lösungen Stränge von Voraussetzungen und Stränge von Folgen haben. Das hatten sie als Juristen gelernt. Wenn A von B die Leistung fordern können soll, muss diese und jene Bedingung erfüllt und dafür wieder diese und jene Voraussetzung gegeben sein. Damit A bestraft werden kann, muss ihm die Tat mit diesen und jenen

Merkmalen in einem Verfahren, das diesen und jenen Anforderungen genügt, nachgewiesen werden. Damit der Bundestag aufgelöst werden kann, muss – aber Sie brauchen keine weiteren Beispiele, Sie wissen, wovon ich rede.

## 2

Juristen sind Generalisten. Sie taugen für Problemlösungen aller Art. Das haben sie mit den Philosophen und den Theologen gemein, die auch nichts über die Welt wissen und daher gelernt haben, dass die Welt wieder und wieder zu ihnen sprechen muss und sie auf die Welt hören müssen. Anders als Philosophen und Theologen taugen Juristen auch für eher leidenschaftslose, eher pragmatische Problemlösungen. Die Voraussetzungen und Bedingungen und Folgen sprechen entweder für eine Problemlösung oder sie sprechen gegen sie – kein Grund zur Aufregung. Dass juristische Fakultäten nie so zerstritten sind wie andere Fakultäten, obwohl juristische Kollegen sich auch nicht lieber haben als andere Kollegen, hat hierin seinen Grund.

Das juristische Wenn-dann-Denken ist ein Denken technischer Rationalität. Es konzentriert sich allein auf die Momente der Wirklichkeit, die für die Problem- oder Falllösung relevant sind. Frau und Kinder des Straftäters, Freuden und Leiden des Gläubigers und des Schuldners, die Wirkung des Geschehens auf die Freunde und Nachbarn, das Atmosphärische, das aus einem Fall eine Erzählung oder sogar einen Roman machen würde – dies und alles andere, das wir mitteilen wollten, wenn wir uns den Fall als *human interest story* erzählen würden, fällt raus. Juristen lernen, den Blick auf das zu richten, worauf es jeweils ankommt, und lernen damit zugleich, das, worauf es jeweils nicht ankommt, zu vernachlässigen.

Das ist ein Gewinn, aber es hat seinen Preis. Ich habe ihn immer wieder im akademischen Unterricht erlebt. Die Studenten des ersten Semesters in der Staatsrechtsvorlesung – wie viele lebendige, neugierige Gesichter mit wachen Augen. Dieselben Studenten drei Jahre später im Repetitorium – wie oft sind sie stumpf, abgebrüht und abgemüht. Immer wieder habe ich mich gefragt, was in unserem akademischen Unterricht falsch läuft, und habe manche Antworten gefunden. Aber was mit den Augen und Gesichtern und Seelen passiert ist, ist auch eine Folge der Einübung in die technische Rationalität und die Reduktion der Welt auf Tatbestände und Rechtsfolgen, auf herrschende und Mindermeinungen, auf einerseits und andererseits und auf die Erfassung der Welt im Gutachtenstil. Was Bärbel Bohley über die Bürger der DDR gesagt hat: Wir wollten Gerechtigkeit und haben den Rechtsstaat gekriegt, stimmt ein bisschen auch für das juristische Studium. Die Studenten des ersten Semesters wollen wissen, was es mit der Gerechtigkeit auf sich hat, oder auch, was den Staat und die Gesellschaft und die Wirtschaft zusammenhält. Stattdessen begegnen sie dem Rechtsstaat in seinen differenzierten Inhalten, aufwendigen Formen und verästelten Verfahren, und im Repetitorium kämpfen sie nur noch mit der Fülle dieses Stoffs.

3

Gewinn und Preis der technischen Rationalität zeigen sich vor allem später im Berufs- und Arbeitsleben. Juristen sind überall einsetzbar, wo komplexe Zusammenhänge gemeistert und die dabei anfallenden Probleme gelöst werden müssen. Das ist einerseits schön für sie. Andererseits ist es eine Gefahr. Die Freude am Meistern der komplexen Zusammenhänge und Lösen der dabei anfallenden Probleme erfüllt sich für den Anwalt, dem es um die Erniedrigten und Beleidigten geht, ebenso wie für den, der Firmenzusammenschlüsse und -übernahmen rechtlich gestaltet, und für den, der für die Russenmafia die Geldwäsche und die Anlage des gewaschenen Gelds organisiert. Die Freude am effizienten, stimmigen, von Vorgesetzten und Kollegen akzeptierten Erledigen einer Fülle von Fällen war für den Richter am Volksgerichtshof nicht geringer, als sie es für den Richter rechtsstaatlicher Gerichtsbarkeit ist. Das Reichssicherheitshauptamt wurde vor allem von Juristen aufgebaut und geführt – als funktionierender Apparat eine technische Meisterleistung.

Das kann man doch nicht vergleichen, mögen Sie einwenden, und gewiss sind die Urteile des Volksgerichtshofs und die Urteile rechtsstaatlicher Gerichte etwas völlig Verschiedenes. Aber beide Mal haben Richter Tatbestände und Rechtsfolgen geprüft, auf die herrschende Meinung geachtet, interpretiert und subsumiert, und hätte Freisler an der Kaiser-Wilhelms-Universität einen Lehrauftrag gehabt, hätten seine Studenten seine Fälle im selben Gutachtenstil gelöst, in dem Sie Fälle zu lösen gelernt haben. Es geht doch um die Inhalte, mögen Sie weiter einwenden, und haben damit gewiss recht. Aber das Ausmaß, in dem die Inhalte im Berufs- und Arbeitsleben in den Hintergrund treten, vermutlich bei allen, aber jedenfalls auch und gerade bei den juristischen Berufen, kann überhaupt nicht überschätzt werden. Das Berufs- und Arbeitsleben, wie die Vorbereitung aufs Examen und anders als der Alltag des Studierens davor, ist die Bewältigung einer Fülle von Aufgaben, einer Fülle von Stoff, und die Befriedigung liegt oft und vielleicht sogar meistens einfach in der erfolgreichen Bewältigung. Wie Sie bei der Examensvorbereitung nicht geschert hat, wie interessant, intelligent oder töricht die Fälle waren, die Ihnen in den Klausuren präsentiert wurden: Sie wollten sie lösen und die Klausur bestehen, so wird es Ihnen später wieder und wieder gehen: Sie wollen mit den Eingängen mithalten, die Fälle wegarbeiten, fremd- oder selbstgesetzten Erledigungsquoten genügen, und dies alles so, dass die Kollegen oder Vorgesetzten oder Mandanten oder Auftraggeber mit Ihrer Arbeit und mit Ihnen einverstanden sind. Gelingt es, dann haben Sie Erfolg, machen Karriere, bekommen bessere Arbeitsbedingungen, verdienen mehr Geld, gewinnen Einfluss und Ansehen.

Manchmal begegne ich ehemaligen Studenten oder auch Doktoranden von mir und frage sie, wie es ihnen in ihren Berufen geht. Sie erzählen mir von ihren Dezernaten und Referaten und Mandaten, davon, dass sie ihre Aufgaben im Griff haben, der Richter vielleicht auch noch von seiner Abordnung zum Oberlandesgericht, wo er gerade seine sogenannte dritte Staatsprüfung besteht, der Verwaltungsbeamte von seinem Aufstieg in der Ministerialbürokratie und der Anwalt davon, dass seine Tätigkeit ihn nach London,

New York und Shanghai führt. Er ist in einer Corporate Law Firm und macht Mergers und Acquisitions. Frage ich nach, merke ich, dass ihn nicht wirklich interessiert, *who merges with whom and who acquires whom*, wie sollte es auch, dass er aber genießt, sein Metier zu beherrschen, anerkannt und gefragt zu sein, erste Klasse zu fliegen und in den besten Hotels abzusteigen.

Das alles sage ich nicht mit Herablassung und Geringschätzung – schon deshalb nicht, weil ich sie ja selbst kennengelernt habe: die Freude daran, mein berufliches juristisches Leben im Griff zu haben, die Fülle der Aufgaben zu bewältigen, die Veranstaltungen vorzubereiten, die Vorträge und Veröffentlichungen rechtzeitig fertigzustellen, die Doktoranden nicht auf ihre Gutachten warten zu lassen, daneben meinen Verpflichtungen bei Gericht zu genügen und vielleicht noch ein Gutachten zu erstatten. Ich wollte jede dieser Aufgaben inhaltlich richtig bewältigen und war, wenn ich das Gefühl hatte, es sei mir gelungen, darüber befriedigt. Aber daneben gab es die Freude einfach an der Bewältigung der Fülle der Aufgaben. Die Freude am Funktionieren. Juristen sind Problemlöser, bringen Soziales zum Funktionieren und halten es am Funktionieren und, um das Funktionieren zu gewährleisten, funktionieren sie selbst. Für uns Juristen ist das Funktionieren unser Daseinszweck und unsere Daseinsweise.

## 4

Es brauchte nicht den Rechtspositivismus und nicht die nationalsozialistische Ideologisierung des Rechts, nicht eine besondere politische Einstellung, rechts statt links, und nicht ein besonderes Herkunftsmilieu, bürgerlich statt proletarisch, damit Juristen im Dritten Reich funktionierten. Es brauchte umgekehrt eine besondere Resistenz, eine besondere Renitenz, um im Dritten Reich nicht zu funktionieren. Ein besonderes Ethos, das den Juristen nicht auf das Funktionieren, sondern auf – auf was verpflichtet? Mediziner haben den hippokratischen Eid, der zum Ausdruck bringt, worauf Mediziner eigentlich und letztlich verpflichtet sind. Was haben Juristen? Was bringt zum Ausdruck, worauf sie eigentlich und letztlich verpflichtet sind? Was ist es, worauf sie verpflichtet sind? Und gibt diese Verpflichtung die Kraft, gegenüber falschen, menschenverachtenden und -zerstörenden, verbrecherischen Anforderungen des Funktionierens resistent und renitent zu werden, Widerstand zu leisten?

Es ist eine alte Frage. Juristen sind auf Gesetz und Recht verpflichtet, das heißt auf das vom Gesetzgeber und das von Gerichten und Verwaltung gemachte, auf das geschriebene und das ungeschriebene positive Recht. Sie alle kennen die Radbruch'sche Formel, nach der positives Recht keine Geltung hat, wenn es den überpositiven, den ewigen, natur- oder vernunftrechtlichen Maßstäben der Gerechtigkeit fundamental widerspricht. Sie lässt sich in eine Verpflichtung des Juristen übersetzen: Er ist auf Gesetz und Recht, mehr aber noch auf die Gerechtigkeit verpflichtet und hat im Konflikt zwischen beidem der Gerechtigkeit zu gehorchen und nicht Gesetz und Recht.

Unter Verfassungen wie dem Grundgesetz, das alle Gewalten an die Grundrechte bindet, bleibt dem Juristen der Konflikt weitestgehend erspart. Jede Gerechtigkeitsanforderung lässt sich als grundrechtliche Gleichheits- oder Freiheits- oder grundrechtlich gesicherte Rechtsstaatsanforderung fassen, und damit lässt sich jeder Konflikt zwischen positivem Recht und Gerechtigkeit in einen Konflikt zwischen positivem Recht und den Grundrechten übersetzen und vor das Bundesverfassungsgericht bringen. Gewiss, das Bundesverfassungsgericht kann falsch entscheiden und den Grundrechten und damit der Gerechtigkeit nicht die Geltung verschaffen, die ihnen verschafft gehört. Das Oberverwaltungsgericht Münster stellte sich wieder und wieder gegen das Bundesverfassungsgericht, weil es dessen Versammlungsrechtsrechtsprechung, die die Versammlungsfreiheit auch rechter Gruppen und Parteien schützte, für falsch hielt, weil sie unsere demokratische Freiheits- und Gleichheitsordnung nicht so entschieden gegenüber der sie bekämpfenden Rechten behaupte, wie dies geboten sei. Aber derartige Konflikte sind selten, und die Juristen, die in ihnen stehen, müssen keine Sanktionen fürchten.

Im funktionierenden, Freiheit und Gleichheit schützenden demokratischen Rechtsstaat mit gerichtlicher Kontrolle allen Staatshandelns auf seine Vereinbarkeit mit den Grundrechten ist die Verpflichtung auf die Gerechtigkeit für den Juristen keine schwere Bürde. Nicht, dass es keine Konflikte gäbe. Aber es sind Konflikte weniger zwischen dem, was einerseits Gesetz und Recht und andererseits die Gerechtigkeit verlangen, als vielmehr zwischen dem, was einerseits Gesetz und Recht erlauben und was andererseits die Gerechtigkeit verlangt. Und oft genug verliert die Gerechtigkeit in den Konflikten. Sie verliert, wenn der Strafrichter, obwohl die Durchführung des Strafverfahrens der Gerechtigkeit mehr dienen würde, den Deal zwischen Staatsanwalt und Verteidigung befördert und absegnet, weil es bequemer ist und Zeit und Arbeit spart. Sie verliert, wenn der Rechtsanwalt sich's mit dem Schriftsatz leichtmacht, weil der Fall nicht viel bringt. Sie verliert, wenn der Beamte sich das Denken und Fragen und Zweifeln erspart und tut, was der über Beurteilung und Versetzung entscheidende Vorgesetzte möchte.

Alle haben ihre Ausreden. Der Strafrichter bemäntelt seine Bequemlichkeit mit der befriedenden Wirkung einvernehmlicher Lösungen, der Beamte seine Nachlässigkeit damit, dass er nicht die Verantwortung trägt, und der Rechtsanwalt tröstet sich damit, dass im Hin und Her der Schriftsätze und unter den Fragen des Richters das Wichtige schon irgendwie zur Sprache kommen wird. Es sind Ausreden weniger gegenüber den anderen, die selten dazu kommen, Rechenschaft zu fordern, als vielmehr gegenüber sich selbst. Es sind auch keine dummen Ausreden. In der Tat ist Gerechtigkeit manchmal allzu anspruchsvoll und aufwendig und würde mehr Zeit kosten, als man hat, mehr Arbeit, als man leisten kann. Hätte ich die Tausende von Klausuren, die ich in meinem Leben als Professor zu korrigieren hatte, wirklich gerecht korrigieren wollen, wäre ich zu wenig anderem gekommen. Ich tröstete mich damit, dass die Universität die Studenten auch auf die Ungerechtigkeit des Lebens vorbereiten darf.

In keinem der juristischen Berufe, die Sie ergreifen, wird Ihnen der Konflikt zwischen Gerechtigkeit und dem erspart bleiben, was Gesetz und Recht erlauben und was einfacher, bequemer, weniger zeit- und arbeitsaufwendig, weniger anstößig, karriereförderlicher ist. In keinem der juristischen Berufe wird Ihnen die Versuchung erspart bleiben, es um des glatten, leichten Funktionierens willen mit der Gerechtigkeit nicht so genau zu nehmen. Und oft genug wird Ihnen die Versuchung nicht als das Böse, das Schlechte begegnen, das eine schreiende Ungerechtigkeit verlangt, sondern als etwas Notwendiges, etwas Verträgliches, als akzeptabler Kompromiss. Wann gilt es zu widerstehen, wann darf man nachgeben? Wann dürfen wir um des Funktionierens willen auch mal das Krumme gerade sein lassen?

## 5

Noch mal: Es geht um den Konflikt nicht zwischen dem, was einerseits Gesetz und Recht und andererseits die Gerechtigkeit verlangen, sondern zwischen dem, was einerseits Gesetz und Recht erlauben und was andererseits die Gerechtigkeit verlangt. Es geht nicht um den großen Konflikt zwischen ungerechtem nationalsozialistischem oder kommunistischem oder islamistischem positivem Recht und überpositiver Gerechtigkeit, sondern um den kleinen Konflikt zwischen den Routinen bequemen, aber manchmal auch effizienten Funktionierens und den Anforderungen der Gerechtigkeit. Haben der kleine und der große Konflikt und die Frage, wie mit beiden Konflikten umzugehen ist, Gemeinsamkeiten?

Ja und nein. Im großen Konflikt hat der Jurist, der seine Verpflichtung auf die Gerechtigkeit ernst nimmt, drei Möglichkeiten. Er kann zum Zeugen der Gerechtigkeit werden, sich offen gegen das ungerechte positive Recht stellen und den Preis des Märtyrers zahlen, den Verlust der Stellung oder sogar von Freiheit oder Leben. Er kann auch zum Partisan der Gerechtigkeit werden und das ungerechte positive Recht, wo immer es ihm möglich ist, biegen und beugen und brechen. Schließlich kann er das ungerechte positive Recht respektieren und unter ihm funktionieren, aber die Spielräume nutzen, die auch es ihm lässt, und Schlimmeres verhüten. Jede dieser Weisen, die Verpflichtung auf die Gerechtigkeit ernst zu nehmen, verdient Achtung, auch das Funktionieren mit Verhüten von Schlimmerem. Aber nicht umsonst ist die Wendung vom Verhüten des Schlimmeren so oft als Rechtfertigung missbraucht worden. Man kann anderen und auch sich selbst leicht vormachen, man mache nicht eigentlich mit, sondern verhüte nur Schlimmeres. Selbst die Rolle des Partisanen lädt dazu ein, zur Fremd- und Selbsttäuschung missbraucht zu werden. In völliger, jede Gefahr der Täuschung vermeidender Klarheit genügt nur der Märtyrer seiner Verpflichtung auf die Gerechtigkeit. Im Konflikt mit dem ungerechten positiven Recht unterliegt er allerdings ebenso wie der Partisan und der Verhüter von Schlimmerem; auch er erschüttert das ungerechte positive Recht durch seinen Widerstand nicht, er setzt lediglich ein Zeichen.

Die Systeme und Institutionen des positiven Rechts sind zu stabil, als dass sie durch den einzelnen Juristen, der seine Verpflichtung auf die Gerechtigkeit ernst nimmt, gefährdet werden könnten. Und das Funktionieren in den Institutionen des positiven Rechts ist zu sehr Habitus des Juristen, als dass der einzelne Jurist, der seine Verpflichtung ernst nimmt, auf einen Aufstand der ganzen Zunft rechnen oder auch nur hoffen dürfte. Stehen die Systeme und Institutionen des positiven Rechts erst einmal im Dienst der Ungerechtigkeit, ist es zu spät, der Verpflichtung des Juristen auf die Gerechtigkeit Geltung zu verschaffen. Sie bleibt bestehen, aber es geht bei ihr nicht mehr um die Integrität des Rechts, sondern um die Integrität der Person. Und ich verstehe den, der unter ungerechtem positivem Recht seine Integrität dadurch bewahrte, dass er aufhörte, Jurist zu sein, oder gar nicht erst Jurist wurde.

## 6

Das Ethos des Juristen griffe zu kurz, wenn es nur auf die Gerechtigkeit verpflichtete. Es muss den Systemen und Institutionen des positiven Rechts gelten und darauf gehen, dass diese der Entfaltung der Gerechtigkeit Raum geben. Die Juristen der Weimarer Republik, die sich dem Aufkommen des Nationalsozialismus nicht entgegengestellt haben, haben nicht nur ihrer politischen, sondern auch ihrer juristischen Verantwortung nicht genügt; sie haben eine Bewegung aufkommen lassen, die die Systeme und Institutionen zerstören wollte und zerstört hat, auf deren gerechtigkeitsoffene, rechtsstaatliche Gestalt der Jurist angewiesen ist, wenn er seiner Verpflichtung auf die Gerechtigkeit erfolgreich genügen will.

Der hippokratische Eid verpflichtet den Arzt beim Umgang mit seinem Patienten. Dem Patienten nützen, ihm nicht schaden, ihm nicht zum Tod raten und helfen, ihn nicht missbrauchen, verschwiegen bleiben, was seinen Zustand angeht – die Verpflichtungen gelten der Arzt-Patient-Beziehung, weil sie das Zentrum des ärztlichen Berufs ist. Für den Arzt mit eigener Praxis gibt es nichts anderes als diese Beziehung, für den Arzt im Krankenhaus hat die Arzt-Patient-Beziehung einen institutionellen Rahmen mit Chefs und Kollegen, ohne dadurch ihre zentrale Bedeutung zu verlieren, und wem der institutionelle Rahmen zu viel ist, hat stets die Option der eigenen Praxis. Der Arzt kann den Patienten alleine gesund machen. Der Jurist kann nicht alleine Recht und Gerechtigkeit schaffen. Weder der Einzelrichter noch auch der Rechtsanwalt mit eigener Praxis hat mit dem Arzt mit eigener Praxis wirklich etwas gemein; der Jurist braucht die Systeme und Institutionen des positiven Rechts, ohne sie ist er nichts.

Eine Art hippokratischer Eid für Juristen hätte die Verantwortung für die Systeme und Institutionen des positiven Rechts einzuschließen. Damit wir unserer Verpflichtung auf die Gerechtigkeit beim Funktionieren in den Institutionen des positiven Rechts erfolgreich genügen können, müssen wir dafür sorgen, dass sie gerechtigkeitsoffen und rechtsstaatlich sind. Der Jurist im Dritten Reich konnte auf seinem verlorenen Posten mit mehr oder weniger Anstand stehen. Auch der größte Anstand änderte nichts daran, dass der Posten verloren war. Um zu gewinnen, hätte er sich früher kümmern müssen, wobei die redliche juristische Arbeit innerhalb der Institutionen nicht genügte, sondern es des politischen Einsatzes für sie bedurfte.

## 7

Nun ist das Vergangenheit, und wir haben das Glück, als Juristen in Systemen und Institutionen zu arbeiten, die der Entfaltung der Gerechtigkeit Raum geben. Der heutige Konflikt ist nicht der große Konflikt der Vergangenheit, sondern der kleine Konflikt zwischen den Routinen bequemen, aber manchmal zugleich effizienten und überdies allgemein akzeptierten Funktionierens und den Anforderungen der Gerechtigkeit. Die heutige Versuchung ist nicht, eine schreiende Ungerechtigkeit zu begehen, sondern es um des glatten, leichten Funktionierens willen mit der Gerechtigkeit mal nicht so genau zu nehmen. Wann, so war die Frage, gilt es der Versuchung zu widerstehen, wann darf man ihr nachgeben? Wann darf man um des Funktionierens willen auch mal das Krumme gerade sein lassen?

Ich meine, auch hier hat die Vergewisserung der Rolle, die die Systeme und Institutionen für das Jurist-Sein spielen, Gewicht. Nachzugeben, das Krumme gerade sein zu lassen verbietet sich jedenfalls und spätestens dann, wenn die Integrität der Systeme und Institutionen beeinträchtigt wird. Das geschieht zum einen, wenn bei einer zu wichtigen Sache nachgegeben wird. Es geschieht zum anderen und vor allem, wenn zu oft das Krumme gerade sein gelassen wird. Der Rechtsanwalt, der viel zu tun hat und sich's mal bei einem Fall, der nicht viel bringt, mit der Gerechtigkeit und dem Schriftsatz leichtmacht, ist das eine. Dass viele Rechtsanwälte die Schriftsätze bei ihren kleinen und sogar größeren Fällen oft nur nachlässig runterhauen, ist etwas anderes und gefährdet die Integrität der Rechtspflege; das Ansehen der Rechtsanwälte ist gering, und den Bürger, der vor Gericht geht, trägt weniger das Vertrauen auf die Rechtsanwälte als vielmehr der Verlass auf die Rechtsschutzversicherungen. Der Strafrichter, der den Deal zwischen Staatsanwalt und Verteidigung befördert und absegnet, weil der Aufwand an Zeit und Arbeit in keinem Verhältnis zur Bedeutung der Sache stünde, und es sich damit auch selbst leichtmacht, ist das eine. Der Deal, bei dem mit verdeckten oder sogar gezinkten Karten gespielt und Druck ausgeübt wird, ist etwas anderes, und indem er gebräuchlicher wird, beeinträchtigt er die Integrität der Strafrechtspflege. Dass die Korrektur von Examensleistungen auf die letzte Gerechtigkeit verzichtet und bei dem einen und anderen Zweifelsfall die bessere Note gibt, statt den Zweifel in nochmaliger Durchsicht und nochmaligem Abgleich aller Examensleistungen auszuräumen, ist das eine. Dass wir Professoren, weil es bequem ist und wir lieb sein und liebgehabt werden wollen, die universitären Examensnoten zur Wertlosigkeit inflationiert haben, ist etwas anderes und beschädigt die Integrität der Universität.

Die Integrität der Systeme und Institutionen wird beeinträchtigt, wenn das Krumme zu oft gerade sein gelassen wird. Was bedeutet es für den einzelnen Juristen? Ich meine, der Imperativ, unter dem er ähnlich wie der Arzt unter dem hippokratischen Imperativ steht, geht dahin, so zu handeln, als könne und müsse er in seiner Person die Integrität der Institution, in der er seinen Platz hat, wahren. Er darf nicht weniger Deals machen, weil die Kollegen schon zu viele, und nicht mehr, weil sie nur wenige machen. Weder hilft noch schadet ihm, was die Kollegen machen. Nicht dass er der Versuchung, es um des glatten, leichten Funktionierens willen mit der Gerechtigkeit nicht so genau zu nehmen, nie nachgeben dürfte. Aber er darf das Krumme nur dann und so gerade sein lassen, dass seine Praxis, als Praxis des Systems, der Institution gedacht, deren Integrität nicht beeinträchtigen würde.

Ich muss nicht ausführen, was die Integrität der Institutionen ausmacht. Sie wissen, wann Gerichte und Behörden rechtmäßig und rechtswidrig handeln, wozu Polizisten, Staats- oder Rechtsanwälte verpflichtet sind. Gesetz und Recht definieren die Integrität der Institutionen. Und zu den Definitionen oder abstrakten Bildern, die Ihnen im Studium begegnet sind, kommt demnächst im Referendariat die konkrete Anschauung. Nehmen Sie es weder als Behinderung Ihrer wichtigeren Arbeit an einer Dissertation noch als Durchlauf zur zweiten Staatsprüfung. Nehmen Sie es als die einmalige Gelegenheit der teilnehmenden Beobachtung an der Welt des Rechts in seiner Fülle. Lassen Sie sich auf die Welt ein.

Unter vielem Interessanten werden Sie Juristen im Beruf begegnen, solchen, die einfach nur in den Routinen funktionieren, solchen, die nicht einmal in den Routinen funktionieren, solchen, die ihre Akten rasch vom Tisch kriegen, und solchen, die sich nicht von ihnen trennen können, schlechten Juristen, die nichts, und guten Juristen, die alles wissen, aber sonst nichts, und Sie werden Juristen begegnen, die tatsächlich und überzeugend die Integrität der Institution in ihrer Person wahren. Der Richter am Amtsgericht, bei dem meine erste Station war, war einer von ihnen. Ein Strafrichter, bei dem es vor den Verhandlungen die bei den Kollegen beliebten Vorgespräche mit dem Staatsanwalt, diese informellen Verhandlungen vorab und ohne die lästige Anwesenheit des Angeklagten und des Verteidigers, nicht gab, der die Verhandlungen in zugleich freundlicher und distanzierter Sachlichkeit führte, der alle Angeklagten mit Respekt behandelte und der auch nach fünfunddreißig Dienstjahren seine Urteile nicht mit lässiger Routine fällte, sondern es sich schwer mit ihnen machte. Er hat keine Karriere gemacht. Er hat es nicht nötig gehabt, Karriere zu machen.

## 8

Ich komme zum Schluss. Die Verpflichtung auf die Gerechtigkeit und die Integrität der Institution, der man dient – gibt sie die Kraft, den kleinen und den großen Versuchungen des Funktionierens zu widerstehen? Ich weiß nicht, wie sich mein erster Richter am Amtsgericht im Dritten Reich gehalten hat. Aber ich hatte immerhin den Eindruck, dass seine Eigenständigkeit, souverän in der Verhandlung, sperrig gegenüber Leitung und Kollegen aus seinem Stolz auf die Institution kam, der er diente, die er verkörperte. Er war das Amtsgericht, und denen, die vor seine

Schranken traten, sollte das Amtsgericht in seiner Person in seiner Integrität begegnen. Das machte ihn, den kleinen Richter am Amtsgericht, groß. Alle juristischen Berufe sind dienende Berufe. Aber sie sind darum nicht gering. Die Sache, der sie dienen, macht sie groß – und uns stark, wenn wir es schaffen, ihr gut zu dienen.

# Die Objektivität des Rechts und die Subjektivität der Richter

## I

Während der Aufklärung war die Vorstellung verbreitet, Richter seien lediglich der Mund des Rechts und hätten und bräuchten keine Macht. Die Macht eigne dem Recht selbst.

Wir haben diese Vorstellung nicht mehr. Das geschriebene Recht, geschrieben in Gesetzen, Verordnungen und Entscheidungen höherer Gerichte, denen die niederen Gerichte folgen, sind oft unklar und mehrdeutig. Dann müssen sie, ehe sie befolgt und angewandt werden können, ausgelegt werden, und sie können meistens auf verschiedene Weise ausgelegt werden. Daraus folgt die Macht der Richter. Zwar haben Richter keine Macht ohne das Recht. Aber das Recht hat keine Macht, ohne von Richtern ausgelegt und angewandt zu werden.

Jeder Richter hat seine eigene Biographie, und so nimmt nicht wunder, dass verschiedene Richter ein und dasselbe Auslegungs- und Anwendungsproblem oft verschieden sehen und lösen. Es gibt einen amerikanischen Juristenscherz über einen verzweifelten Mandanten, der einen einhändigen Rechtsanwalt sucht. Die Anwälte, die er bislang gefunden, denen er seinen Fall präsentiert und die er nach seinen

Chancen gefragt hat, haben zweifelnd die Hände gehoben, zuerst die eine und dann die andere: einerseits spricht für die eine Auslegung und Anwendung dieses, andererseits für die andere jenes. Deutsche Juristen scherzen, auf hoher See und vor Gericht sei man in Gottes Hand.

Gewiss, Gesetze, Verordnungen und Entscheidungen höherer Gerichte sind mehr und weniger ungenau, mehr und weniger mehrdeutig. Außerdem haben Rechtsprechung und Rechtswissenschaft Regeln der Auslegung entwickelt, die einen gewissen Schutz gegen Subjektivität und Willkür bieten. Überdies sind Juristen und zumal Richter ein eigener Menschenschlag; sie sind eher konservativ als revolutionär, eher traditionsgläubig als innovationsbegeistert, eher harmoniebedürftig als konfliktfreudig, und sie suchen den Weg in die Zukunft eher in kleinen Schritten als in großen Sprüngen. Gleichwohl sind sie so verschieden, dass sich in den USA ein eigener Zweig rechtswissenschaftlicher Forschung mit dem Herkommen, den sozialen Hintergründen und Zugehörigkeiten, den psychischen Dispositionen, religiösen und politischen Orientierungen der Richter als bestimmenden Faktoren und prognostischen Indikatoren für ihre Entscheidungen beschäftigt.

## 2

Selbst wenn die Gesetze, Verordnungen und Entscheidungen höherer Gerichte im Bemühen um Klarheit geschrieben sind und die Regeln der Auslegung gewissenhaft befolgt werden – die Subjektivität der Richter kann nicht völlig unterdrückt werden. Was im einen Kontext und im Hinblick auf das eine rechtliche Problem klar erscheint, kann sich im anderen Kontext und im Hinblick auf ein anderes rechtliches Problem als fragwürdig erweisen. Und oft genug kann ein rechtliches Problem durch Auslegung allein gar nicht gelöst werden. Oft genug bietet das Recht nur allgemeine Begriffe und Prinzipien, die nicht mehr leisten, als zu strukturieren und zu steuern, wie das Rechtsproblem argumentativ anzugehen ist.

Ein Beispiel ist Artikel 1 des Grundgesetzes, der erklärt, dass die Würde des Menschen unantastbar ist. Zwar gibt es keinen Konsens, was das Wesen des Menschen und seiner Würde ausmacht. Aber es gibt einen Konsens, was die Würde des Menschen verlangt: Sie verlangt, dass der Mensch nicht als Objekt, sondern als Subjekt behandelt wird. Das wirft eine Fülle von Fragen auf: Was bedeutet es, Subjekt zu sein und als Subjekt behandelt zu werden? Es hat mit Autonomie zu tun und führt damit zur nächsten Frage, wann der Mensch autonom ist. Die Antwort auf diese Frage hat mit dem Ausschluss von Paternalismus zu tun und führt zur weiteren Frage, wann Fürsorge einfach Fürsorge und wann sie paternalistisch ist. Ebenso wenig versteht sich von selbst, was es bedeutet, Objekt zu sein und als Objekt behandelt zu werden. Lange stand außer Zweifel, dass, wer gefoltert wird, als Objekt behandelt wird und dass Folter die Würde des Menschen verletzt. Angesichts der Bedrohung durch den Terrorismus haben Stimmen in der Rechtswissenschaft dagegengehalten, wer gefoltert wird, könne den Wert seines Schweigens und seines Redens und die Beeinträchtigung durch den zugefügten

Schmerz ins Verhältnis zueinander setzen und sich dann fürs Standhalten oder fürs Nachgeben entscheiden; daher bleibe er Subjekt und werde in seiner Würde nicht verletzt. Dagegen wird gehalten, dass das Folteropfer nicht frei entscheidet; es ist eine Geisel des Schmerzes. Die Lösung des Problems ist hier und nicht nur hier nicht zu finden, indem die Bestimmung einfach ausgelegt und subsumtiv angewendet wird. Die Bestimmung eröffnet einen Diskurs und bietet lediglich Anhaltspunkte dafür, wonach zu fragen und wie zu argumentieren ist.

Ein weiteres Beispiel ist die Gleichheit, die Grundforderung der Gerechtigkeit, die in nahezu allen modernen Verfassungen verbürgt ist. Ihre Verbürgung verlangt, dass alle Menschen gleich behandelt werden, wenn es nicht einen guten Grund gibt, sie ungleich zu behandeln. Oft nennt die Verfassung ausdrücklich Unterschiede zwischen den Menschen, die nicht als gute Gründe für Ungleichbehandlungen taugen: Geschlecht, Rasse, Klasse, ethnische Zugehörigkeit, Religion, politische Überzeugung und anderes mehr. Wieder eröffnet die Bestimmung bei einer Ungleichbehandlung einen Diskurs, in dem Richter und Rechtswissenschaftler fragen müssen, ob die Ungleichbehandlung durch einen guten Grund gerechtfertigt ist, das heißt durch einen Grund, der mit den anderen Bestimmungen der Verfassung und den durch sie geschützten Werten vereinbar ist.

Auch der Grundsatz der Verhältnismäßigkeit, das nächste Beispiel, ist ein Bestandteil nahezu aller modernen Rechtssysteme. Er verlangt, dass der Staat, wenn er in die Freiheiten und Rechte der Bürger eingreift, einen legitimen Zweck verfolgt und Mittel benutzt, die die Bürger so wenig wie möglich belasten. Unter diesem Grundsatz muss geprüft werden, ob der Zweck, für den der Staat eingreift, legitim und ob das Mittel, mit dem er eingreift, zur Erreichung des Zwecks geeignet und erforderlich ist, eine empirische Frage, deren Beantwortung die Suche nach möglichen Alternativen und den Vergleich mit ihnen einschließt. Gerne wird als Teil der Verhältnismäßigkeitsprüfung ein Gewichten und Abwägen von verfolgtem Zweck und betroffener Freiheit, betroffenem Recht gefordert; der Zweck müsse im Verhältnis zur Freiheit, zum Recht hinreichend gewichtig sein. Wieder müssen sich Richter und Rechtswissenschaftler auf einen Diskurs einlassen, dem der Grundsatz der Verhältnismäßigkeit lediglich die zu stellenden Fragen und damit die Struktur und Richtung vorgibt.

Die allgemeinen Begriffe und Prinzipien lassen der Entfaltung der richterlichen Subjektivität viel Raum. Sollte der Gesetzgeber sie deshalb eliminieren? Es wäre nicht nur äußerst unpraktisch, es wäre letztlich unmöglich. Die allgemeinen Begriffe und Prinzipien haben ihren Platz im Recht, weil moderne Gesellschaften mehr Probleme haben, als der Gesetzgeber lösen kann. Manche Probleme müssen an Verwaltung und Rechtsprechung weitergereicht werden – über die allgemeinen Begriffe und Prinzipien. Was die Würde des Menschen, die Gleichheit und der Grundsatz der Verhältnismäßigkeit verlangen, arbeitet die Rechtsprechung, besonders die Rechtsprechung der höheren Gerichte, in einem Detail aus, zu dem der Gesetzgeber nicht fähig wäre.

## 3

Da unvermeidlich ist, dass die Subjektivität der Richter ins Spiel kommt, ist auch unvermeidlich, dass die Objektivität des Rechts ihre Grenze hat. Es gibt sogar Skeptiker, die bestreiten, dass es eine Objektivität des Rechts überhaupt gebe. Was gestern gerecht gewesen sei, sei heute ungerecht, was hier gerecht, dort ungerecht. In der Tat wandelt sich der Begriff der Gerechtigkeit im Lauf der Zeit und von Ort zu Ort. Aber er wandelt sich nicht völlig. Was als Herzstück der Gerechtigkeit bleibt, ist das Gebot der Gleichheit, das alle Menschen gleich zu behandeln verlangt, es sei denn, es gebe einen guten Grund, sie ungleich zu behandeln. Was sich wandelt, sind die guten Gründe – und dieser Wandel ist auch nicht beliebig, sondern korreliert dem Zuwachs anthropologischen, soziologischen und psychologischen Wissens. Rasse und Klasse sind als gute Gründe für Ungleichbehandlung schon diskreditiert, und Geschlecht, Religion und politische Überzeugung werden es mehr und mehr. Bei allem Wandel hat der Begriff der Gerechtigkeit einen objektiven Kern, dessen Inhalt und Umfang überdies wächst.

Die Objektivität des Rechts ist aber noch etwas anderes, Handfesteres und Bescheideneres als die Objektivität der Gerechtigkeit. Neben den schwierigen und kontroversen gibt es die einfachen und einhellig beurteilten Rechtsfälle. Meistens kommen sie gar nicht vor Gericht – eben weil sie einfach sind und einhellig beurteilt werden. Käufer und Verkäufer, Arbeitgeber und -nehmer, Mieter und Vermieter wissen regelmäßig, was das Recht von ihnen erwartet, und handeln entsprechend. Es ist die Ausnahme, dass einer es nicht weiß oder nicht entsprechend handelt und der Rechtsfall vor Gericht kommt. Was Gerichte und vor allem was höhere Gerichte zu entscheiden haben, sind die Ausnahmefälle, oft pathologische Fälle, in denen die Pathologien der Gesellschaft zum Ausdruck kommen. Selbst unter diesen Ausnahmefällen gibt es viele, über die sich Richter einfach und einhellig verständigen.

So gibt es beides: die Fülle des Rechts, das Fall um Fall fraglos und klaglos befolgt wird und darin seine objektive Sicherheit und Verlässlichkeit erweist, und die Rechtsfälle, bei denen das Recht einen objektiven Bescheid versagt und die Subjektivität ins Spiel kommt. Die meisten Fälle, die vor Gericht kommen, haben beides, Aspekte, die einfach sind und einhellig beurteilt werden, und schwierige und kontroverse Aspekte, bei denen die Subjektivität der Richter unvermeidlich ins Spiel kommt.

## 4

Was ist angesichts der unvermeidlichen Subjektivität der Richter zu tun? In der deutschen Tradition pflegen Rechtsprechung und Rechtswissenschaft einen unpersönlichen, objektiven Stil. Der Jurastudent lernt im ersten Semester, nie »ich« zu sagen oder zu schreiben, nie für eine juristische Position mit »ich denke« oder »ich meine« zu streiten. Beginnt er die Antwort auf eine Frage des Professors mit »ich glaube«, wird er gerne gefragt, ob er sich verirrt habe und in der Kirche wähne. Die Lösungen von Rechtsfällen, die er ausarbeitet, müssen sich lesen, als habe nicht er, sondern das Recht selbst die Lösung gefunden. So lesen sich auch die Entscheidungen, Verfügungen und Schriftsätze, die er später als Richter, Verwaltungsbeamter oder Rechtsanwalt produziert. Richterkollegien sagen auch nicht »wir«, sondern benutzen die gleiche unpersönliche, objektive Sprache, und ihre Entscheidungen lassen, mit Ausnahme der Entscheidungen des Bundesverfassungsgerichts, nicht erkennen, wie die einzelnen Mitglieder des Kollegiums entschieden haben und aus welchen Gründen sie so entschieden haben.

Hält dieser Stil die unvermeidliche Subjektivität im Zaum oder ist die Aura unpersönlicher Objektivität Schwindel? Ist es ein Schleier, der die Interessen des Kapitals, der Reichen und Mächtigen verhüllt, deren Diener die Richter sind? Ist es die Maske, hinter der Richter ihre Vorurteile verbergen? Verlangen Anstand und Ehrlichkeit, dass Richter ihre Subjektivität nicht verstecken, sondern dass sie zugeben, was sie tatsächlich leitet? Dass sie lernen, »ich« zu sagen, und persönliche Verantwortung für ihre Entscheidungen übernehmen?

In der amerikanischen Tradition, anders als der deutschen, sagen Richter »ich«. Sie sagen es auch in anderen Ländern, in denen das Ziel des rechtlichen Diskurses in Rechtsprechung und Rechtswissenschaft nicht ein systematisches, konsistentes, deduktives Corpus ist, dessen hierarchische Struktur von allgemeinen zu immer spezifischeren, fallnäheren Aussagen über das führt, was das Recht verlangt, sondern wo der Diskurs sich auf den konkreten Fall konzentriert und dabei nach Präzedenzfällen, Fallähnlichkeiten und -unterschieden fragt. Die *Case-law*-Tradition, anders als die dogmatische Tradition des Gesetzesrechts, erkennt die Rolle des Richters offen an, weil sie offensichtlich ist: Das Recht steht weniger in Gesetzen als vielmehr in Fällen; was die Fälle sagen, ist, was die Gerichte entscheiden; und was die Gerichte entscheiden, ist, was die Richter meinen. Ist das Gericht ein Kollegialgericht, können die Richter der Mehrheit trotz Einhelligkeit in der Entscheidung doch verschiedener Meinung über die Begründung sein und entsprechend verschiedene Meinungen niederlegen, wie auch die Richter der Minderheit zusammen oder einzeln ihre abweichenden Meinungen abfassen. Sie alle sagen »ich«.

Sie schreiben nichts über Interessen der Reichen und Mächtigen, denen sie dienen. Sie legen nicht Vorurteile offen, die sie leiten. Sie präsentieren juristische Argumente, wie ihre Kollegen in der dogmatischen Tradition des Gesetzesrechts es tun. Sie präsentieren lediglich andere juristische Argumente. Sie verweisen auf Präzedenzfälle und oft auf verschiedene: wenn sie die Entscheidung mit der Mehrheit tragen, auf andere, als wenn sie sie mit der Minderheit ablehnen, wenn sie sich der Meinung anderer Richter anschließen, auf andere, als wenn sie ihre eigene Meinung formulieren. Vielleicht finden sie keinen Präzedenzfall und nehmen den neuen Fall zum Anlass für die Entwicklung und Entfaltung eines neuen juristischen Gedankens. Die Möglichkeit, Zustimmung oder Ablehnung zu äußern und zu begründen, führt zu Gerichtsentscheidungen, die zeigen, wie ein und derselbe Fall verschieden gelöst und wie ein und dieselbe Lösung, sowohl die der Mehrheit als auch die der Minderheit, verschieden begründet werden kann – *lege artis*. Sie zeigen, wie reich, komplex und kontrovers das Universum des Rechts ist. Sie stellen damit aber nicht die Subjektivität der Richter zur Schau.

## 5

Werden die Interessen der Reichen und Mächtigen, denen die Richter dienen, in der *Case-law*-Tradition lediglich von einem bunteren Schleier verhüllt als in der dogmatischen Tradition des Gesetzesrechts? Verbergen die Richter ihre Vorurteile lediglich hinter zwei Masken statt einer, hinter der des Rechts und der ihrer Person, die »ich« schreibt? Wer den unpersönlichen, objektiven Stil juristischen Schreibens für Schwindel hält, wird dem anderen Stil, der die Richter »ich« schreiben und bei der Abstimmung und der Begründung offen dissentieren lässt, nicht viel mehr abgewinnen. Das Herkommen, die sozialen Hintergründe und Zugehörigkeiten, die psychischen Dispositionen, religiösen und politischen Orientierungen der Richter können deren Entscheidungen und Meinungen leichter zugeordnet werden, wenn diese veröffentlicht sind. Aber die Zuordnung muss erforscht werden, sie wird nicht von den Richtern selbst offenbart. Wenn die Übernahme der Verantwortung für eine Entscheidung bedeutet, dass der Richter offenlegt, was ihn geprägt und beeinflusst hat und auch seine Entscheidung geprägt und beeinflusst haben mag, dann wird sie durch die Ermöglichung und Veröffentlichung von Dissens in der Abstimmung und Begründung nicht gefördert. Gefördert wird dadurch lediglich, dass die Mitglieder eines Richterkollegiums die Verantwortung für die juristische Qualität ihrer Arbeit deutlicher übernehmen, als wenn das Richterkollegium als ganzes für die Entscheidung und deren Begründung auf- und eintritt.

Der Grund, den Richtern des Bundesverfassungsgerichts im Bruch mit der deutschen Tradition Dissens bei der Abstimmung und Begründung zu ermöglichen, war denn auch nicht, Richter in die Verantwortung zu nehmen oder ihre Verantwortung sichtbar zu machen. Die Veröffentlichung des Dissenses sollte den Bürgern vor Augen führen, dass das Recht sich ständig wandelt, entwickelt und verbessert, und sollte auch anzeigen, auf welchen Gebieten und in welche Richtungen es sich entwickelt. In der Tat passiert gelegentlich, dass eine gestrige dissentierende zur heutigen tragenden Begründung wird, und wer vor dem Bundesverfassungsgericht auftritt, ist gut beraten, sich nicht nur im Blick auf die alten Begründungen vorzubereiten, die von der Mehrheit abgefasst wurden, sondern auch auf die alten Begründungen dissentierender Minderheiten; sie lassen zumindest erkennen, was die Richter beschäftigen wird.

Muss die Gesellschaft sich mit Schleier und Maske abfinden? Damit, dass die Subjektivität der Richter zwar zur Geltung, aber nicht zum Ausdruck kommt, sondern verborgen und verfremdet wird? Dass die Verantwortung der Richter sich auf die Präsentation juristischer Argumentationsfassaden beschränkt? Die verbreitete Vorstellung, Richter fänden ihre Entscheidungen aufgrund ihrer gesellschaftlichen und persönlichen Befindlichkeiten und ihrer Vorurteile und würden sie anschließend nur noch mit juristischen Argumenten gehörig drapieren, geht fehl. Nicht, dass es keine Richter gäbe, die der Vorstellung entsprechen. Aber die meisten Richter versuchen, ihre Entscheidungen aus ihrer Sicht und ihrem Verständnis des Rechts zu entwickeln. Wenn sie das Recht verschieden sehen und verstehen, hat das seinen Grund nicht einfach in ihren verschiedenen Befindlichkeiten und Vorurteilen, sondern in den verschiedenen juristischen Denktraditionen und -schulen, in die sie während des Studiums eingeübt wurden, in der Verschiedenheit der Richter, bei denen sie gelernt haben, und der Kollegen, mit denen sie arbeiten und diskutieren.

In den achtzehn Jahren, in denen ich Richter des Verfassungsgerichtshofs des Landes Nordrhein-Westfalen war, wurden in den Beratungen nie politische oder religiöse Überzeugungen oder persönliche Präferenzen geäußert. Wir redeten Recht, wir redeten nur Recht. Natürlich hatten wir Überzeugungen, Präferenzen und Vorurteile, aber sie waren nichts, was, vielleicht mit einer lächelnden, augenzwinkernden Einladung zur Zustimmung, in die Beratungen eingebracht worden wäre. Ah, mag der Kritiker sagen, sie wurden verborgen und verfremdet. Richtig ist, dass sie diszipliniert wurden. Ich, und ich bin sicher, nicht nur ich, habe mehr als einmal erlebt, dass sich das Ergebnis, das ich gerne gehabt hätte, juristisch nicht überzeugend argumentieren ließ, nicht überzeugend für meine Kollegen und letztlich auch nicht überzeugend für mich. Es kann passieren, dass man sich aus außerjuristischen Gründen ein bestimmtes Ergebnis wünscht, dass dieser Wunsch die juristische Kreativität anregt und dass am Ende eine juristische Konstruktion ebendieses Ergebnis rechtfertigt. Ein Jurist, dem die juristische Rechtfertigung des Ergebnisses, das er sich wünscht, nie gelingt, hat keine Phantasie. Ebenso hat ein Jurist, dem sie immer gelingt, keine Integrität.

Das alles heißt nicht, dass die Subjektivität der Richter ohne Belang wäre. Sie ist von Belang sowohl bei schlechten als auch bei guten Richtern, sowohl bei Richtern, die ihr Amt in den Dienst ihrer politischen Agende stellen, als auch bei denen, die ihren politischen Wünschen keinen Einfluss auf ihre Arbeit erlauben wollen. Aber die Subjektivität kommt nur auf indirekte, gebrochene, gefilterte Weise ins Spiel. Sie wird diszipliniert – jedenfalls solange der Richter sich als Sachwalter des Rechts und nicht einer politischen Agende sieht und den Standards der Interpretation und Argumentation verpflichtet bleibt, in denen das Bemühen um Objektivität Gestalt gewinnt. Die Disziplin wirkt manchmal stärker und manchmal schwächer, und sie wirkt selbst dann, wenn sie nur den Stil prägt, in dem die Entscheidung geschrieben wird. Dank des Stils ist sogar eine schlimme Entscheidung, von einem Richter geschrieben, dem es vor allem um Politik geht, der wegen seiner politischen Orientierung zum Richter gemacht wurde und sich denen, die ihn gemacht haben, in politischer Treue verbunden und zu politischem Einsatz verpflichtet fühlt, noch ein Rechtstext, der juristisch interpretiert, dekonstruiert und rekonstruiert und für die Zukunft in etwas weniger Schlimmes gewendet werden kann.

Darum bleibt die disziplinierte Subjektivität doch Subjektivität und eine Einschränkung der Objektivität des Rechts. Objektivität garantiert, Subjektivität reduziert die Neutralität und Verlässlichkeit des Rechts. Die Subjektivität der Richter ist als Einfallstor für die Vorurteile der Richter und die Interessen der Reichen und Mächtigen nicht zu dämonisieren, aber auch nicht zu bagatellisieren. Sie bleibt der Punkt, an dem die Rechtsprechung für die politischen Affiliationen und Orientierungen der Richter durchlässig ist.

Verfassungs- und oberste Gerichte agieren immer aktivistischer und werden wenn nicht in allen, dann doch in den meisten westlichen Demokratien immer wichtiger. Indem ihre Richter subjektiv gefärbte Entscheidungen treffen, machen sie die Rechtsprechung immer politischer und verwandeln die Verfassungs- und obersten Gerichte in immer mächtigere politische Akteure. Das hat einen irritierenden oder, um es neutraler zu formulieren, transformierenden Einfluss auf das Verfassungs- und politische Leben, die Verfassungs- und politische Kultur. In Deutschland achtet, wartet und hofft der Gesetzgeber inzwischen auf Signale des Bundesverfassungsgerichts, um zu wissen, welche rechtliche Gestalt er großen Projekten geben soll, und es ist keine Übertreibung, in den großen Reformen der letzten Jahrzehnte Ergebnisse der Zusammenarbeit zwischen Gesetzgeber und Bundesverfassungsgericht zu sehen. In den USA hat die Gesundheitsreform, das größte gesetzgeberische Projekt der Präsidentschaft Obamas, es zwar durch den Kongress geschafft und eine erste Hürde beim Supreme Court genommen, kann von diesem aber immer noch zur Unkenntlichkeit verstümmelt werden – wie jeder weiß, nicht um des Rechts, sondern um der Politik willen.

Es gibt Anzeichen, dass das Recht selbst weniger Objektivität pflegt und mehr Subjektivität erlaubt, dass es politischer wird.

In Deutschland und auch in anderen Ländern, die in der dogmatischen Tradition des Gesetzesrechts stehen, gibt es einen Trend vom dogmatischen Recht zum *case law*. Das Bundesverfassungsgericht sieht seine Aufgabe weniger als früher darin, seine Entscheidungen auf ein systematisches, konsistentes, deduktives Corpus von Interpretationen und Interpolationen des Rechts abzustimmen und ihm einzufügen. Sein Anliegen ist heute vielmehr, dass eine Entscheidung sich als Lösung des anstehenden Falls und Problems gut anfühlt, was nicht zuletzt und manchmal sogar zuerst bedeutet, dass sie sich politisch gut anfühlt, den richtigen politischen Ton findet, das richtige politische Signal sendet, auf die richtige politische Resonanz stößt. Die Rechtsprechung wird mehr ad hoc; sie bietet eine politische Reaktion auf die politische Situation.

In Deutschland und anderen Ländern zeigt sich ein weiterer subjektivierender und politisierender Trend in der Anwendung des Grundsatzes der Verhältnismäßigkeit. Der Grundsatz enthält objektive, empirische Aspekte: Die Frage nach der Geeignetheit und Notwendigkeit des Mittels für die Erreichung des Zwecks beantwortet sich im Blick auf die Wirklichkeit und darauf, ob es alternative

Mittel gibt und wie sie die betroffenen Bürger belasten. Als die Gerichte den Grundsatz der Verhältnismäßigkeit als Maßstab ihrer Rechtsprechung zum Verhältnis zwischen Staat und Bürger entdeckten, konzentrierten sie sich zunächst auf diese objektive, empirische Frage. Heute konzentrieren sie sich mehr auf die Frage, ob der Zweck und die betroffene Freiheit, das betroffene Recht der Bürger in recht gewichtetem, wohl abgewogenem Verhältnis zueinander stehen. Da es keinen objektiven Maßstab für Zwecke, Freiheiten und Rechte gibt, triumphiert beim Gewichten und Abwägen die Subjektivität der Richter. Wenn Richter das politische Gewichten und Abwägen des Gesetzgebers durch ihr eigenes ersetzen, machen sie Politik – ohne die direkte demokratische Legitimation des Gesetzgebers.

Auch der Stil juristischen Argumentierens beginnt sich zu wandeln. Er wird persönlicher, subjektiver. Juristische Veröffentlichungen von Rechtswissenschaftlern, abweichende Meinungen von Richtern und sogar Arbeiten von Studenten sagen öfter »ich« als früher. Und die Studenten, die es heute für eine Sache der Ehrlichkeit und der Courage halten, sich nicht hinter einem unpersönlichen, objektiven Stil zu verstecken, werden morgen Richter und Rechtswissenschaftler sein und entschlossen »ich« sagen und subjektiv und politisch sein.

## 7

Wohin führt die Entwicklung? Die Verfassungs- und obersten Gerichte werden stärker und stärker werden, eine immer aktivere Rolle spielen und sich immer selbstverständlicher in den politischen Prozess einmischen. Die Subjektivität der Richter wird ein immer größeres Spielfeld finden. Vielleicht entwickeln sich die Richter der Verfassungs- und obersten Gerichte zu einer Art von Senatoren, die offen politisch agieren, aber dank ihrer Verpflichtung auf das Recht und dessen langsam mahlenden Mühlen doch Abstand zum politischen Tagesgeschäft wahren und dabei einen Stil entwickeln, der das Juristische und das Politische auf neue, eigene Weise verschmilzt. Vielleicht steht am Ende der Entwicklung ein neuer Typus parlamentarisch-justizieller Demokratie.

Dazu könnte passen, dass der institutionalisierte politische Prozess schwächer wird. In Deutschland wie in anderen Ländern ist zu beobachten, dass weniger und weniger Bürger sich für die Arbeit der Parlamente und Regierungen interessieren, in den politischen Parteien engagieren und an den Wahlen beteiligen. Stattdessen richten sie ihr politisches Interesse auf Nachbarschaft und Umwelt und Protestbewegungen mancherlei Art. Und sie klagen vor Gericht. Der institutionalisierte politische Prozess behält seine durch die Verfassung und durch geregelte Formen und Verfahren gewährleistete Legitimität. Aber die Legitimität, die aus der aktiven Rolle der Bürger, ihrem Interesse und Engagement folgt, wird schwächer. Die parlamentarische Demokratie wandelt sich.

Für Rechts- und politische Wissenschaftler und für jedermann, der am politischen und rechtlichen Geschehen Anteil nimmt, sind dies aufregende Veränderungen. Aber wohin auch immer die Entwicklung führen mag – das Streben nach objektiver Gerechtigkeit und der Objektivität des Rechts wird sich nicht erledigen. Sie werden nicht erreicht werden. Aber aus dem Streben ziehen Neutralität und Verlässlichkeit des Rechts ihre verpflichtende Kraft.

# Abschied von der Dogmatik

## Verfassungsrechtsprechung und Verfassungsrechtswissenschaft im Wandel

### I

Kein Verfassungsorgan ist so beliebt wie das Bundesverfassungsgericht. Zwar verzeichnet seine Beliebtheitskurve Schwankungen; vor Bundestagswahlen knickt sie, wie auch die Beliebtheitskurve von Bundespräsident, Bundesregierung und Bundestag, leicht ein. Aber sie sinkt nie auf deren Niveau und gewinnt rasch wieder ihre alte Höhe. Das war so, als der Beliebtheitsvergleich in den achtziger Jahren begann, und hat sich seitdem nicht geändert.

Ob darin ein Vertrauen in das Bundesverfassungsgericht, wie es tatsächlich arbeitet und entscheidet, zum Ausdruck kommt oder eine Sehnsucht danach, dass Recht und Gerechtigkeit in der Bundesrepublik Deutschland einen festen, verlässlichen Ort haben, ist der Kurve nicht abzulesen. Dafür, dass es eher um Sehnsucht als um Vertrauen geht, spricht, dass im Beliebtheitsvergleich nicht nur aller Verfassungsorgane, sondern aller großen staatlichen und gesellschaftlichen Institutionen auf dem ersten Platz vor dem Bundesverfassungsgericht die Polizei steht. Sie, die im Alltag so oft gescholten und geschmäht wird, kann ihren Sieg schwerlich dem Vertrauen in ihre tatsächliche Arbeit, sie muss ihn vielmehr der Sehnsucht nach Sicherheit und Ordnung verdanken. Für Rechts- und Gerechtigkeitssehnsucht als Grund der Beliebtheit des Bundesverfassungsgerichts spricht auch, dass die Kurve auf Veränderungen kaum reagiert: Veränderungen der Rechtsprechung, Veränderungen der Rolle, die das Bundesverfassungsgericht im politischen, und Veränderungen der Rolle, die es im rechtlichen Raum spielt. Seine Arbeit wird, von seltenen spektakulären Entscheidungen abgesehen, von der Öffentlichkeit auch nur wenig wahrgenommen. Aber die Sehnsucht ist stets da, sie schwindet nicht, und also wankt auch das Vertrauen nicht, gleichgültig, was das Bundesverfassungsgericht macht und was mit ihm geschieht.

## 2

Tatsächlich ist, was mit dem Bundesverfassungsgericht unter unseren Augen geschieht, erstaunlich. Anders als über Jahrzehnte versteht sich nicht mehr von selbst, dass seine Entscheidungen befolgt werden. Den Anfang machten vor rund zehn Jahren Strafgerichte, als sie den Nötigungsparagraphen, für den das Bundesverfassungsgericht eine enge Interpretation gefordert hatte, einfach gleichwohl weit interpretierten. Das Bundesverfassungsgericht hatte in der Sitzblockade eines Konvois von Lastwagen keine Nötigung gesehen, weil die Demonstranten keinen körperlichen, sondern psychischen Zwang ausübten; der Bundesgerichtshof, gefolgt von anderen Strafgerichten, hielt an der Nötigung fest, weil der von den sitzenden Demonstranten blockierte erste Lastwagen ein körperliches Hindernis für den zweiten darstelle. Den nächsten Schritt machten vor fünf Jahren Verwaltungsgerichte beim Verbot von Versammlungen. Das Bundesverfassungsgericht hatte in der rechtsextremistischen, aber nicht strafbaren Tendenz einer Versammlung keinen Grund für deren Verbot gesehen; das Oberverwaltungsgericht Münster stellte sich offen gegen das Bundesverfassungsgericht und hielt entsprechende Verbote aufrecht. Den offensten und schroffsten Konflikt mit dem Bundesverfassungsgericht hat in den letzten beiden Jahren das Oberlandesgericht Naumburg ausgetragen. Es verhinderte den Umgang eines türkischen Vaters mit seinem Sohn, obwohl nach dem Europäischen Gerichtshof für Menschenrechte auch das Bundesverfassungsgericht mehrfach entschieden hatte, dass der Umgang zu gewähren sei. Das Bundesverfassungsgericht hob die Beschlüsse des Oberlandesgerichts Naumburg auf, das Oberlandesgericht Naumburg traf sie einfach erneut. Die jüngste Verweigerung der Gefolgschaft erfolgte wieder durch den Bundesgerichtshof für Strafsachen. Er bestätigte zu Beginn dieses Jahres eine Verurteilung zu lebenslanger Freiheitsstrafe, obwohl das Bundesverfassungsgericht wegen überlanger Verfahrensdauer eine mildere Strafe gefordert hatte, und sein Präsident rügte das Bundesverfassungsgericht sogar öffentlich, seine Vorwürfe seien weder in der Sache noch im Ton angemessen gewesen.

Das sind Ausnahmen, gewiss. Aber es sind Ausnahmen, die es früher nicht gab. Lediglich in den Anfängen der Bundesrepublik Deutschland haben Gerichte sich ähnlich offen gegen das Bundesverfassungsgericht gestellt, weil sie die Beamten- und Soldatenverhältnisse 1945 nicht beendet sehen und den Betroffenen entsprechende Beschäftigungs- und Versorgungsansprüche sichern wollten; es dauerte Jahre und bedurfte mehrerer Entscheidungen, bis sie der Auffassung des Bundesverfassungsgerichts von der Zäsur des Zusammenbruchs folgten. Aber sie fügten sich; das Oberverwaltungsgericht Münster macht dazu keine Anstalten.

Aber die Entscheidungen des Bundesverfassungsgerichts finden seit 1995 nicht nur bei untergeordneten Gerichten Ablehnung. Sie werden vom Europäischen Menschenrechtsgerichtshof in Straßburg korrigiert und können eines Tages auch vom Europäischen Gerichtshof in Luxemburg korrigiert werden. Anders als das Verhalten der untergeordneten Gerichte, das mit deren rechtlicher Bindung an die Entscheidungen des Bundesverfassungsgerichts kollidiert, hat das Verhalten des Straßburger Gerichtshofs und hätte ein entsprechendes Verhalten des Luxemburger Gerichtshofs seine rechtliche Richtigkeit. Beide Gerichte sind, wenn auch auf unterschiedliche und unterschiedlich verbindliche Weise, dem Bundesverfassungsgericht übergeordnet. Trotz dieses rechtlichen Unterschieds ist aber, so meine ich, die zeitliche Koinzidenz der Ablehnung durch untergeordnete und Korrektur durch übergeordnete Gerichte kein Zufall. Wenn der Europäische Gerichtshof für Menschenrechte das Bundesverfassungsgericht korrigiert, wenn er ihm einmal sogar zuallererst klarmachen musste, dass ein Fall, den es nicht zur Entscheidung angenommen hatte, ein hinreichend gewichtiges Grundrechtsproblem barg, zeigt er den untergeordneten Gerichten, dass ihre Entscheidungen nicht falsch sein müssen, nur weil das

Bundesverfassungsgericht sie aufhebt, dass auch die Entscheidungen des Bundesverfassungsgerichts falsch sein können und dann korrigiert werden müssen, dass das Bundesverfassungsgericht, zumal wenn nicht seine Senate, sondern seine Kammern entscheiden, ein Gericht ist, wie sie es auch sind. Das Bundesverfassungsgericht hat seinen Nimbus verloren, und alles spricht dafür, dass mit weiteren Korrekturen von oben auch weitere Ablehnungen von unten einhergehen werden.

## 3

War der Verlust des Nimbus unvermeidlich? War er eine notwendige Folge der Einrichtung des Europäischen Gerichtshofs und des Europäischen Gerichtshofs für Menschenrechte? Ist er endgültig? Auf der Suche nach Antworten lohnt es, einen Blick auf die korrigierten Entscheidungen des Bundesverfassungsgerichts und die korrigierenden Entscheidungen des Europäischen Menschenrechtsgerichtshofs zu werfen. So verschieden ihre Gegenstände sind, haben sie doch eines gemeinsam.

Da war der Fall einer Lehrerin, die 1987 aus dem öffentlichen Dienst entlassen wurde, weil sie Mitglied der DKP war. Das Bundesverfassungsgericht hielt die Entlassung 1990 aufrecht; die Entscheidungen des Dienstherrn und der angerufenen Gerichte seien begründet und willkürfrei gewesen. Der Europäische Menschenrechtsgerichtshof sah 1995 die Meinungsäußerungs- und die Vereinigungsfreiheit der Konvention zum Schutz der Menschenrechte und Grundfreiheiten durch die Entlassung verletzt. Die Gründe, die dem Bundesverfassungsgericht reichten, reichten dem Menschenrechtsgerichtshof nicht; er berücksichtigte mehr tatsächliche Umstände als das Bundesverfassungsgericht, gelangte dadurch zu einem komplexeren Bild der Lehrerin und ihres Verhaltens und fand keinen hinreichenden Anhalt dafür, dass die Lehrerin die erforderliche Verfassungstreue vermissen lasse. Er betrieb betroffenenfreundliche Kasuistik statt betroffenenfeindlicher, blieb damit aber im kasuistischen Horizont des Bundesverfassungsgerichts, das in seiner Grundsatzentscheidung von 1975 gefordert hatte, der Entscheidung über die Verfassungstreue eines Beamten »ein Urteil über die Persönlichkeit (zugrunde zu legen, das sich) auf eine von Fall zu Fall wechselnde Vielzahl von Elementen und deren Bewertung gründet«. Da es zum Wesen der Kasuistik gehört, so und so, mit dem einen und mit dem anderen Ergebnis betrieben werden zu können, ist die Entscheidung des Menschenrechtsgerichtshofs juristisch so gut wie die des Bundesverfassungsgerichts, und politisch passt Betroffenenfreundlichkeit in die Zeit nach dem Ende des Kalten Kriegs durchaus besser als Betroffenenfeindlichkeit.

Im nächsten Fall, in dem der Europäische Gerichtshof das Bundesverfassungsgericht korrigiert hat, mussten Erben von Bauern, die in der Bodenreform der sowjetischen Besatzungszone Grundstücke zugeteilt bekommen hatten, diese Grundstücke dann entschädigungslos aufgeben, wenn sie sie nicht landwirtschaftlich nutzten. Grund dieser gesetzlich geregelten Pflicht zur entschädigungslosen Aufgabe war, dass zu ihr auch in der DDR verpflichtet war, wer Bodenreformgrundstücke geerbt hatte, aber nicht landwirtschaftlich nutzte. Das Bundesverfassungsgericht fand im Jahr 2000, die gesetzliche Regelung sei verfassungsgemäß; die Erben hätten mit ihr rechnen müssen und nicht erwarten können, vom wendebedingten Wegfall der jahrzehntelang praktizierten DDR-Regelung zu profitieren. Der Menschenrechtsgerichtshof sah dies zunächst 2004 anders; wenn die Erben auf die Legitimität ihres Eigentums an geerbten Bodenreformgrundstücken nicht voll hätten vertrauen dürfen, dann hätte dies allenfalls für die Höhe einer bei Aufgabe der Grundstücke zu zahlenden Entschädigung Bedeutung haben dürfen, hätte eine entschädigungslose Aufgabe aber keinesfalls rechtfertigen können. Die Große Kammer des Menschenrechtsgerichtshofs, die sich schließlich 2005 auf Antrag der Bundesregierung mit dem Fall beschäftigte, sprach den Erben das Vertrauen in die Legitimität ihres Eigentums wieder ab; die Erben hätten nicht erwarten können, vom glücklichen Zufall des wendebedingten Wegfalls der DDR-Regelung und -praxis zu profitieren. Damit hatte zwar der Menschenrechtsgerichtshof seine Korrektur des Bundesverfassungsgerichts wieder korrigiert. Aber es bleibt ein Eindruck von Beliebigkeit; das dogmatisch schwache, nur kasuistisch zu füllende und gefüllte Konzept des Vertrauensschutzes kann eben auf verschiedene Weise, den Hoffnungen und Erwartungen der Betroffenen mal mehr, mal weniger und mal gar nicht entsprechend angewandt werden.

Auch in der spektakulärsten Kontroverse der beiden Gerichte, die dem angemessenen Schutz der Privatsphäre von Caroline von Monaco galt, lassen sich beide Positionen hören. Das Bundesverfassungsgericht sieht bei Caroline als einer sogenannten Person der Zeitgeschichte die Orte unter dem Schutz der Privatsphäre stehen, in die sie sich vor der Öffentlichkeit zurückzieht: das eigene Haus, der eigene Garten und Plätze in der Öffentlichkeit nur dann, wenn sie abgeschieden und gegen unbemerkte Beobachtung abgeschirmt sind. Der Menschenrechtsgerichtshof fasst die Privatsphäre weiter und schützt Caroline in der Öffentlichkeit nicht nur dann, wenn sie sich an abgeschiedene und abgeschirmte Orte zurückzieht, sondern auch, wenn ihr Privatim Unterschied zu ihrem öffentlichen Leben im Club, auf dem Markt, beim Einkaufen oder beim Fahrradfahren stattfindet. In die Kasuistik des Verhältnisses zwischen Privatsphäreschutz und Pressefreiheit kommen damit neue Parameter, und es werden neue Abgrenzungen und Zuordnungen erforderlich – wie dies bei einer Kasuistik im Laufe der Zeit eben geschieht.

Es kennzeichnet die Korrekturen des Bundesverfassungsgerichts durch den Menschenrechtsgerichtshof insgesamt: Vage Rechtsbegriffe werden anders gelesen, offene Rechtskonstruktionen werden anders gefüllt, die eine Kasuistik wird durch eine andere ergänzt und modifiziert. Die Ergebnisse mögen gefallen oder nicht gefallen – juristisch sind sie ein bisschen beliebig.

## 4

Der Befund ist nicht anders, wenn der Blick sich von den Fremdkorrekturen des Bundesverfassungsgerichts ab- und dessen Selbstkorrekturen zuwendet. Zwar gibt es selbstkorrigierende Rechtsprechungsänderungen, die nicht als Kasuistik begegnen, sondern als Aspekte eines großen dogmatischen Projekts: der in den fünfziger Jahren begonnenen Entfaltung der Bindung an die Grundrechte in allen Bereichen staatlicher und in zentralen Bereichen gesellschaftlicher Tätigkeit und der begleitenden Etablierung eines umfassenden, verlässlichen Rechtsschutzes. Dieses Projekt machte Rechtsprechungsänderungen notwendig, weil das Bundesverfassungsgericht, wie auch die Verfassungsrechtswissenschaft, die Prägung durch das Grundrechtsverständnis des Kaiserreichs und der Weimarer Republik erst allmählich überwand. Dass Grundrechte nicht nur die Verwaltung, sondern auch die Gesetzgebung binden, dass sie dabei nicht nur verlangen, freiheitsverkürzende gesetzliche Regelungen zu unterlassen, sondern auch freiheitsschützende gesetzliche Regelungen zu treffen, dass sie den Bürger nicht nur schützen, wenn er dem Staat als Glied der Gesellschaft (im sogenannten allgemeinen Gewaltverhältnis) begegnet, sondern auch, wenn er sich als Beamter, Soldat, Strafgefangener oder Benutzer staatlicher Einrichtungen (im sogenannten besonderen Gewaltverhältnis) in besonderer Abhängigkeit vom Staat befindet, dass sie auch für das Standesrecht der Anwälte, Ärzte, Apotheker und so weiter Bedeutung haben und dass das Standesrecht deshalb nicht den Kammern überlassen werden kann, sondern gesetzlich geregelt werden muss, dass Rechtsschutz nicht nur zu gewährleisten ist, wenn das staatliche Handeln bevorsteht und noch verhindert werden kann, sondern auch, wenn es schon passiert ist und nur noch als rechtswidrig gekennzeichnet werden kann – diese und andere rechtsprechungsändernde wie auch einfach rechtsprechende Entscheidungen des Bundesverfassungsgerichts fügten sich zu einem stimmigen dogmatischen System. Das System war in den achtziger Jahren abgeschlossen; seitdem bedarf es nur noch der Schließung einzelner Lücken und der Perfektionierung des Rechtsschutzes.

Neben und nach den Rechtsprechungsänderungen, die sich in das große dogmatische Projekt fügen, gibt es andere, bei denen keinerlei dogmatische Stimmigkeit zu erkennen ist. Nicht dass man die entsprechenden Entscheidungen nicht verstehen könnte: Nachdem dem Bundesverfassungsgericht zunächst aufgefallen ist, wie ähnlich Abgeordnete Beamten geworden sind, fallen ihm bei genauem Hinsehen gleichwohl bestehende Unterschiede auf; nachdem das Bundesverfassungsgericht vielfach gescholten worden ist, weil es das Familienexistenzminimum nicht von der Steuer befreit hat, ist es die Schelte leid und besinnt sich eines anderen; nachdem das bundesverfassungsgerichtliche Insistieren auf strafrechtlichem Schutz des ungeborenen Lebens seine gesellschaftliche und politische Evidenz verloren hat, will auch das Bundesverfassungsgericht nicht mehr insistieren; nachdem es nicht gerne gesehen hat, dass unter seinem weiten Versammlungsbegriff auch Spaß-, Unterhaltungs- und Aktionsveranstaltungen vom Grundrecht der Versammlungsfreiheit geschützt sind, wechselt es zu einem neuen, engen Versammlungsbegriff, und bei der verfassungsrechtlichen Beurteilung der Parteienfinanzierung ist es so ratlos und schwankend, wie die möglichen Lösungen des Problems vielfältig sind. Für andere rechtsprechungsändernde Entscheidungen gilt nichts anderes; sie sind verständlich, ohne sich deshalb in ein dogmatisches System zu fügen. Sie sind, wie auch die meisten nicht rechtsprechungsändernden heutigen Entscheidungen, reaktive, situative Kasuistik.

Die jüngste dieser verständlichen und sogar sympathischen, aber dogmatisch unausgewiesenen und unbegründeten Rechtsprechungsänderungen erfolgte in der Entscheidung zum Luftsicherheitsgesetz. Das Bundesverfassungsgericht fand, dass beim Abschuss eines in die Gewalt von Terroristen geratenen, das Leben vieler Menschen bedrohenden Flugzeugs die Passagiere und das Personal zu bloßen Objekten der staatlichen Abschuss- und Rettungsaktion gemacht und in ihrer Menschenwürde verletzt würden. Es stellte damit zwar auf die traditionelle Objektformel ab, verabschiedete aber stillschweigend die Spezifizierungen und Präzisierungen, um die es sich in seiner Rechtsprechung zur Objektformel jahrzehntelang bemüht hatte; von ihnen bleibt nur der Hinweis, dass die Bedeutung der staatlichen Verpflichtung auf den Schutz der Menschenwürde nicht ein für alle Mal, sondern im Einzelfall mit Blick auf den spezifischen Konflikt zu bestimmen sei.

## 5

Man mag fragen, ob Rechtsprechungsänderungen nicht rechtlichen Bindungen unterliegen, und die verfassungsrechtswissenschaftliche Beschäftigung mit den rechtsprechungsändernden Entscheidungen des Bundesverfassungsgerichts hat denn auch immer wieder nach rechtlichen

Bindungen gesucht, die den Rechtsprechungsänderungen Bedingungen und Grenzen setzen. Sie hatte bei ihrer Suche keinen Erfolg. Die Rechtskraft, die jeder richterlichen Entscheidung schließlich eignet und deren Aufhebung oder Änderung verbietet, bedeutet nur, dass es bei der getroffenen Entscheidung bleibt, nicht dass Entscheidungen in ähnlichen Fällen ähnlich getroffen werden müssen. Darüber zielt die besondere Bindungswirkung, mit der das Bundesverfassungsgerichtsgesetz die Entscheidungen des Bundesverfassungsgerichts ausstattet, zwar hinaus. Sie bezweckt aber nur, dass sich die anderen Organe und Gerichte an den schon getroffenen Entscheidungen und schon angestellten Erwägungen des Bundesverfassungsgerichts orientieren, nicht dass das Bundesverfassungsgericht selbst an seiner Rechtsprechung festhält. Gelegentlich wird der besonderen Bindungswirkung bundesverfassungsgerichtlicher Entscheidungen für das Bundesverfassungsgericht selbst immerhin eine Präjudizienbindung entnommen, die verlangen soll, dass das Bundesverfassungsgericht in einer neuen von einer alten Entscheidung nur dann abweicht, wenn dafür nicht nur die Gründe sprechen, die schon im alten Fall dafür gesprochen haben, sondern neue, andere, bessere. Aber das Bundesverfassungsgerichtsgesetz, das die besondere Bindungswirkung festlegt, kennt keine verschiedenen Bindungen, eine präjudizielle für das Bundesverfassungsgericht und eine strikte für die anderen Gerichte und Organe, sondern nur eine. Es verlangt strikten Gehorsam, und es verlangt ihn von den anderen Gerichten und Organen, nicht vom Bundesverfassungsgericht selbst.

Dass rechtsprechungsändernde wie auch andere Entscheidungen des Bundesverfassungsgerichts über eine lange Zeit Bestandteile eines großen dogmatischen Projekts waren, resultierte aber auch nicht aus einer rechtlichen Bindung, sondern aus einer Tradition: der Tradition dogmatischer Rechtsprechung, die mit der Tradition dogmatischer Rechtswissenschaft entstanden war. Es ist die Tradition einer Arbeitsteilung: Die Gerichte entscheiden in Auslegung und Anwendung der Gesetze einzelne Fälle, die Rechtswissenschaft bringt die Entscheidungen, die von den Gerichten verwendeten und die in der Rechtswissenschaft selbst entwickelten Gesetzesauslegungen und -anwendungen in ein System, und die Gerichte treffen ihre Entscheidungen aus dem System und auf es hin, das heißt, sie vergewissern sich, ob das System schon eine Lösung des Fallproblems bereithält und, wenn nicht, dass die neue Lösung des Fallproblems sich in das System einfügt oder doch an es anschließt.

Die Gestalt des Systems ist dabei ein als Hierarchie konstruierbares Gefüge von Begriffen und Aussagen, die einander spezifizieren, so dass die Lösung eines Fallproblems von allgemeinen Annahmen zu immer spezifischeren Voraussetzungen voranschreitet und schließlich zu allgemeinen Gewissheiten zurückkehrt. So wird zum Beispiel aus der Annahme, eine Äußerung über eine Person verletze deren Achtungsanspruch und gehöre verboten, eine Gewissheit – nach Entfaltung dessen, was an der Äußerung Meinungsbekundung und was an ihr Tatsachenbehauptung ist, wie beide zu interpretieren sind, wo beide ihre Schranken finden, was der Anspruch einer Person auf Achtung einschließt, wie ein Konflikt zwischen Äußerungsfreiheit und Achtungsanspruch in verschiedenen gesellschaftlichen

Kontexten auszutragen, zu entschärfen und zu lösen ist und so weiter. Dabei versteht sich, dass verschiedene Lösungen ein und desselben Fallproblems miteinander konkurrieren können, wie auch verschiedene Systeme um die angemessene Erfassung eines Rechtsgebiets konkurrieren. Aber diese dogmatische Vielfalt ist begrenzt, weil Kontroversen über dogmatische Fragen regelmäßig vor dem Hintergrund eines Einverständnisses über dogmatische Grundannahmen und darüber, dass auch die spezifischen Voraussetzungen allgemein zu fassen sein müssen, stattfinden.

## 6

Rechtswissenschaft geht auch anders – der Blick in amerikanische Darstellungen des amerikanischen Verfassungsrechts findet, anders als der in deutsche Darstellungen des deutschen Verfassungsrechts, keine dogmatischen Systeme, durch Fälle und Entscheidungen illustriert, sondern Chronologien von Fällen und Entscheidungen, durch gelegentliche verbindende Bemerkungen ergänzt. Dass sich die Chronologien zwar nicht zu dogmatischen Systemen, aber doch zu stimmigen Bildern fügen, liegt an der Präjudizienbindung der Entscheidungen. *Stare decisis,* das Prinzip, das bei den getroffenen Entscheidungen stehen zu bleiben, an ihnen festzuhalten verlangt, ist im *case law* das funktionale Äquivalent zur dogmatischen Systembildung und -bindung im Gesetzes- oder, allgemeiner und richtiger, rechtssatzbasierten Recht.

Auch *stare decisis* ist weniger als die rechtliche Bindung, mit der die Rechtskraft jede richterliche Entscheidung und das Bundesverfassungsgerichtsgesetz darüber hinaus die Entscheidungen des Bundesverfassungsgerichts ausstattet. Das Prinzip steht weder in der Verfassung noch in einem Gesetz und versteht sich doch; ihm werden manchmal Geltung und Bedeutung abgesprochen, aber es wird letztlich an ihm festgehalten; über seinen Inhalt besteht Streit, aber es ist unstreitig, dass es einen Inhalt und sogar welchen Kern der Inhalt hat. 1992 bot eine Entscheidung zum Schwangerschaftsabbruch dem Supreme Court die Gelegenheit, sich des Prinzips zu vergewissern. Er betonte die Geltung des Prinzips, das das Festhalten an Entscheidungen grundsätzlich, aber nicht ausnahmslos verlange. Ausnahmen seien gerechtfertigt, wenn die Entscheidung nicht mehr praktikabel sei, wenn sich die relevanten Fakten geändert hätten oder wenn sich das relevante Recht weiterentwickelt habe, allerdings spreche gegen Abweichungen, wenn die Betroffenen so auf die Entscheidung vertrauten oder die Gesellschaft sich so auf sie eingestellt habe, dass eine Abweichung legitime Erwartungen verletze oder erheblichen gesellschaftlichen Schaden anrichte.

Die Minderheit des Supreme Court wollte Abweichungen großzügiger zulassen, neuen juristischen Einsichten und Überzeugungen mehr Gewicht geben und vor allem die zusätzliche Überlegung der Mehrheit nicht akzeptieren, der Supreme Court müsse um seiner Glaubwürdigkeit und Legitimität willen an einer Entscheidung zumal dann festhalten, wenn sie einem die Gesellschaft erschütternden und spaltenden Problem gelte. Aber auch die Minderheit hielt am Prinzip fest. Der kleinste gemeinsame Nenner kann dahin gefasst werden, dass von einer Entscheidung nicht schon darum abgewichen werden darf, weil das Gericht es sich anders überlegt hat und jetzt besser weiß, sondern nur dann, wenn sich etwas ereignet und das Gericht eines Besseren belehrt hat. Als entsprechendes Ereignis ist sogar eine neue juristische Einsicht oder Überzeugung vorstellbar, wenn sie wuchtiger juristischer Niederschlag einer einschneidenden Veränderung des gesellschaftlichen Bewusstseins ist.

## 7

Die Rechtsprechungsänderungen des Bundesverfassungsgerichts, die keine dogmatische Stimmigkeit erkennen lassen, lassen sich auch nicht im Sinn eines *Stare-decisis*-Prinzips als ausnahmsweise gerechtfertigte Abweichungen von einer grundsätzlich festgehaltenen Rechtsprechung interpretieren. Sie reagieren weder auf neue praktische Bedürfnisse noch auf neue Tatsachen, noch auf neue Rechtslagen. Wenn sie nicht, wie die Entscheidung zum Familienexistenzminimum, auf politische Kritik reagieren, tragen sie einem Unbehagen Rechnung, das sich beim Bundesverfassungsgericht bei genauerem Hinsehen auf die alte Lösung eines Problems einstellt – immer wieder, weil die alte Lösung zu weit ging und zum Beispiel die Ähnlichkeit zwischen Abgeordneten und Beamten zu umfassend ansetzte, dem Begriff der Versammlung zu viele Veranstaltungen subsumierte oder die Parteien zu reichlich finanzierte.

Das Bundesverfassungsgericht verabschiedet sich also

von der Tradition dogmatischer Rechtswissenschaft und Rechtsprechung und wechselt zur Tradition kasuistischer Rechtsprechung. Mit dem Abschied ist der Abschied von der Selbstbindung durch Dogmatik verbunden, und mit dem Wechsel könnte entsprechend der Wechsel zur Selbstbindung durch Präjudizien verbunden sein, mit der die kasuistische Rechtsprechung ihr *case law* zusammenhält. Aber so geschieht es nicht. An die Stelle der Selbstbindung durch Dogmatik tritt nicht eine Selbstbindung durch Präjudizien. Das Bundesverfassungsgericht befreit sich nicht von einer Selbstbindung zugunsten einer anderen. Es befreit sich von jeder Selbstbindung.

Das ist ein Prozess. Er manifestiert sich nicht in jeder Entscheidung des Bundesverfassungsgerichts; es gibt nach wie vor Entscheidungen, die ihr Ergebnis in einen dogmatischen Kontext stellen. Es ist ein Prozess, der, schon vor Jahren begonnen, noch Jahre dauern wird und an dessen Ende die Entscheidungen des Bundesverfassungsgerichts sich immer noch anders lesen werden als die Entscheidungen eines Obersten Gerichts im *case law.* Dogmatik, die nicht mehr systembildend und -bindend wirkt, prägt immer noch den Stil. Es ist ein Prozess ohne rechtliche Konflikte und Brüche, denn rechtlich geht alles mit rechten Dingen zu: Das Bundesverfassungsgericht ist rechtlich frei, sich über seine alten Entscheidungen ebenso hinwegzusetzen wie über dogmatische Systeme. Die eine wie die andere Selbstbindung wird nicht durch das Recht gestiftet, sondern nur durch Tradition.

Gleichwohl hat der Prozess seinen Preis. Mit der Selbstbindung, die verlorengeht, geht auch Fremdbindung verloren. Ohne überzeugend praktizierte Selbstbindung kann Fremdbindung nicht überzeugend gefordert werden, ohne sich in der Selbstbindung der judikativen Spitze zu bewähren, können bindende Prinzipien nicht in der Fremdbindung des judikativen Gefüges funktionieren. Daher ist es, so meine ich, kein Zufall, dass Ablehnung von unten und Korrektur von oben den Prozess begleiten. Die Entscheidungen des Bundesverfassungsgerichts bekommen ein Moment der Beliebigkeit, das es anderen Gerichten leichter macht, ihr Belieben an die Stelle des Beliebens des Bundesverfassungsgerichts zu setzen.

## 8

Ich halte den gekennzeichneten Prozess für unumkehrbar und unaufhaltsam. Gerichte haben wie alle staatlichen und gesellschaftlichen Machtzentren die Tendenz, ihre Aufgaben und Befugnisse auszuweiten. Wie sollten Selbstbindungen, die lediglich aus Traditionen leben, dieser Tendenz standhalten! Die Selbstbindung durch *stare decisis* kann ebenso erodieren wie die Selbstbindung im dogmatischen System, und manche amerikanischen Beobachter meinen denn auch, diese Erosion beim Supreme Court feststellen zu können. Für die Unumkehrbarkeit und Unaufhaltsamkeit des Prozesses spricht weiter, dass es auch ohne die Selbstbindung geht: Mehr Beliebigkeit, mehr Ablehnung von unten und Korrektur von oben, mehr Gefühl aller Beteiligten und Betroffenen dafür, dass mit den Rechtsfragen Machtfragen entschieden werden, bedeuten nicht etwa eine funktionsunfähige Gerichtsbarkeit, nur eine andere. So oder so wird das Bundesverfassungsgericht seine Stellung im politischen Prozess behaupten und auf der Beliebtheitsskala seinen zweiten Platz hinter der Polizei behalten.

Der Hauptbetroffene ist die Verfassungsrechtswissenschaft. Sie kann den Prozess nicht nur nicht aufhalten oder umkehren. Sie wird sich im Gegenteil mit dem Prozess selbst verändern. Mit der immer kasuistischeren Rechtsprechung des Bundesverfassungsgerichts, dem sie positivistisch verbunden ist, wird auch sie die Tradition dogmatischer Rechtswissenschaft, von der sie sich schon länger entfernt, immer mehr hinter sich lassen. Dabei werden Funktionen nicht mehr erfüllt werden, die die Dogmatik erfüllt. Mein Lehrer Adalbert Podlech hat die Funktionen einmal so beschrieben: Dogmatische Theorien haben erstens die Funktion, den Rechtsstoff lernbar zu machen, sie haben zweitens die Funktion, Lücken im Recht zu füllen und Kollisionen im Recht zu entscheiden, und sie haben drittens die Funktion, in der rechtspolitischen Diskussion die rechtlichen Folgen einer intendierten rechtlichen Regelung zu prognostizieren. Für die zweite Funktion gilt, dass sie auch in einer Welt der Kasuistik erfüllt wird; wie in einer Welt der Dogmatik die Lücken durch dogmatische Theorien gefüllt und die Kollisionen durch dogmatische Theorien entschieden werden, werden sie in einer Welt der Kasuistik durch die nächste einschlägige Entscheidung gefüllt beziehungsweise entschieden. Für die erste und dritte Funktion gilt dies nicht gleichermaßen.

Zwar wird auch in Amerika Verfassungsrecht gelernt und gelehrt. Aber was die Studenten und Studentinnen behalten und auch allein behalten können, sind ein paar große Fälle und Entscheidungen, *landmark cases* und *decisions*, und wer sich in der Fülle des Verfassungsrechts, das heißt, der Verfassungsrechtsprechung auskennen will, muss sich darauf eigens spezialisieren. Nur dogmatische Theorien entheben ein Rechtsgebiet der Esoterik der Spezialisten. Da es schwieriger und schwieriger wird, die Rechtsprechung des Bundesverfassungsgerichts in dogmatischen Theorien rational zu rekonstruieren und zu systematisieren, wird das Lehren und Lernen des Verfassungsrechts auch bei uns schwieriger und schwieriger werden – etwas für Spezialisten.

Entsprechend schwierig ist es geworden, in der rechtspolitischen Diskussion das bundesverfassungsgerichtliche Urteil über eine einfach-rechtliche Regelung zu prognostizieren. Wenn ich zu Prognosen aufgefordert werde, antworte ich inzwischen weniger und weniger aus meiner Kenntnis dessen, was dogmatisch passen und stimmen würde, und mehr und mehr aus meiner Kenntnis und Einschätzung der Richter und Richterinnen des jeweiligen Senats. Das ist, was auch ein amerikanischer Verfassungsrechtswissenschaftler macht, wenn er zu Prognosen aufgefordert wird.

Ich stelle das alles nicht ohne Trauer fest. Mir ist es um die Verfassungsrechtswissenschaft als eine dogmatische Wissenschaft leid. Denn dogmatische Theorien haben nicht nur die genannten Funktionen. Sie stehen als wissenschaftliche Theorien auch unter wissenschaftstheoretisch begründeten Forderungen der Konsistenz, Abgeschlossenheit, Ausdruckskonstanz, Überprüfbarkeit und Fruchtbarkeit, die Rationalität verbürgen. Es ist eine spezifisch juristische Rationalität, denn die Forderungen der Überprüfbarkeit und Fruchtbarkeit haben für die juristische Wissenschaft eine spezifische Qualität. Sie gelten besonders dem Verhältnis zu den Sätzen des positiven Rechts; an ihnen werden dogmatische Theorien überprüft, falsifiziert und bewährt, und an ihnen erweisen sie sich als fruchtbar, indem sie Probleme zu lösen und Entscheidungen zu treffen erlauben, die allein mit den Sätzen des positiven Rechts nicht oder nicht so zu lösen beziehungsweise zu treffen wären. Auch die Gerechtigkeit dogmatischer Theorien ist ein Aspekt ihrer Fruchtbarkeit; sie fordert den Einschluss von Grundsätzen, die wie der Grundsatz der Verhältnismäßigkeit als Diskussionsschemata für die Folgen rechtlicher Regelungen fungieren.

Spezifisch ist die Rationalität dogmatischer Theorien nicht nur gegenüber der Rationalität anderer wissenschaftlicher Theorien. Bezogen auf die Sätze des positiven Rechts, sich auf die Berücksichtigung von Folgen beschränkend und der eigenständigen Setzung und Wertung von Zielen enthaltend, ist sie spezifisch auch gegenüber der Rationalität, die dem politischen Diskurs und der politischen Entscheidung eignet. Ich dachte immer, dass diese spezifisch juristische Rationalität eine wichtige gesellschaftliche Funktion hat und dass, sie zur Entfaltung und Geltung zu bringen, überdies der juristischen Wissenschaft ihre Ehre gibt.

Aber die Entwicklung der Verfassungsrechtswissenschaft geht in eine andere Richtung, und ich will sie darum nicht denunzieren. Ich sehe die Chancen, die die Entwicklung der Verfassungsrechtswissenschaft eröffnet. Die gewisse Beliebigkeit der Entscheidungen des Bundesverfassungsgerichts hilft der Verfassungsrechtswissenschaft vielleicht, sich aus dem Bundesverfassungsgerichtspositivismus zu befreien, in den sie sich, als das Bundesverfassungsgericht wichtiger und mächtiger wurde, zunächst begeben hat. In einem freundlichen Zukunftsszenarium ist die Verfassungsrechtswissenschaft, die sich nicht mehr für dogmatische Systeme, sondern allenfalls für Prinzipien interessiert, fall- und problemorientiert, sensibel für die hinter den Rechtsfragen stehenden Machtfragen, kritisch, politisch, konfliktfähig und -freudig, dem allgemeinen gesellschaftlichen und politischen Diskurs so nahe, wie sie es als dogmatische Wissenschaft nicht sein konnte. Es ist nicht mehr meine Verfassungsrechtswissenschaft, aber eine, der ich ähnlich in Amerika begegne und die ich funktionieren gesehen und respektieren gelernt habe.

# Die Würde in vitro
## Zur Debatte des Bundestags um die Präimplantationsdiagnostik

### I

Die Debatte des Bundestags darüber, ob die Präimplantationsdiagnostik völlig verboten oder auf die eine oder andere Weise ein bisschen erlaubt werden soll, wird in den Medien als große Stunde des Parlaments gefeiert werden. Das geschieht immer, wenn die Abgeordneten ein großes moralisches und rechtliches Problem ohne Fraktionsbindung beraten, allein der Sache verpflichtet und ihrem Gewissen verantwortlich. Das große moralische und rechtliche Problem soll hier sein, ob oder wie die Präimplantationsdiagnostik mit der Achtung und dem Schutz menschlichen Lebens und menschlicher Würde vereinbar ist.

Um die Achtung und den Schutz der befruchteten Eizelle, um die es geht, wird sonst wenig Aufhebens gemacht. Die Hälfte aller befruchteten Eizellen geht ab, bevor sie sich in der Gebärmutter einnisten können. Das wird vom Menschen weder verursacht, noch kann es von ihm verhindert und verboten werden. Aber das Sterben und der Tod dieses menschlichen Lebens, dem menschliche Würde zu eigen sein soll, werden auch nicht betrauert: keine Reden, keine Klagen, keine Messen.

Zahllose befruchtete Eizellen gehen ab, weil eine Spirale die Einnistung verhindert. Hier ist nicht mehr die Natur die Ursache, sondern der Mensch, und die Zerstörung des menschlichen Lebens und die Antastung der menschlichen Würde, die in der Zerstörung des menschlichen Lebens liegen soll, könnten verboten werden. Zwar wird die Verwendung eines Intrauterinpessars, also einer Spirale, von manchen moralisch verurteilt. Aber ein rechtliches Verbot wird von niemandem erwogen.

Auch nach der Einnistung gehen befruchtete Eizellen ab, und die Ursache ist teils die Natur und teils der Mensch. Ein Fünftel aller befruchteten Eizellen geht nach der Einnistung von selbst ab, und hier wird manchmal auch getrauert, nicht über Leben und Würde, aber über die Enttäuschung eines Kinderwunsches. Außerdem kann die Schwangere den Embryo abtreiben, nachdem sie an einer Beratung teilgenommen und eine dreitägige Bedenkzeit eingehalten hat. Wieder wird von niemandem ein Verbot erwogen, das zum Schutz des Lebens und der Würde des Embryos den Schwangerschaftsabbruch erschweren und die Freiheit der Schwangeren einschränken würde.

Am Schutz von Leben und Würde des auf natürliche Weise gezeugten Embryos zeigt sich der Gesetzgeber wenig interessiert.

## 2

Das Interesse des Gesetzgebers gilt dem Schutz des Embryos, der künstlich in der Petrischale gezeugt wurde. Er soll vor der Präimplantationsdiagnostik geschützt werden, weil sie zur Nicht-Einpflanzung des Embryos und damit zur Zerstörung menschlichen Lebens und Antastung menschlicher Würde führen könne. Das Verbot oder die Beschränkung der Präimplantationsdiagnostik kann den in vitro gezeugten Embryo zwar nur bis zur Einpflanzung schützen. Aber bis zur Einpflanzung soll ihm die Zerstörung seines Lebens und Antastung seiner Würde, die dem in vivo Gezeugten zustoßen kann, nicht zustoßen. Erst danach soll der eine Embryo so schutzlos oder so geschützt sein wie der andere.

Das reimt sich nicht zusammen, und es reimt sich nicht auf die Achtung und den Schutz menschlichen Lebens und menschlicher Würde. Es reimt sich auch dann nicht, wenn auf die Entscheidung abgestellt wird, die mit der Präimplantationsdiagnostik vorbereitet wird. Die Entscheidung, ob ein Embryo eingepflanzt oder nicht eingepflanzt werden soll, soll mit ihrer Unterscheidung von einpflanzungs- und lebenswürdigen und einpflanzungs- und lebensunwürdigen Embryonen diskriminierend sein. Weil die Präimplantationsdiagnostik die Entscheidung gegen die Geburt eines behinderten Kinds vorbereite, deklariere sie Behinderte als lebensunwürdig.

Aber ohne Entscheidung geht es nur da, wo die Natur sich überlassen ist. Sich überlassen, lässt sie befruchtete Eizellen vor oder nach der Einnistung abgehen; sie wählt aus, welche befruchteten Eizellen tauglich und welche untauglich sind. Wenn die Zeugung nicht mehr natürlich, sondern künstlich geschieht, sind Entscheidungen unvermeidlich. Die Frau, der die Eizelle entnommen wurde, muss entscheiden, ob ihr die befruchtete Eizelle eingepflanzt oder nicht eingepflanzt werden soll. Wird nach der Einpflanzung diagnostiziert, dass die Geburt eines behinderten Kinds bevorsteht, muss sie entscheiden, ob sie der Belastung der Behinderung gewachsen ist oder die Schwangerschaft abbrechen soll. Das Recht lässt beide Entscheidungen ebenso zu, wie es die Pränataldiagnostik zulässt, die die Entscheidung über Abbruch oder Nicht-Abbruch vorbereitet.

Besonders augenfällig werden die Ungereimtheiten im Fall der Frau, die über fünfunddreißig Jahre alt ist, die nach In-vitro-Fertilisation und ohne Präimplantationsdiagnostik schwanger wurde und der wie allen über fünfunddreißig Jahre alten Schwangeren zur Pränataldiagnostik geraten wird, zu der häufig der riskante Eingriff der Amniozentese gehört. Dabei wird geprüft, was auch schon bei der Präimplantationsdiagnostik hätte geprüft werden können – nun aber mit dem Risiko, dass der Eingriff zum Abbruch der Schwangerschaft eines gesunden Kindes führt.

## 3

Die Ungereimtheiten finden eine gewisse Erklärung darin, dass der Kampf um die Präimplantationsdiagnostik ein Nachhutgefecht des Kampfs um den Schwangerschaftsabbruch ist. Zwar kann der Frau, die sich der Belastung der Behinderung nicht gewachsen fühlt, die Verweigerung der Geburt eines behinderten Kindes nicht mehr verboten werden. Aber sie kann ihr schwergemacht werden; wenn sie schon verweigern will, soll sie mit der Schwangerschaft und dem Leid des Schwangerschaftsabbruchs zahlen, statt einfach die Einpflanzung abzulehnen.

Dazu kommt das Erschrecken darüber, dass der Bereich dessen, was dem Menschen unverfügbar ist, weil es in der Macht des Schicksals steht oder in der Hand Gottes liegt, schwindet. Dass Kinderlosigkeit nicht mehr über Paare verhängt ist, dass Kinder nicht nur in vivo, sondern auch in vitro gezeugt und nicht nur von der eigenen Mutter, sondern auch von einer anderen Frau ausgetragen werden können, dass bei Kindern vieles, was immer ein Geheimnis war, nicht mehr ein Geheimnis ist, sondern diagnostiziert und prognostiziert werden kann und dass Kinder vorstellbar sind, die designt und geklont sind – das alles erschreckt derart, dass die modernen Mittel dieser Entwicklung abgelehnt werden, selbst wenn sie nicht mehr anrichten, als die gewohnten Mittel angerichtet haben; nicht mehr als das Intrauterinpessar, das es seit fast hundert Jahren, und nicht mehr als der Schwangerschaftsabbruch, den es seit Jahrtausenden gibt.

Schließlich wirft auch die nationalsozialistische Vergangenheit ihren langen Schatten auf die Diskussion um die Präimplantationsdiagnostik. Die Entscheidung, die mit der Präimplantationsdiagnostik vorbereitet wird, wird als Selektion paraphrasiert und gelegentlich sogar ausdrücklich mit der Selektion an der Rampe in Auschwitz verglichen. Das ist, wo es nicht einfach ein billiges Mittel der Diskreditierung ist, vermutlich ein gutgemeinter Versuch, aus der nationalsozialistischen Vergangenheit die Lehre zu ziehen.

Den Ungereimtheiten hilft das nicht ab. Die Frau, die sich der Belastung der Behinderung nicht gewachsen fühlt, leiden zu lassen mutet zynisch an. Das Erschrecken über den schwindenden Bereich des Unverfügbaren ist bei aller Liebenswürdigkeit weltfremd und der Vergleich der Präimplantationsdiagnostik mit Auschwitz bei aller guten Absicht peinlich.

## 4

Dreist ist der Paternalismus, den sich der Gesetzgeber mit allen drei vorliegenden Regelungsentwürfen anmaßt. Ob er mit dem einen Entwurf die Präimplantationsdiagnostik überhaupt verbieten oder ob er sie mit den anderen Entwürfen mehr oder weniger engen Indikationen-Regimen und Kontrollen durch Ethikkommissionen unterwerfen will – ihn leitet die Vorstellung von verantwortungslosen Eltern, die es zu gängeln gilt.

Wie kommen die Abgeordneten zu dieser Vorstellung? Haben sie in ihrem Freundes- und Bekanntenkreis keine Paare, die die Mühen einer künstlichen Befruchtung auf sich genommen haben? Konnten sie nicht mit dem einen oder anderen solchen Paar reden, vor allem ihm zuhören?

Die Tests, irritierend für den Mann und schmerzhaft für die Frau, die hormonelle Stimulation, das Absaugen der Eizellen unter Narkose, die Risiken, die für die Frau mit beidem verbunden sind, die Übertragung der befruchteten Eizellen, die mehrfache Wiederholung der Prozedur, weil nicht einmal bei einem Drittel der befruchteten und übertragenen Eizellen eine Schwangerschaft entsteht und es nicht einmal bei einem Fünftel zur Geburt kommt – all das nehmen Eltern und nimmt besonders die Frau auf sich, weil sie sich ein Kind wünschen: nicht ein Designerkind mit blondem Haar und blauen Augen, nicht ein Kind mit diesem statt jenem Geschlecht, sondern einfach ein gesundes Kind. Ein Kind, das wie alle Kinder ist und es nicht immer einfach haben wird, Störungen überwinden und auswachsen muss, vielleicht auch auf die eine oder andere Weise gezeichnet bleibt, aber letztlich ein erfülltes und glückliches Leben haben kann. Manche Eltern werden sich nach der Präimplantationsdiagnostik gegen die Übertragung entscheiden. Aber wer es sich mit der künstlichen Befruchtung so schwergemacht hat, macht es sich mit der Entscheidung nicht leicht, sondern trifft sie gewissenhaft und sorgfältig.

Wie gering muss man von Eltern denken, wenn man ihnen diese Entscheidung nicht zutraut. Wenn man meint, sie ihnen verwehren oder ihnen Indikationen vorgeben und Ethikkommissionen beigesellen zu müssen. Wenn man ihnen unterstellt, andernfalls würden sie Kinder mit Problemen einfach aussortieren. Diese Eltern sind eine Karikatur, wie im Kampf um den Schwangerschaftsabbruch die Frau eine Karikatur war, die die Schwangerschaft abbrach, weil sie das Reiten nicht aufgeben oder eine Reise nicht verschieben wollte.

Vielleicht gibt es Fälle, in denen die Wirklichkeit die Karikatur einlöst. Vielleicht gibt es das Paar wirklich, das nach der Designerwohnung und dem Designerauto und der Designergarderobe auch ein Designerkind will. Aber so wie dieses Paar die Designergarderobe, die es in Deutschland nicht findet, in einem anderen Land kauft, fährt es auch für das Designerkind, das es in Deutschland nicht haben kann, in ein anderes Land. Dass es Fälle gibt, in denen die Wirklichkeit die Karikatur einlöst, ist kein Grund, die Karikatur zum Maßstab der Regelung zu machen.

## 5

In der Debatte des Bundestags um die Präimplantationsdiagnostik werden die Abgeordneten große Worte finden und einen hohen Ton anschlagen. Aber die Lösung des Regelungsproblems, die aus dem Schatten der nationalsozialistischen Vergangenheit tritt, den Kampf um den Schwangerschaftsabbruch hinter sich lässt und die Entscheidung zur Präimplantationsdiagnostik in die Hände der Eltern gibt, in denen auch die Entscheidung über Zeugung, Schwangerschaft und Geburt liegt, wird gar nicht zur Sprache kommen. Die Ungereimtheiten des Lebens- und Würdeschutzes werden die Abgeordneten in ihren Reden aussparen, und sie werden die Eltern aussparen – oder sie als Karikatur vorführen, vor der die Embryonen zu schützen sind. Eine große Stunde des Parlaments?

# Glaube und Zweifel

# Die Freiheit des Christen

## Predigt über Lukas 16, 19–31

*Es war aber ein reicher Mann, der kleidete sich mit Purpur und köstlicher Leinwand und lebte alle Tage herrlich und in Freuden. Es war aber ein Armer mit Namen Lazarus, der lag vor seiner Tür voller Schwären und begehrte sich zu sättigen von den Brosamen, die von des Reichen Tische fielen; doch kamen die Hunde und leckten ihm seine Schwären. Es begab sich aber, dass der Arme starb und ward getragen von den Engeln in Abrahams Schoß. Der Reiche aber starb auch und ward begraben. Als er nun in der Hölle und in der Qual war, hub er seine Augen auf und sah Abraham von ferne und Lazarus in seinem Schoß. Und er rief und sprach: Vater Abraham, erbarme dich mein und sende Lazarus, dass er das Äußerste seines Fingers ins Wasser tauche und kühle meine Zunge; denn ich leide Pein in dieser Flamme. Abraham aber sprach: Gedenke, Sohn, dass du dein Gutes empfangen hast in deinem Leben, und Lazarus dagegen hat Böses empfangen; nun aber wird er getröstet, und du wirst gepeinigt. Und über das alles ist zwischen uns und euch eine große Kluft befestigt, dass die da wollten von hinnen hinabfahren zu euch, könnten nicht, und auch nicht von dannen zu uns herüberfahren. Da sprach er: So bitte ich dich, Vater, dass du ihn sendest in meines Vaters Haus; denn ich habe noch fünf Brüder, dass er ihnen bezeuge, auf dass sie nicht auch kommen an diesen Ort der Qual. Abraham sprach zu ihm: Sie haben Mose und die Propheten; lass sie dieselben hören. Er aber sprach: Nein, Vater Abraham! sondern wenn einer von den Toten zu ihnen ginge, so würden sie Buße tun. Er sprach zu ihm: Hören sie Mose und die Propheten nicht, so werden sie auch nicht glauben, wenn jemand von den Toten aufstünde.*

Was trifft uns schwerer: Unglück oder Unrecht? Die verhagelte Kirschernte oder die gestohlene, dass die Tante nichts zu vererben hatte oder dass der Onkel uns um das Erbe betrogen hat, dass eine Sache nicht mit rechten Dingen zugeht oder dass sie einfach dumm und schiefläuft? Gewiss, das kleine Unglück verblasst neben dem großen Unrecht und das kleine Unrecht neben dem großen Unglück. Aber wie steht es, wenn der Schaden gleich groß ist? Dass uns die verhagelte Kirschernte ärgert, aber die gestohlene empört, dass wir es schade finden, wenn es kein Erbe gibt, aber gemein, wenn wir um es betrogen werden, heißt nicht, dass wir das Unglück leichter nehmen als das Unrecht. Die Zeit und Kraft, die viele für den Kampf um ihr Recht aufwenden und die nicht selten über das hinausgeht, was ihnen die Sache eigentlich wert ist, zeigt etwas anderes an. Gegen ein Unrecht kann argumentiert, gestritten, gekämpft werden, gegen ein Unrecht kann das Recht wieder zur Geltung gebracht werden. Wo es um Unrecht geht, geht es auch um Recht und geht es sinnvoll zu. Wo es um Unglück und Glück geht, waltet kein Sinn, sondern Zufall.

Weil wir sinnvoll in einer sinnvollen Welt leben wollen, ist uns das Bedürfnis nach Recht und Gerechtigkeit tief und von früh an eingewurzelt und oft stärker als das Streben nach Glück und Nutzen. Weil wir Geschehnisse, Ereignisse, Verhängnisse als sinnvoll verstehen wollen, verstehen wir sie lieber als Geschichten um Recht und Unrecht, Belohnung und Strafe, statt als Zufalls-, Glücks- und Unglücksgeschichten. So nimmt auch nicht wunder, dass das Gleichnis, mit dem wir uns heute Morgen beschäftigen, regelmäßig als Gerechtigkeitsgleichnis interpretiert wird.

Schon die alte ägyptische oder jüdische Erzählung, an die das Gleichnis angelehnt ist, wurde als Gerechtigkeitsgeschichte verstanden: als Geschichte ausgleichender göttlicher Gerechtigkeit, die die Bilanz des Lebens nach dem Tod in Ordnung bringt und dem Armen gibt, wovon er zu wenig, und dem Reichen nimmt, wovon er zu viel hatte. Aber das lässt uns sofort stutzen. Nur weil Lazarus ein Leben lang arm war, soll er's auf Ewigkeit gut haben? Nur weil der reiche Mann es ein Leben lang gut hatte, soll er auf Ewigkeit leiden?

Anders als das Gerechtigkeitsempfinden der alten Ägypter und Juden fand das spätere und findet das heutige Gerechtigkeitsempfinden diesen Ausgleich nicht akzeptabel. Dass der arme Lazarus es im Leben schlecht und der reiche Mann es im Leben gut getroffen hatte, kann nicht alles gewesen sein. Damit Gott so belohnen und bestrafen konnte, muss mehr gewesen sein. Statt in den Umständen, unter denen der arme Lazarus und der reiche Mann lebten, suchte das spätere Gerechtigkeitsempfinden eine Erklärung für die göttliche Belohnung und Bestrafung in dem Verhalten der beiden. Es machte aus dem reichen einen bösen Mann, der vom armen Lazarus um Hilfe gebeten wurde, die Hilfe aber verweigert hat. Oder der, wenn schon nicht vom armen Lazarus um Hilfe gebeten, doch selbst gesehen hat, dass er helfen könnte, die Hilfe aber unterlassen hat. Oder der zwar nicht gesehen hat, dass er helfen könnte, aber es hätte sehen können. Wie auch immer – der reiche Mann wird zum bösen, zumindest zum gedanken- und rücksichtslosen Egoisten, der weder Gott noch seinen Nächsten liebt. Bekennt nicht der reiche Mann selbst, dass er böse ist, indem er Abraham bittet, seine Brüder warnen zu lassen? Warnen wovor, wenn nicht vor einem falschen, bösen, egoistischen Verhalten?

Aber das genügt noch nicht, um das Gerechtigkeitsempfinden mit dem Gleichnis zu versöhnen. Der reiche Mann wird dafür bestraft, dass er böse ist. Aber wofür wird der arme Lazarus belohnt? Auf seinen Namen wird verwiesen, in dem das hebräische Eleazer steckt, das »Gott hilft« bedeutet. Dadurch werde angezeigt, dass der arme Lazarus voller Vertrauen und Zuversicht in Gottes Gnade und Güte gewesen sei, ein gläubiger Mensch. Martin Luther verzichtet auf die Etymologie und argumentiert einfach, dass der arme Lazarus sich nicht in Abrahams Schoß fände, wenn er Gott nicht gefiele, und dass er Gott nicht gefiele, wenn er nicht Gott und seinen Nächsten geliebt hätte; zu tätiger Nächstenliebe sei er bereit, er sei dazu lediglich zu arm und zu krank gewesen.

Noch durch einen weiteren Interpretationsschritt versucht das Gerechtigkeitsempfinden sich der Gerechtigkeit des Gleichnisses zu versichern. Der reiche Mann sei nach seinem Tod nicht wirklich in der Hölle, der arme Lazarus nach seinem nicht wirklich im Himmel. Denn den Zugang zu Hölle und Himmel eröffne erst der Jüngste Tag, bei dem die beiden vor Gottes Gericht und unter Gottes Gnade stünden. Was dann passiere, könnten wir nicht wissen. Wir wüssten nur, dass bis dahin der reiche Mann an seinem schlechten Gewissen leide und der arme Lazarus im Glauben bewahrt und behütet werde.

Hat also alles seine Richtigkeit und Gerechtigkeit? Der böse reiche Mann wird bestraft, der gute arme Lazarus wird belohnt, und Bestrafung und Belohnung wahren das Maß des Vorläufigen und überlassen das endgültige Urteil Gottes Gericht und Gnade am Jüngsten Tag?

Nein, so findet zwar unser Gerechtigkeitsempfinden seinen Frieden, geht aber das Gleichnis nicht auf. Das Gleichnis sagt nichts davon, dass der reiche Mann böse war. Es sagt nur, dass er sich prächtig kleidete und herrlich und in Freuden lebte – auch Martin Luther meint, dass viele Könige und Königinnen es nicht anders getan und zugleich ein heiliges Leben geführt haben. Martin Luther meint weiter, dass der reiche Mann sich dadurch von den Königen und Königinnen unterscheide, dass er, so heißt es im Gleichnis, alle Tage herrlich und in Freuden gelebt hat, woraus folge, dass er an nichts als an sein genussreiches Leben gedacht, sich um nichts als um sein genussreiches Leben gesorgt habe. Aber davon sagt das Gleichnis wieder nichts. Vielleicht ging der reiche Mann, wie es sich gehörte, in den Tempel, gab, wie es sich gehörte, Almosen, kümmerte sich, wie es sich gehörte, um die Armen und nahm lediglich am Schicksal des armen Lazarus keinen Anteil. Warum hätte er auch sollen? Nur weil der arme Lazarus sich ausgerechnet vor seiner Tür breitgemacht hat? Sind wir denen besonders verpflichtet, die sich uns besonders aufdringlich nähern?

Das Gleichnis ist kein Gerechtigkeitsgleichnis. Sein Sinn ist nicht der, den wir uns gerne auf schwierig zu verstehende Geschehnisse machen, indem wir das Glück zum Recht und das Unglück zum Unrecht machen. Sein Sinn ist anders, er ist radikaler. Das Gleichnis handelt von zwei Männern, die sich in verschiedenen Lebensumständen befinden, der eine in guten, der andere in schlechten. Wie sie in diese Lebensumstände geraten sind, ob verdient oder unverdient, und wie sie sich in diesen Lebensumständen verhalten, ob anständig oder unanständig, sagt das Gleichnis nicht und interessiert es nicht. Das Gleichnis interessiert nur, dass der reiche Mann reich und der arme Lazarus arm ist. Für den reichen Mann erweist sich sein Reichtum als Unglück und für den armen Lazarus seine Armut als Glück.

Immerhin hätte der reiche Mann sein Unglück wenden können. In einer späteren Geschichte berichtet der Evangelist Lukas, wie Jesus einem anderen reichen Mann auf die Frage, was zur Erlangung des ewigen Lebens zu tun sei, sagt, dass er, was er hat, den Armen geben und Jesus folgen soll. Als Jesus sieht, dass das den reichen Mann hart ankommt, spricht er: »Wie schwer werden die Reichen in das Reich Gottes kommen! Es ist leichter, dass ein Kamel gehe durch ein Nadelöhr, denn dass ein Reicher in das Reich Gottes komme.« Auch die Botschaft des Gleichnisses vom reichen Mann und armen Lazarus ist, dass eher ein Kamel durchs Nadelöhr geht, als dass ein Reicher ins Himmelreich kommt. Wir können sie nicht wegdeuten. Wir können uns nur fragen, was es mit ihr auf sich hat. Was ist falsch daran, reich zu sein?

Die erste Antwort, die ich mir überlegt habe, als ich mich mit dem Gleichnis beschäftigt und auf heute Morgen vorbereitet habe, geht so: Reich werden wollen, reich werden, reich sein und reich bleiben wollen – es bündelt unsere Lebensenergie auf falsche Weise. Leben ist mehr als reich werden und reich sein. Es ist vor allem anderen, sich auf die Menschen einlassen, die uns begegnen, von denen, die wir uns aussuchen, bis zu denen, die ohne oder sogar gegen unseren Wunsch unseren Lebensweg kreuzen oder eine Lebenssituation mit uns teilen, von unserer Frau oder unserem Mann über unsere Kinder, Freunde, Kollegen und Kunden bis zu denen, die uns lästig, hinderlich, ärgerlich sind, bis zu Lazarus. Der wahre Reichtum sind die Menschen, die uns begegnen – wenn wir uns auf sie einlassen, wenn wir mit ihnen reden und arbeiten, trauern und feiern, bangen und hoffen, wenn wir mit ihnen teilen, Gutes wie Schlechtes.

Aber diese Antwort reicht nicht. Das alles kann man tun und haben, auch wenn man reich ist. Vielleicht war sogar der reiche Mann des Gleichnisses den meisten Menschen, mit denen er zu tun hatte, durchaus zugetan – wir wissen es nicht. Es gibt genug Beispiele für Reiche, die großzügig geben, fördern und helfen. Die sich um die kümmern, die in Not sind. Die nicht einmal zulassen, dass ein Lazarus hungrig und krank vor ihrer Tür liegt.

Nein, die Botschaft des Gleichnisses ist noch radikaler. Es geht nicht darum, dass der wahre Reichtum des Lebens nicht Geld und Gut, sondern die Menschen sind. Es geht auch nicht darum, dass die wahre Aufgabe des Lebens das

Geben und Helfen und Kümmern ist. Wenn Jesus zum reichen Mann sagt, er solle, was er hat, den Armen geben, dann geht es nicht darum, dass er ein soziales Werk aufbauen und betreiben soll. Er soll, was er hat, den Armen geben, um es loszuwerden und um frei zu sein, Jesus zu folgen.

Die radikale Botschaft des Gleichnisses geht dahin, dass wir, wenn in dieser Welt, nicht von dieser Welt sein sollen. Was uns in dieser Welt hält, was wir in sie investiert haben und an Ertrag aus ihr ziehen, woran wir unser Geld, unseren Verstand und unser Herz hängen, was uns in dieser Welt lieb und teuer ist, das sollen wir auch sein- und gehenlassen können. Wir sollen eingedenk dessen leben, dass das Eigentliche des Lebens etwas anderes ist als unser Machen und Haben, unser Erfolg und unser Reichtum – besonders als unser Reichtum, der uns in der Welt und ihrem Spiel hält wie nichts anderes. Das Eigentliche des Lebens ist unsere Seele und deren ewiges Leben.

Das hätten wir nun gerne etwas genauer und zuverlässiger. Was ist das ewige Leben, um dessentwillen wir aufgeben sollen, was wir in dieser Welt haben und was uns in dieser Welt hält? Was bringt es uns? Wie sieht es aus? Gibt es das ewige Leben überhaupt?

Das Gleichnis gibt uns dazu Bescheid, auch wenn es unsere Neugier nicht befriedigt. Es gibt uns den Bescheid, dass wir keine genauere und zuverlässigere Auskunft kriegen. Gott weigert sich, jemanden aus dem Jenseits zu schicken, der uns die Auskunft geben könnte. Wir haben die Worte der Propheten, wir haben die Worte Jesu, und mit ihnen müssen wir uns begnügen.

Dass wir in dieser Welt doch nicht von dieser Welt sind,

ist eine Sache des Glaubens. Des Glaubens an das ewige Leben, auf das sich vorbereitet, wer Jesus nachzufolgen versucht. Zugleich und zum Trost für den, der sich, wie ich, mit dem Glauben an das ewige Leben schwertut, ist es eine Sache der Erfahrung. Einer wirklichen, lebensweltlichen, alltäglichen Erfahrung. Der Erfahrung der Freiheit, die daraus erwächst, dass wir uns auf die Umstände, in denen wir leben, nicht festlegen und uns durch sie nicht festlegen lassen. Dass wir unser Herz nicht an die Dinge hängen, die wir haben, nicht an die Orte, in denen wir leben, nicht an die Aufgaben, für die wir arbeiten. Dass wir vielmehr loslassen können, manchmal sogar die Menschen, dass wir immer wieder aufbrechen, immer wieder anfangen können. Dass wir, sind wir den Ballast des Reichtums erst einmal los, durch alle Nadelöhre schlüpfen können. Es ist diese Freiheit des Christen, die uns das Gleichnis lehrt.

# Gutes tun und Freude teilen

## Predigt über Matthäus 25, 31–46

*Wenn aber des Menschen Sohn kommen wird in seiner Herrlichkeit und alle heiligen Engel mit ihm, dann wird er sitzen auf dem Stuhl seiner Herrlichkeit, und werden vor ihm alle Völker versammelt werden. Und er wird sie voneinander scheiden, gleich als ein Hirte die Schafe von den Böcken scheidet, und wird die Schafe zu seiner Rechten stellen und die Böcke zur Linken. Da wird dann der König sagen zu denen zu seiner Rechten: Kommt her, ihr Gesegneten meines Vaters, ererbet das Reich, das euch bereitet ist von Anbeginn der Welt! Denn ich bin hungrig gewesen, und ihr habt mich gespeist. Ich bin durstig gewesen, und ihr habt mich getränkt. Ich bin ein Gast gewesen, und ihr habt mich beherbergt. Ich bin nackt gewesen, und ihr habt mich bekleidet. Ich bin krank gewesen, und ihr habt mich besucht. Ich bin gefangen gewesen, und ihr seid zu mir gekommen. Dann werden ihm die Gerechten antworten und sagen: Herr, wann haben wir dich hungrig gesehen und haben dich gespeist? oder durstig und haben dich getränkt? Wann haben wir dich als einen Gast gesehen und beherbergt? oder nackt und haben dich bekleidet? Wann haben wir dich krank oder gefangen gesehen und sind zu dir gekommen? Und der König wird antworten und sagen zu ihnen: Wahrlich ich sage euch: Was ihr getan habt einem unter diesen meinen geringsten Brüdern, das habt ihr mir getan. Dann wird er auch sagen zu denen zur Linken: Gehet hin von mir, ihr Verfluchten, in das ewige Feuer, das bereitet ist dem Teufel und seinen Engeln! Ich bin hungrig gewesen, und ihr habt mich nicht gespeist. Ich bin durstig gewesen, und ihr habt mich nicht getränkt. Ich bin ein Gast gewesen, und ihr habt mich nicht beherbergt. Ich bin nackt gewesen, und ihr habt mich nicht bekleidet. Ich bin krank und gefangen gewesen, und ihr habt mich nicht besucht. Da werden sie ihm auch antworten und sagen: Herr, wann haben wir dich gesehen hungrig oder durstig oder als einen Gast oder nackt oder krank oder gefangen und haben dir nicht gedient? Dann wird er ihnen antworten und sagen: Wahrlich ich sage euch: Was ihr nicht getan habt einem unter diesen Geringsten, das habt ihr mir auch nicht getan. Und sie werden in die ewige Pein gehen, aber die Gerechten in das ewige Leben.*

»Was ihr einem der Geringsten getan habt, das habt ihr mir getan« – ohne zu wissen, an welcher Stelle und in welchem Zusammenhang der Satz in der Bibel steht, habe ich ihn immer geliebt. Er stand mir dafür, dass nichts Gutes, das wir einander tun, verlorengeht: keine Hilfe, die wir leisten, keine Ermutigung, die wir geben, keine Freundlichkeit, die wir erweisen. Manchmal habe ich etwas Gutes getan und wurde gefragt, warum ich das tue und ob es lohne, und fand, dass das törichte Fragen seien. Das Gute, das wir einander tun, hat seinen Sinn unabhängig davon, warum wir es tun und ob der Ertrag den Aufwand lohnt – es stimmt einfach als Weise des miteinander in der Welt Seins. Überdies hat, dem anderen freundlich zu begegnen, seinen Lohn oft darin, dass es die Freundlichkeit des anderen weckt – es gibt, neben dem Sport, kein besseres Mittel gegen Depression als dieses Schaffen eines Raums der Freundlichkeit und das Eintreten in ihn. Aber dieser Lohn ist eine Zugabe; sie ist willkommen, aber nicht entscheidend. Auch das Gute, das wir tun, ohne einen guten Grund dafür zu haben oder dafür belohnt zu werden, geht nicht verloren und hat seinen Sinn.

Dessen bin ich mir seit langem gewiss, und für diese Gewissheit stand mir der Satz. Er galt für mich unabhängig davon, ob ich – das wechselte in meinem Leben – mit Jesus mehr oder weniger anfangen konnte, und selbst wenn ich mehr mit ihm anfangen konnte, dachte ich nicht daran, dass »das habt ihr mir getan« im Sinn eines Versprechens himmlischen Lohns – also doch noch eines Lohns! – gemeint sei. Ich dachte, es zeige an, dass unser Bewerten und Verrechnen von Taten als vernünftig, nützlich, nötig, lohnend nicht das letzte Wort ist; dass das letzte Wort vielmehr Gottes Aufforderung ist, schlicht und einfach gut miteinander umzugehen.

Als ich den Predigttext für diesen Sonntag las, merkte ich, dass der mir liebe Satz Teil eines Gerichtstexts ist. Ich weiß nicht, ob das dem Satz guttut. Ich meine natürlich nicht, ich wüsste besser als der Evangelist Matthäus, wohin seine Sätze gehören. Ich frage mich aber, ob der Gerichtszusammenhang mit der Verantwortung, die er aufbürdet, und der Belohnung und Bestrafung, die er ankündigt beziehungsweise androht, nicht eine Wahrheit verdunkelt, die für uns heute wichtiger ist als die Wahrheit der Verantwortungslast und der Belohnungen und Bestrafungen.

Lassen Sie uns zunächst ansehen, welche Verantwortung der Text aufbürdet. Er tut es allenfalls vorsichtig in der ersten Fassung des Satzes: »Was ihr einem dieser meiner geringsten Brüder getan habt, das habt ihr mir getan«, aber massiv in der zweiten: »Was ihr einem dieser Geringsten nicht getan habt, das habt ihr mir nicht getan.« Was wir *einem* nicht getan haben, haben wir Jesus nicht getan – das heißt, wir müssen allen helfen, denn solange wir nicht allen helfen, gibt es immer einen, dem wir nicht geholfen und in dem wir Jesus nicht getan haben, was wir hätten tun sollen.

Das ist umfassend und unerbittlich, und es gab Interpretationen des Texts, die sich vor dieser Umfassendheit und Unerbittlichkeit drücken wollten: Danach waren die Geringsten nur die armen und leidenden Christen, denen man als Christ zu helfen hatte, oder es waren alle Christen, denen die Nichtchristen Hilfe schuldeten, oder es waren speziell die christlichen Missionare, denen die Heiden, unter denen sie missionierten, helfen sollten. Aber diese beschränkenden Interpretationen lassen sich nicht mehr halten. Heute versteht sich für Christen wie auch für Nichtchristen, dass die Verantwortung für Armut und Leid nicht mehr auf die Menschen desselben Glaubens oder derselben Rasse oder derselben Nation beschränkt ist. Wir können vor der Not, die eine Flut oder eine Dürre oder ein Krieg irgendwo in der Welt verursachen, weder die Augen noch die Hände verschließen. Wir unterscheiden gemeinhin Grade der Verantwortung und fühlen uns mehr in der Pflicht, wenn es um Not in der eigenen Familie oder bei den eigenen Freunden oder auch im eigenen Land geht. Aber diese Gradierungen stellen den Konsens über die prinzipielle Pflicht, sich um Not zu kümmern, wo immer Not besteht, nicht in Frage.

Der Text erlaubt nicht einmal die üblichen Gradierungen. Zu helfen ist denen, die hungrig oder durstig oder Gäste oder nackt oder krank oder gefangen sind. Basta. Eine Illustration des Texts bietet das Gleichnis vom barmherzigen Samariter. Jedermann ist unser Nächster und Geringster, jedermann, der Hilfe braucht, hat Anspruch auf unsere Hilfe. Wenn wir nicht allen helfen, denen wir helfen können, genügen wir der Verantwortung nicht, die der Text uns aufbürdet.

Von Verantwortung lässt sich nur reden, wenn man die Folgen seines Handelns auch abgerechnet bekommt. Der Text handelt denn auch von dieser Abrechnung. Wer der Verantwortung nicht genügt, ist verflucht und gehört ins ewige Feuer. Das sind die zur Linken. Die zur Rechten sind gesegnet und erben das Reich.

Allerdings ist die Abrechnung komplizierter, als sie auf den ersten Blick erscheinen mag. Denn von denen, die gesegnet sind und das Reich erben, heißt es ja nicht, dass sie allen geholfen hätten, denen sie hätten helfen können. Es heißt von ihnen nur, dass sie *einem* der Geringsten geholfen und dass sie, was sie *einem* getan haben, Jesus getan haben. Bedeutet das, zu Ende gedacht, dass, wer einem der Geringsten geholfen hat, aber nicht allen, gesegnet und verflucht zugleich ist, gesegnet, weil er einem, verflucht, weil er nicht allen geholfen hat? Dass er ins ewige Feuer gehört, aber gleichwohl das Reich erbt? Wie geht das zusammen? So, dass er Gottes Gericht verdient, aber auf Gottes Gnade hoffen darf?

Der Text handelt nicht von Gottes Gnade. Er handelt von Gottes Gericht. Von denen zur Rechten und von denen zur Linken. Und zur Linken stehen nicht nur die, die keinem der Geringsten geholfen haben, obwohl sie ihm hätten helfen können. Sie blieben übrig, wenn zur Rechten alle stünden, die, weil sie immerhin einem geholfen haben, Gottes Gericht verdienen, aber Gottes Gnade erhalten. Aber nein, zur Linken stehen einfach die, die einem der Geringsten nicht geholfen haben, dem sie hätten helfen können.

Nicht nur als Jurist tue ich mich mit diesem Gericht schwer. Auch als Betroffener habe ich Probleme mit einem Gericht, bei dem über die zu erwartenden Entscheidungen derart wenig Klarheit besteht. Klar ist nur, dass nach links gehört, wer keinem der Geringsten geholfen hat, obwohl er ihm hätte helfen können. Der Rest ist unklar; wer einem der Geringsten geholfen hat, aber nicht allen, kann sich zur Rechten wie zur Linken wiederfinden. Wenn wir diese Unklarheit nicht über Gottes Gnade auflösen wollen, von der der Text, der dem Gericht gilt, gerade nicht handelt, liegt es nahe, das Mehr und das Weniger der Hilfe, die wir leisten, entscheiden zu lassen. Dann wird der Text zur Grundlage einer protestantischen Ethik, nach der wir gute Tat auf gute Tat zu häufen haben, nie gewiss, dass es reicht, schwankend zwischen Furcht und Hoffnung.

Es ist dies eine protestantische Ethik vergangener Zeiten. Heute helfen Christen wie andere Menschen, die guten Willens sind, und ihre Kirchen wie andere gemeinwohlengagierte Organisationen unserer Zivilgesellschaft. Die Hilfe speist sich eher aus dem, was nach der Befriedigung der eigenen Bedürfnisse übrig bleibt, und sie gilt eher denen, die uns näher stehen, als denen, die ferner. Von der Umfassendheit der im Text aufgebürdeten Verantwortung bleibt ein bisschen, von ihrer Unerbittlichkeit kaum etwas.

Das hat nicht zuletzt darin seinen Grund, dass uns, wenn wir ehrlich sind, die Vorstellung, verflucht zu sein und ins ewige Feuer zu gehören, kaum noch schreckt. Es schreckt uns jedenfalls nicht im wörtlichen und eigentlichen Sinn. Die Vorstellung der Hölle hat sich zur Vorstellung der Gottesferne, der Verlassen- und Verlorenheit, des Zurückgeworfenseins auf und Eingeschlossenseins in sich selbst gewandelt, zu einer eigentlich nicht jenseitigen, sondern diesseitigen Vorstellung, bei der überdies alles auf die eigene Empfindung ankommt. Ich kenne keinen Christen, der tatsächlich an eine Hölle mit ewigem Feuer glaubt. Auch der Himmel, an den die Christen, die ich kenne, glauben, bleibt vage. Vielleicht machen wir die Erfahrung der Kontinuität unserer Seele, während wir unseren Körper als hinfällig erleben, vielleicht machen wir die weitere Erfahrung, dass andere in ihren Taten und in den Menschen, denen sie begegnen, weiterleben, und haben die Hoffnung, dass es bei uns ebenso sei, vielleicht lieben wir so stark, dass wir nicht glauben können, dass die Liebe nach dem Tod nicht weiterlebt. Dann sagen wir: Nein, mit dem Tod kann nicht alles zu Ende sein, da muss noch etwas kommen. Aber wer denkt dabei an den Himmel als das Gegenstück zur Hölle?

Ja, wir haben ein Bewusstsein unserer Verantwortung für die Geringsten. Wir haben auch ein Gefühl dafür, dass wir uns vor dieser Verantwortung nicht einfach drücken können. Zwar ist kein Verlass darauf, dass gute Taten im Himmel belohnt und schlechte in der Hölle bestraft werden, und die Weltgeschichte ist auch kein verlässliches Weltgericht. Aber irgendwie vertrauen wir doch auf eine gewisse Gerechtigkeit, und sei es nur, dass, wer Schlechtes tut, zumindest nicht glücklich stirbt, und wer Gutes, immerhin das gute Gefühl hat, mit sich im Reinen zu sein.

Das bleibt hinter der umfassenden und unerbittlichen Verantwortung, die der Text uns vorhält, weit zurück. Es ist ein bisschen halbherzig, ein bisschen kompromisslerisch, ein bisschen bequem. Ich kann mir den Bußprediger vorstellen, der dies geißelt und fordert, die Umfassendheit und Unerbittlichkeit unserer Verantwortung als Christen endlich ernst zu nehmen und zu helfen und zu geben, bis wir nicht mehr haben als die Geringsten. Aber ich kann mir den Bußprediger heute nicht erfolgreich vorstellen. Ein erfolgreicher Bußprediger muss seinen Hörern vor Augen führen können, wie sie die Folgen ihres Handelns abgerechnet bekommen. Was soll der Bußprediger heute vor Augen führen?

So ist denn die Wahrheit des Texts, die heute wichtiger ist als die Wahrheit der Verantwortung und der Belohnungen und Bestrafungen, so meine ich, die Wahrheit des zweimal auftauchenden Satzes in der ersten, mir lieben Fassung: »Was ihr einem der Geringsten getan habt, das habt ihr mir getan.« Es ist die Wahrheit, dass nichts Gutes, das wir tun, verlorengeht: keine Hilfe, die wir leisten, keine Ermutigung, die wir geben, keine Freundlichkeit, die wir erweisen. Hinter unserem Bewerten und Verrechnen von Taten als lohnend, nützlich, nötig, vernünftig zählt noch etwas anderes: ob wir schlicht und einfach gut miteinander umgehen.

Dazu, dass wir gut miteinander umgehen, gehört, dass wir uns aneinander und miteinander freuen. Vielleicht gehört es überhaupt an die erste Stelle. Ohne Freude aneinander und miteinander wird alles Pflicht und Mühe. Das Freuen fällt den Nordländern schwerer als den Südländern, den Norddeutschen schwerer als den Süddeutschen, und die Berliner können besonders überzeugend unfreudig und unfreundlich sein, und dass sie ihre Unfreundlichkeit für witzig halten, macht die Sache nicht besser. Aber selbst die Berliner können sich aneinander und miteinander mit einer Intensität freuen, die historisch geworden ist.

Über den 9. November 1989 zu sprechen hat mich Pfarrer Müller bei seiner Einladung zu dieser Predigt aufgefordert. Es war der Tag, an dem wir uns aneinander und miteinander gefreut haben, wie nie davor und nie danach, Ost- und Westberliner, Ost- und Westdeutsche. Ich bin am 11. November von Bonn, wo ich damals noch lebte, nach Berlin geflogen, und wenn auch Alltag war, weil die großen historischen Stunden nun einmal in Alltage eingebettet sind, war doch in jeder Begegnung, jedem Gespräch eine einzigartige Freudigkeit, Lebendigkeit, erwartungs- und hoffnungsvolle Gestimmtheit zu spüren.

Das war nicht nur die Freude an der endlich möglichen Begegnung mit denen aus dem anderen Berlin und anderen Deutschland. Es war auch die Freude darüber, dass die Welt tatsächlich anders und besser werden kann. Dass die Menschen sie tatsächlich anders und besser machen können. Nach den Furchtbarkeiten des 20. Jahrhunderts fällt es schwer, an einen Forschritt in der Geschichte zu glauben. Aber es gibt historische Momente, in denen, was die Welt regiert, aber falsch ist und sie nicht regieren sollte, fällt, einfach weil es falsch und faul und morsch ist und die Menschen endlich daran rütteln, und in denen die Verheißung einer Welt der Freiheit und Gleichheit und Gerechtigkeit aufscheint, einer Welt, die davor für utopisch gehalten wurde. Die Französische Revolution war ein solcher Moment, und nicht nur Frankreich, sondern ganz Europa hat es gespürt. Die Wahl des schwarzen Amerikaners Obama zum amerikanischen Präsidenten war gewiss kein gleich großer Moment, barg aber eine ähnliche Verheißung. Der 9. November war ein solcher Moment und ein großer dazu; und nicht nur die Berliner und die Deutschen haben es gespürt, sondern die ganze Welt. Die Mauer war gefallen, und darin lag die Verheißung, dass Mauern keinen Bestand haben und dass sich Freiheit und Gleichheit und Gerechtigkeit nicht auf Dauer einmauern lassen.

Nach den Momenten geht es nicht so weiter, wie verheißen. Nach der Französischen Revolution kam der Terror, Obama steckt in Schwierigkeiten aller Art, und um die Gleichheit zwischen den Deutschen im Osten und im Westen ringen wir immer noch. Das kann die Freude stiller oder auch stumm werden lassen. Aber es widerlegt oder entwertet sie nicht. Die historischen Momente markieren Punkte, hinter die es nicht mehr zurückgeht. Was immer Schlimmes in Zukunft passieren wird – das, was man mit dem historischen Moment hinter sich gelassen hat, kann es nicht mehr sein. Die Ideen, die sich in ihm zur Geltung gebracht haben, bleiben mächtig.

Die Freude am und um den 9. November war eine doppelte: Sie war zum einen die gewissermaßen historische

Freude, sie war zum anderen die menschliche Freude an den endlich möglichen Begegnungen. Sie war jene historische Freude in dieser menschlichen; die Freude an den Begegnungen war so intensiv, weil die Begegnungen sich tatsächlich wie die Verwirklichung einer Utopie anfühlten. Erinnern Sie sich? An die Freude an Menschen, die man davor noch nie gesehen hatte? An die Offenheit für das, was sie aus ihrer Welt und ihrem Leben zu erzählen hatten? An die Neugier auf die Städte und Landschaften, die einem so lange verschlossen gewesen waren? Ich bin im Januar 1990 an die Humboldt-Universität gekommen und habe in den folgenden Monaten wieder und wieder Begegnungen zwischen Professoren und Studenten aus den beiden Teilen Berlins und Deutschlands erlebt, in denen es noch nicht um Vorwürfe und Anklagen, sondern nur um Neugier aufeinander und Freude aneinander ging. Es war wie eine junge Liebe; man konnte nicht genug voneinander erfahren, einander nicht genug erzählen.

Wohin ist diese Freude verschwunden? Ich meine, im Alltag, nicht am zwanzigsten Jahrestag mit Feuerwerk und Bier und Thüringer Rostbratwürsten. Warum wurde aus der jungen Liebe nur selten eine alte und viel zu oft ein verdrossenes, nörgelndes Nebeneinander? Ich weiß: das Erbe der Staatssicherheit, die Last des Solidaritätszuschlags, die Mühen der Einstellung auf Neues und Fremdes, das Sächsisch der Sachsen, das Besserwissen derer aus dem Westen, wenn wirklich, ähnlich schwer zu ertragen wie wenn vermeintlich, die DDR-Nostalgie mancher im Osten, das Fehlen jeder Dankbarkeit – ich muss nicht die ganze bekannte Liste aufzählen.

Aber schlimmer als die Liste ist, dass wir die Wahrheit des Texts nicht beherzigen. Nichts Gutes, das wir tun, geht verloren: keine Hilfe, die wir leisten, keine Ermutigung, die wir geben, keine Freundlichkeit, die wir erweisen, und keine Freude, die wir teilen. Hinter unserem Bewerten und Verrechnen von Ost- und Westverhalten als politisch und ökonomisch vernünftig oder unvernünftig, als unnötig anmaßend oder unnötig anspruchsvoll, als lohnend, weil angemessen gewürdigt, oder nicht lohnend, weil nicht angemessen gewürdigt, zählt noch etwas anderes: ob wir schlicht und einfach gut miteinander umgehen, und dazu gehört, ob wir uns aneinander und miteinander freuen. Grund genug haben wir; nach wie vor haben wir viel aneinander zu entdecken, zu hören und zu erzählen und uns zeigen zu lassen. Wo, was zusammengehört, zusammengewachsen ist, ist es ein Grund zur Freude, und wo es eben erst zusammenwächst, auch.

Nichts Gutes, das wir tun, keine Freude, die wir teilen, geht verloren. Ich kann es Ihnen nicht beweisen, aber ich bin dessen gewiss, so gewiss man nur sein kann, ich glaube daran so fest, wie man nur glauben kann.

Liebe St.-Thomas-Gemeinde, ich bin am Ende dessen, was ich zu Matthäus 25, Vers 31 bis 46, und zum zwanzigsten Jahrestag des 9. November 1989 zu sagen weiß. Ich danke Ihnen, dass Sie mir, dem Gast bei Ihnen, so freundlich zugehört haben. Ich wünsche Ihnen einen guten Sonntag und eine ost- und westübergreifende Freude an- und miteinander. Amen.

# Versöhnung mit der Vergänglichkeit

## Predigt über Römer 8, 18–25

*Denn ich halte es dafür, dass dieser Zeit Leiden der Herrlichkeit nicht wert sei, die an uns soll offenbart werden. Denn das ängstliche Harren der Kreatur wartet auf die Offenbarung der Kinder Gottes. Sintemal die Kreatur unterworfen ist der Eitelkeit ohne ihren Willen, sondern um deswillen, der sie unterworfen hat, auf Hoffnung. Denn auch die Kreatur wird frei werden von dem Dienst des vergänglichen Wesens zu der herrlichen Freiheit der Kinder Gottes. Denn wir wissen, dass alle Kreatur sehnt sich mit uns und ängstet sich noch immerdar. Nicht allein aber sie, sondern auch wir selbst, die wir haben des Geistes Erstlinge, sehnen uns auch bei uns selbst nach der Kindschaft und warten auf unsers Leibes Erlösung. Denn wir sind wohl selig, doch in der Hoffnung. Die Hoffnung aber, die man sieht, ist nicht Hoffnung; denn wie kann man des hoffen, das man sieht? So wir aber des hoffen, das wir nicht sehen, so warten wir sein durch Geduld.*

Der Text klingt vertraut: Gegenwärtig leiden wir, aber künftig werden wir vom Leiden befreit sein. Wir leiden unter der Knechtschaft der Vergänglichkeit, und wir werden befreit zur Freiheit und Herrlichkeit der Gotteskindschaft, der Erlösung des Leibes. Angesichts dieser künftigen Freiheit und Herrlichkeit hat das gegenwärtige Leiden kein Gewicht. Allerdings ist die künftige Freiheit und Herrlichkeit nichts, was wir schon wirklich sehen könnten; wir können nur auf sie hoffen, und wir wurden gerettet, um aus dieser Hoffnung zu leben und in Geduld auf die Erlösung zu warten.

Der Text klingt nach den Worten des Glaubensbekenntnisses, in denen wir bekennen, dass wir an die Vergebung der Sünden, die Auferstehung der Toten und das ewige Leben glauben. Der Tod ist der Sünde Sold, wie Paulus im selben Brief an anderer Stelle schreibt; also bedeutet die Vergebung der Sünden die Überwindung des Todes, die Erlösung des Leibes von der Knechtschaft der Vergänglichkeit. Das Glaubensbekenntnis spricht von der Auferstehung der Toten und vom ewigen Leben. Es ist ein Bekenntnis des Glaubens, ein Bekenntnis dessen, worauf wir, wie der Text sagt, hoffen und warten, ohne es sehen zu können.

Das ist uns vertraut und zugleich zutiefst fremd. Manchmal frage ich befreundete Theologen und Theologinnen, wie sie sich die Auferstehung der Toten und das ewige Leben vorstellen. Die Frage bringt die Gefragten in Verlegenheit. Was sollen sie antworten? Dass Auferstehung und ewiges Leben unsere Vorstellung überschreiten, ist völlig unbefriedigend. Dass wir auf eine andere, bessere Welt hoffen dürfen, eine Welt des Friedens und ohne Krieg, oder auf eine Selbsterfahrung, in der wir unsere Probleme, Konflikte und Schmerzen bewältigt haben, klingt mehr diesseitig als jenseitig und ist häufig auch so gemeint. Was die Gefragten gerne antworten würden, womit sich aber die meisten schwer- und nur die wenigsten leichttun, ist, was uns in den alten Darstellungen der aufbrechenden Gräber, der auferstehenden Toten, des Jüngsten Gerichts und der Hölle und des Himmels begegnet. Es ist der Glaube an die Auferstehung der Toten und das ewige Leben nicht als Glaube an eine Metapher für die letztlich weltliche Hoffnung auf eine bessere, friedliche Welt oder für die psychoanalytisch oder -therapeutisch anmutende Erwartung einer problem-, konflikt- und schmerzfreien Selbsterfahrung. Es ist der Glaube, dass die Toten in zugleich alter und neuer Leiblichkeit auferstehen, verbunden mit der Hoffnung, selbst derart aufzuerstehen und mit denen wiedervereint zu werden, die wir geliebt und verloren haben. In der Literatur früherer Jahrhunderte können wir wieder und wieder von Abschieden am Totenbett lesen, die von der Gewissheit des Wiedersehens im Jenseits getragen sind. Und gelegentlich begegnen wir dieser Gewissheit auch heute noch.

Wie konkret war oder ist dabei die Vorstellung vom leiblichen Auferstehen und Wiedersehen? Setzt das Wiedersehen an der Situation an, an der Abschied genommen werden musste? Hält es sie fest? Bleibt das gestorbene Kind nach der Auferstehung Kind, oder wächst es heran? Ist der Mann, der seine Frau jung verloren hat und alt gestorben ist, nach der Auferstehung wieder jung, wie sie bei ihrem Tod? Oder ist sie alt wie er bei seinem Tod? Wenn er mit ihr nach der Auferstehung wieder jung ist – werden sie zusammen alt? Oder gibt es kein Alter? Vielleicht denken Sie, dass, wer an ein Jenseits glaubt, in das wir leiblich auferstehen und in dem wir uns leiblich wiedersehen, diese und die vielen anderen Fragen, die sich noch stellen lassen, getrost Gott überlässt. Aber so ist es nicht. Meine Mutter war

Theologin, hat an den dreieinigen Gott und die Vergebung der Sünden, die Auferstehung der Toten und das ewige Leben geglaubt und mit diesem Gauben, aus diesem Glauben gelebt. Aber als mein Vater und sie geheiratet haben, war er Witwer, und die Frage, wie das Leben mit ihm und der ersten Frau im Jenseits aussehen solle, hat sie bis zum letzten Tag gequält. Mein Vater, ebenfalls Theologe, hat sie mit dem theologisch vermutlich vernünftigen Hinweis zu trösten versucht, im Jenseits werde nicht gefreit, gebe es keinen Widerstreit und keine Eifersucht und lebten sie zu dritt in Harmonie miteinander. Meiner Mutter war das kein Trost. Was war das Jenseits wert, wenn sie meinen Vater nicht so lieben und von ihm nicht so geliebt werden konnte wie in den glücklichen Tagen im Diesseits? Im Jenseits wird nicht gefreit? Ihre Liebe zu meinem Vater war nicht irgendein abgeklärtes, platonisches, harmonisches Gefühl, sondern die Freude des Freiens und Gefreitwerdens. Was ist ein Wiedersehen wert, wenn es nicht ein wirkliches Wiedersehen ist? Wenn man den anderen nicht so wiedersieht und -bekommt, wie er damals war? Die Wiederbegegnung nach Jahr und Tag, bei der, wen wir einst geliebt haben, sich als ein ganz anderer erweist, ist eine Enttäuschung.

Meine Mutter hat versucht, die quälende Frage nach dem Leben mit meinem Vater und dessen erster Frau im Jenseits unter der Rubrik Anfechtung zu verbuchen und im Glauben hinter sich zu lassen. Gott werde für das Problem schon eine Lösung wissen. Aber es hat ihr nicht geholfen, und ich verstehe das. Was für ein Trost ist die Gewissheit des Wiedersehens im Jenseits noch, wenn man sich auf das Wiedersehen nicht mehr richtig freuen kann?

Ich meine, der Text gibt einen Hinweis zur Frage, wie wir uns den künftigen Zustand der Befreiung vom Leiden und von der Knechtschaft der Vergänglichkeit, den Zustand der Gotteskindschaft und Erlösung des Leibes vorstellen und, vor allem, wie wir ihn uns nicht vorstellen dürfen. Lassen Sie mich noch mal lesen, was ich eingangs gelesen, worüber ich aber bisher noch nicht gesprochen habe: *Denn das ängstliche Harren der Kreatur wartet auf die Offenbarung der Kinder Gottes. Sintemal die Kreatur unterworfen ist der Eitelkeit ohne ihren Willen, sondern um deswillen, der sie unterworfen hat, auf Hoffnung. Denn auch die Kreatur wird frei werden von dem Dienst des vergänglichen Wesens zu der herrlichen Freiheit der Kinder Gottes. Denn wir wissen, dass alle Kreatur sehnt sich mit uns und ängstet sich noch immerdar.*

Das bedeutet, dass, was mit uns geschieht, auch mit der Schöpfung geschieht. Auch sie leidet, auch sie ist der Knechtschaft der Vergänglichkeit unterworfen, auch sie wird vom Leiden und von der Knechtschaft der Vergänglichkeit befreit zur Herrlichkeit der Gotteskindschaft. Dabei leidet die Schöpfung, weil auch wir leiden, und wird zur Herrlichkeit befreit, weil auch wir befreit werden. Weil der Mensch aus dem Paradies in die Welt vertrieben wurde, ist auch die Natur aus dem paradiesischen in einen weltlichen Zustand gefallen. Der Mensch braucht die Natur, bearbeitet sie, beutet sie aus, macht sie sich untertan. Er ruiniert sie, weil es ihm gleichgültig ist oder weil ihm der gegenwärtige Genuss wichtiger ist als der spätere Ruin oder weil er nicht weiß, was er tut und auslöst und bewirkt. Die Vernichtung von Arten, die Zerstörung der Umwelt, die Veränderung des Klimas – wir wissen heute besser als jemals zuvor, was die Menschen in der Natur anrichten und dass die Natur nicht unverwüstlich und unvergänglich in sich und aus sich lebt, sondern dass sie und wir ein gemeinsames Schicksal teilen: Sie existiert in Unterworfenheit zu uns, wir existieren in Angewiesenheit auf sie, wir müssen koexistieren, und wenn wir es nicht tun, wenn wir falsch leben, zerstören wir sie und uns. Mit alledem liest sich der Text wie eine biblische Bestätigung des Umgangs mit Natur, Umwelt und Klima, den auch vernünftige Politik fordert.

Aber auch wenn die Forderungen vernünftiger Politik unerfüllt bleiben und alles immer schlimmer wird – der Text verheißt die Erlösung auch der Schöpfung. Wie Mensch und Natur zusammen leiden, werden Mensch und Natur auch zusammen erlöst und befreit von der Knechtschaft der Vergänglichkeit. Was das für den Menschen bedeutet, meinen wir zu wissen: Auferstehung des Leibes und ein ewiges Leben. Aber was bedeutet es für die Natur? Und kann es für Mensch und Natur, die im Leiden, in der Knechtschaft der Vergänglichkeit zusammengespannt sind, in der verheißenen Erlösung, der Befreiung von der Knechtschaft Verschiedenes bedeuten?

Wie sollen wir uns die Befreiung der Natur von der Knechtschaft der Vergänglichkeit vorstellen? Natur ist ständiges Werden und Vergehen; darin verbraucht sie sich und daraus entsteht sie, es ist ihr Wesen. Statische Natur, Blüten, die nicht verwelken und Frucht tragen und Samen ausschütten, Bäume, deren Blätter nicht bunt werden und abfallen und neuen Blättern Platz machen, Vögel, die keine

Würmer, und Fische, die keine Fliegen mehr essen – das alles ist nicht Natur. Und wie die einlässliche Beschäftigung mit Natur, Umwelt und Klima uns die Schäden sehen lässt, die drohen, lässt sie uns auch die Kreisläufe verstehen, in denen Natur, Umwelt und Klima funktionieren. Es sind Kreisläufe des Werdens und Vergehens, des Verbrauchtwerdens und Entstehens. Knechtschaft der Vergänglichkeit? Vergänglichkeit ist nicht eine Knechtschaft, unter der die Natur leidet, sondern das Prinzip, unter dem sie gedeiht.

Das alles wusste Paulus, als er den Brief an die Römer schrieb, auch. Dass die Natur mit ihrer Erlösung stillsteht und das ewige Leben einen ewigen Frühling oder auch Sommer oder auch Herbst oder auch Winter bedeutet, schlecht für die, die die jeweils andere Jahreszeit lieber haben, kann er nicht gemeint haben. Die Vergänglichkeit, unter der die Natur leidet, muss etwas anderes für ihn bedeutet haben. Und ich nehme ebenso an, dass die Vergänglichkeit, unter der er die Menschen leiden sah, für ihn etwas anderes bedeutet hat, als dass wir werden und vergehen. Es muss für ihn eine erträgliche und eine unerträgliche Vergänglichkeit gegeben haben, eine Vergänglichkeit, unter der zu leben Knechtschaft bedeutet, und eine, unter der sich leben lässt – und sterben.

Und die Vergänglichkeit, unter der sich leben und sterben lässt, gibt es in der Tat. Vielleicht haben Sie es bei Ihren Großeltern oder Eltern erlebt oder bei einem alten Freund oder einer alten Freundin, und gewiss haben Sie davon gehört oder gelesen: Menschen können friedlich sterben, lebenssatt, nicht des Lebens müde oder vom Leben krank, erfüllt von dem, was ihnen das Leben war, und zufrieden mit denen, die sie zurücklassen, und dem, was sie zurücklassen. Sie sind versöhnt mit ihrem Leben und mit ihrem Sterben, versöhnt damit, Teil des großen Zusammenhangs von Werden und Vergehen zu sein.

Es gibt auch die andere Vergänglichkeit, die zur Unzeit zuschlägt und mit Leiden und Schmerzen einhergeht. Eine wütende, grausame, verwüstende Vergänglichkeit, die den Menschen trifft, wie der Mensch die Natur verwüstet. Da ist keine Versöhnung, nicht bei dem Menschen, der stirbt, und nicht bei den Menschen, die er zurücklässt. Da ist nur Empörung und Verzweiflung. Und Ohnmacht – unter dieser Vergänglichkeit zu leben, ist Knechtschaft, gegen die man nicht aufbegehren, die man nicht abschütteln kann.

Nein, ich kann mir nicht vorstellen, dass für Paulus die Herrlichkeit, die die erlösten Kinder Gottes und die erlöste Natur genießen, eine Herrlichkeit ohne Werden und Vergehen ist. Sie wäre wider die Natur, und sie wäre auch dem Menschen wider seine Natur. Was wäre das für eine Herrlichkeit, in der Kinder nicht mehr aufwachsen und Männer und Frauen einander nicht mehr begehren und wir nicht mehr älter werden und alt, lebenssatt und altersweise, und schließlich sterben. Geht es Ihnen anders als mir? Ich wollte nicht noch mal fünfzehn sein und meine Teenagerhoffnungen und -ängste durchleben, nicht noch mal um meinen beruflichen Ort kämpfen, nicht noch mal die Konflikte durch- und das Scheitern überstehen, die dazu gehörten, nicht noch mal Dinge sich verändern und verkommen sehen, an die ich mein Herz und meine Kraft gehängt hatte, nicht noch mal – aber ich will nicht nur von dem Schwierigen reden, weil ich auch vieles Schöne nicht noch mal erleben, sondern lieber in seiner Einmaligkeit erinnern möchte. Ja, manchmal habe ich vor dem Tod Angst. Aber es ist die Angst davor, unversöhnt zu sterben. Ich kann mir für mich einen Tod vorstellen, den ich versöhnt und erlöst und in der Herrlichkeit der Gotteskindschaft sterbe – ohne Jenseitserwartung oder auch nur -hoffnung.

Was bedeutet das für meine Mutter mit meinem Vater und seiner ersten Frau? Ich fürchte, sie wird die Versöhnung nicht im Jenseits finden. Sie hätte sie hier finden müssen. Hier hat sie ihre Angst, nur die Zweite zu sein, nicht ablegen, hier hat mein Vater ihr die Angst nicht nehmen können. In der anderen, besseren Welt, auf deren Kommen Paulus hofft, an deren Kommen er glaubt, hätte sie die Angst ablegen können, diese Angst und auch die anderen Ängste, die sie immer wieder gequält haben, und versöhnt leben und sterben können.

Ich will gerne mit Paulus hoffen und glauben, dass Gott uns eines Tages die andere, bessere Welt schenkt. Dass ich nicht leiblich in sie auferstehen werde, stört mich nicht, dass die Späteren sie haben werden, langt mir. Und mir langt zu wissen, wie vieles wir tun können, wie vieles ich tun kann, damit schon unsere gegenwärtige Welt eine andere, bessere wird, in der ein versöhntes Leben und Sterben gelingt, ein Leben versöhnt mit der Natur und mit den anderen, ein Sterben versöhnt mit den anderen und mit uns selbst. Die Verlegenheit, mit der die Theologen auf meine Frage nach Auferstehung und Jenseits reagieren, weil sie sich mit der Auferstehung des Leibes und dem ewigen Leben schwertun, ist falsch. Paulus lehrt uns, dass die Antworten, die im Diesseits gesucht werden, ihr Recht haben. Dass es um die Versöhnung mit dem Werden und Vergehen und um ein Werden und Vergehen geht, mit dem wir versöhnt leben und sterben können. Gebe Gott, dass dies eines Tages für die ganze Welt Wirklichkeit wird, dass die ganze Welt eine andere und bessere, eine versöhnte Welt wird. Aber schon davor gibt es mehr Versöhnung mit der Natur und mit den anderen, als wir oft zulassen, und gibt es einen versöhnten Tod.

Gott, gib uns die Kraft zur Versöhnung mit der Schöpfung und mit den anderen und lass uns versöhnt sterben. Amen.

# Editorische Nachweise

*Erinnern und Vergessen. Wie viel Freiheit haben wir im Umgang mit der Vergangenheit?* Heidelberg (Kurpfälzischer Verlag), 2014

*Die Kultur des Denunziatorischen*. Merkur. Deutsche Zeitschrift für europäisches Denken. Stuttgart (Klett-Cotta), 65. Jahrgang, Heft 6 (Nr. 745), Juni 2011

*»Das Moralische versteht sich von selbst«*. Merkur. Deutsche Zeitschrift für europäisches Denken. Stuttgart (Klett-Cotta), 63. Jahrgang, Heft 7 (Nr. 722), Juli 2009

*Der Verrat*. Merkur. Deutsche Zeitschrift für europäisches Denken. Stuttgart (Klett-Cotta), 61. Jahrgang, Heft 6 (Nr. 698), Juni 2007

*Das Opfer des Lebens*. Merkur. Deutsche Zeitschrift für europäisches Denken. Stuttgart (Klett-Cotta), 59. Jahrgang, Heft 11 (Nr. 679), November 2005

*Die Zukunft der Verantwortung*. Merkur. Deutsche Zeitschrift für europäisches Denken. Stuttgart (Klett-Cotta), 64. Jahrgang, Heft 11 (Nr. 738), November 2010

*Jurist sein.* Abschlussfeier der Juristischen Fakultät der Humboldt-Universität zu Berlin am 14. Juni 2013

*Die Objektivität des Rechts und die Subjektivität der Richter.* Vortrag im Friedenspalast in Den Haag am 29. November 2010. Auf Holländisch und Englisch erschienen in: Bernhard Schlink, Geert Corstens, *Objectieve wetgeving en subjectieve rechters.* Amsterdam (Cossee) 2011

*Abschied von der Dogmatik. Verfassungsrechtsprechung und Verfassungsrechtswissenschaft im Wandel.* Merkur. Deutsche Zeitschrift für europäisches Denken. Stuttgart (Klett-Cotta), 60. Jahrgang, Heft 12 (Nr. 692), Dezember 2006

*Die Würde in vitro. Zur Debatte des Bundestags um die Präimplantationsdiagnostik.* Der Spiegel. Hamburg, 20. Juni 2011

*Die Freiheit des Christen. Predigt über Lukas 16, 19–31* am 18. Juni 2006 in der Paulus-Kirche in Bonn

*Gutes tun und Freude teilen. Predigt über Matthäus 25, 31–46* am 15. November 2009 zum 20. Jahrestag des 9. November 1989 in der St. Thomas-Kirche in Berlin

*Versöhnung mit der Vergänglichkeit. Predigt über Römer 8, 18–25* am 14. November 2010 in der Paulus-Kirche in Bonn

# *Bernhard Schlink im Diogenes Verlag*

## *Selbs Justiz*

Zusammen mit Walter Popp

Roman

Privatdetektiv Gerhard Selb, 68, wird von einem Chemiekonzern beauftragt, einem ›Hacker‹ das Handwerk zu legen, der das werkseigene Computersystem durcheinanderbringt. Bei der Lösung des Falles wird er mit seiner eigenen Vergangenheit als junger, schneidiger Nazi-Staatsanwalt konfrontiert und findet für die Ahndung zweier Morde, deren argloses Werkzeug er war, eine eigenwillige Lösung.

»Die Autoren verstehen es, ihre Geschichte jenseits politischer Korrektheit interessant und mit glaubwürdigen Figuren zu erzählen.«
*Sven Boedecker/Die Woche, Hamburg*

»Ein höchst bemerkenswertes Stück Kriminalliteratur um Schuld und Vertuschung, Aufklärung und Sühne.«
*Fred Breinersdorfer/Süddeutsche Zeitung, München*

1992 verfilmt von Nico Hofmann unter dem Titel *Der Tod kam als Freund*, mit Martin Benrath und Hannelore Elsner in den Hauptrollen.

Auch als Diogenes Hörbuch erschienen, gelesen von Hans Korte

## *Die gordische Schleife*

Roman

Georg Polger hat seine Anwaltskanzlei in Karlsruhe mit dem Leben als freier Übersetzer in Südfrankreich vertauscht und schlägt sich mehr schlecht als recht durch. Bis zu dem Tag, als er durch merkwürdige Zufälle Inhaber eines Übersetzungsbüros wird – Spezialgebiet: Konstruktionspläne für Kampfhubschrauber. Polger gerät in einen Strudel von Ereignissen, die ihn Freund und Feind nicht mehr voneinander unterscheiden lassen.

Anlässlich der Criminale 1989 in Berlin mit dem Glauser, Autorenpreis für deutschsprachige Kriminalliteratur, ausgezeichnet.

## *Selbs Betrug*

Roman

Privatdetektiv Gerhard Selb sucht im Auftrag eines Vaters nach der Tochter, die von ihren Eltern nichts mehr wissen will. Er findet sie, aber der, der nach ihr suchen lässt, ist nicht ihr Vater, und es sind nicht ihre Eltern, vor denen sie davonläuft.
*Selbs Betrug* wurde von der Jury des Bochumer Krimi Archivs mit dem Deutschen Krimi Preis 1993 ausgezeichnet.

»Es gibt wenige deutsche Krimiautoren, die so raffinierte und sarkastische Plots schreiben wie Schlink und ein so präzises, unangestrengt pointenreiches Deutsch.« *Wilhelm Roth / Frankfurter Rundschau*

## *Der Vorleser*

Roman

Sie ist reizbar, rätselhaft und viel älter als er … und sie wird seine erste Leidenschaft. Sie hütet verzweifelt ein Geheimnis. Eines Tages ist sie spurlos verschwunden. Erst Jahre später sieht er sie wieder. Die fast kriminalistische Erforschung einer sonderbaren Liebe und bedrängenden Vergangenheit.

»Dieses Buch sollte man sich nicht entgehen lassen, weil es in der deutschen Literatur unserer Tage hohen Seltenheitswert besitzt.«
*Tilman Krause / Der Tagesspiegel, Berlin*

»Einfühlsame Sprache von erstaunlicher Präzision. Ein genuiner Schriftsteller, der hier ans Licht kommt.«
*Michael Stolleis / Frankfurter Allgemeine Zeitung*

»Ein literarisches Ereignis.« *Der Spiegel, Hamburg*

»Ein wunderbares Buch.« *Le Monde, Paris*

Auch als Diogenes Hörbuch erschienen,
gelesen von Hans Korte

## *Liebesfluchten*

Geschichten

Anziehungs- und Fluchtformen der Liebe in sieben Geschichten: als unterdrückte Sehnsüchte und unerwünschte Verwirrungen, als verzweifelte Seitensprünge und kühne Ausbrüche, als unumkehrbare Macht der Gewohnheit, als Schuld und Selbstverleugnung.

»Wieder schafft es Schlink, die Figuren lebendig werden zu lassen, ohne alles über sie zu verraten – selbst wenn ihn gelegentlich sein klarer, kluger Ton zu dem einen oder anderen Kommentar verführt.«
*Volker Hage / Der Spiegel, Hamburg*

Auch als Diogenes Hörbuch erschienen,
gelesen von Charles Brauer

## *Selbs Mord*

Roman

Ein Auftrag, der den Auftraggeber eigentlich nicht interessieren kann. Der auch Selb im Grunde nicht interessiert und in den er sich doch immer tiefer verstrickt. Merkwürdige Dinge ereignen sich in einer alteingesessenen Schwetzinger Privatbank. Die Spur des Geldes führt Selb in den Osten, nach Cottbus, in die Niederlagen der Nachwendezeit. Ein Kriminalroman über ein Kapitel aus der jüngsten deutsch-deutschen Vergangenheit.

»Schlink ist der brillante Erzähler, der mit der Klarheit und Nüchternheit eines Ermittlungsrichters die Geschichte auf ihr Ende zusteuert. Dieses Ende ist konsequent und immer überraschend.«
*Rainer Schmitz / Focus, München*

## *Vergewisserungen*

Über Politik, Recht, Schreiben und Glauben

Wer an der Entwicklung der Gesellschaft manchmal verzweifeln möchte, dem sei dieses Buch empfohlen: Kompetent und in klarer, schöner Prosa zeigt es, was alles nicht zwangsläufig und unaufhaltsam ist und dass es Werte und Hoffnungen gibt, auf die zu setzen lohnt.

»Schlinks Essays sind verständlich, durchsichtig und intelligent, keine abstrakten juristischen Erkenntnisse, sondern lebendige Literatur eines präzisen Erzählers.«
*Janko Ferk / Die Furche, Wien*

## *Die Heimkehr*

Roman

Im Fragment eines Heftchenromans über die Heimkehr eines deutschen Soldaten aus Sibirien entdeckt Peter Debauer Details aus seiner eigenen Wirklichkeit. Die Suche nach dem Ende der Geschichte und nach deren Autor wird zur Irrfahrt durch die deutsche Vergangenheit und offenbart auch Peter Debauers Geheimnisse.

»Schlink gelingt eine atemberaubende Engführung von Nazi-Vergangenheit, Nachkriegs- und Wendegeschichte, Liebesdrama und schließlich gewichtiger Probleme der politischen Theorie. Er komponiert das brisantest denkbare Material zu einem spannenden Roman.«
*Marius Meller / Der Tagesspiegel, Berlin*

»*Die Heimkehr* ist ein spannender und blendend geschriebener Roman.« *Le Monde, Paris*

Auch als Diogenes Hörbuch erschienen,
gelesen von Hans Korte

## *Vergangenheitsschuld*
### *Beiträge zu einem deutschen Thema*

Die Beiträge behandeln die Kollektivschuld der Kriegs- und der Nachkriegsgeneration, deren Auseinandersetzung mit dem Nationalsozialismus und seinen Folgen, die Leistung des Rechts bei der Bewältigung von schuldbelasteter Vergangenheit und die Möglichkeit von Vergebung und Versöhnung. Sie sind in den letzten zwei Jahrzehnten aus der Beschäftigung mit den Erfahrungen und Verstrickungen der eigenen Generation und aus der Begegnung mit Freunden, Kollegen und Studenten aus den neuen Bundesländern entstanden, wo der Autor im Jahr der Wende an der Humboldt-Universität Berlin zu unterrichten begann.

## *Das Wochenende*
Roman

Nach 20-jähriger Haft hat ihn der Bundespräsident begnadigt. Zum ersten Wochenende in Freiheit lädt seine Schwester die alten Freunde ein. Für sie ist das Leben weitergegangen. Und für ihn? Was bleibt von der Zeit der Gewalt? Legenden? Bewältigung? Sprachlosigkeit?

»Eine ernüchternde Bilanz über das Unheil, das sich fort- und fortsetzt wie ein Fluch. Mit der zarten Hoffnung, dass es doch noch Erlösung durch die Liebe geben könnte.« *Brigitte, Hamburg*

»Ein konzentriertes, melancholisches Kammerspiel mit klarer, schnörkelloser Sprache.«
*Nürnberger Nachrichten*

2013 von Nina Grosse mit Katja Riemann und Sebastian Koch verfilmt.

Auch als Diogenes Hörbuch erschienen,
gelesen von Hans Korte

## *Sommerlügen*

Geschichten

Lebensentwürfe, Liebeshoffnungen, Alterseinsichten – was ist Illusion, und was stimmt? Was bleibt, wenn eine Illusion zerplatzt? Die Flucht in eine andere? Weil das Leben ohne Lebenslügen nicht zu bewältigen ist? Sieben irritierend-bewegende Geschichten von Bernhard Schlink.

»Diese Geschichten treffen mitten hinein in jene Bereiche, in denen das Leben zu Antworten zwingt, vor denen wir nicht selten Zuflucht zur Lüge nehmen möchten.« *Michael Kluger / Frankfurter Neue Presse*

»Großartig. Alle sieben Erzählungen sind schon beim Lesen großes Kino.«
*Angela Wittmann / Brigitte, Hamburg*

»Bernhard Schlink lotet tief und bietet fein nuancierende, erlesene Kammerspiele.« *Focus, München*

Auch als Diogenes Hörbuch erschienen,
gelesen von Hans Korte

## *Gedanken über das Schreiben*

Heidelberger Poetikvorlesungen

In seinen Poetikvorlesungen *Gedanken über das Schreiben,* im Sommer 2010 in Heidelberg gehalten, nimmt Bernhard Schlink die Hörer mit auf die Suche nach den Regeln, die sein Schreiben über die Vergangenheit, über die Liebe und über die Heimat leiten. Er gibt Antworten auf kritische Fragen, die er sich stellt und die ihm gestellt werden. Ist Literatur der Wahrheit verpflichtet? Gibt es besondere Verpflichtungen für Literatur über den Holocaust? Müssen Protagonisten, die monströse Verbrechen begehen, als Monster dargestellt werden? Liebt ein Autor die Figuren, über die er schreibt? Was bedeutet Heimat beim und fürs Schreiben? Wie kommt ein Autor zu seinen Geschichten, und wann weiß er, ob sie tragen? Selbsterforschung und Werkstattgespräch, eindrücklich und aufschlussreich für alle, die sich für den Autor Bernhard Schlink und dafür interessieren, wie gute Geschichten zustande kommen.

»Die gesammelten Poetikvorlesungen von Bernhard Schlink sind eine Liebeserklärung an die Literatur.«
*Waltraut Worthmann-von Rode / Saarländischer Rundfunk, Saarbrücken*

## *Die Frau auf der Treppe*

Roman

Ein berühmtes Bild, Jahrzehnte verschollen, taucht plötzlich wieder auf. Überraschend für die Kunstwelt, verwirrend für den Mann, der damals als junger Rechtsanwalt in den Konflikt des Malers mit dem Eigentümer verstrickt wurde. Und der sich dabei in die Frau, die auf dem Bild dargestellt ist, verliebt hat. Er macht sich auf die Suche nach ihr und findet nicht nur Antworten auf ihr damaliges Verhalten und rätselhaftes Verschwinden. Er muss sich auch den Fragen über sich selbst stellen, denen er sich immer verweigert hat. Ein Roman über Rechthaben und Mitleiden, Besitz und Verlust, echte und falsche Nähe. Über einen Mann, der die Verfestigungen seines Lebens zu begreifen beginnt. Und über das Glück einer Liebe, die um ihre Endlichkeit weiß.

»Makellos-schlichte Prosa. Schlink ist ein Meister der deutschen Sprache. Er schreibt verständlich, durchsichtig, intelligent. Wie beiläufig gelingt es ihm, Kom-

plexität der Figuren, Handlungskonstellation und des moralischen Diskurses zu erzeugen.«
*Eckhard Fuhr / Die Welt, Berlin*

Auch als Diogenes Hörbuch erschienen,
gelesen von Charles Brauer

Außerdem erschienen:

*Selb-Trilogie*
*Selbs Justiz / Selbs Betrug / Selbs Mord*
Drei Bände im Schuber

*Der Seitensprung*
*Eine Geschichte*
(aus: *Liebesfluchten*)
Gelesen von Charles Brauer
1 CD, Spieldauer 72 Minuten

# *Connie Palmen im Diogenes Verlag*

Connie Palmen, geboren 1955, wuchs im Süden Hollands auf und kam 1978 nach Amsterdam, wo sie Philosophie und Niederländische Literatur studierte. Ihr erster Roman *Die Gesetze* erschien 1991 und wurde gleich ein internationaler Bestseller. Sie erhielt für ihre Werke zahlreiche Auszeichnungen, so wurde sie für den Roman *Die Freundschaft* 1995 mit dem renommierten AKO-Literaturpreis ausgezeichnet. Connie Palmen lebt in Amsterdam.

»Es ist selten, dass jemand mit so viel Ernsthaftigkeit und Witz, Offenheit und Intimität, Einfachheit und Intelligenz zu erzählen versteht.«
*Martin Adel / Der Standard, Wien*

»Connie Palmen schreibt tiefsinnige Romane, die warmherzig und unterhaltsam sind – trotz messerscharfer Analysen menschlicher Gefühle.«
*Elle, München*

*Die Gesetze*
Roman. Aus dem Niederländischen von Barbara Heller
Auch als Diogenes Hörbuch erschienen, gelesen von Christiane Paul

*Die Freundschaft*
Roman. Deutsch von Hanni Ehlers

*I.M.*
*Ischa Meijer – In Margine, In Memoriam*
Deutsch von Hanni Ehlers

*Die Erbschaft*
Roman. Deutsch von Hanni Ehlers

*Ganz der Ihre*
Roman. Deutsch von Hanni Ehlers

*Idole und ihre Mörder*
Deutsch von Hanni Ehlers

*Luzifer*
Roman. Deutsch von Hanni Ehlers

*Logbuch eines unbarmherzigen Jahres*
Deutsch von Hanni Ehlers

## *Friedrich Dönhoff im Diogenes Verlag*

Friedrich Dönhoff, geboren 1967 in Hamburg, ist in Kenia aufgewachsen. Er studierte Geschichte und Politik, verfasste Biographien und schrieb den Bestseller *Die Welt ist so, wie man sie sieht - Erinnerungen an Marion Dönhoff.* Seit 2008 schreibt er Kriminalromane um den jungen Kommissar Sebastian Fink. Friedrich Dönhoff lebt in Hamburg.

»Friedrich Dönhoff hat einen kristallklaren Stil. Mit Sebastian Fink hat er einen sehr zeitgeistigen Ermittler geschaffen, der in ungewöhnlichen ›Familienverhältnissen‹ lebt und Erfahrungen in der Single-Szene macht. Ein aufsteigender Stern!«
*New Books in German, London*

*Die Welt ist so, wie man sie sieht*
Erinnerungen an Marion Dönhoff
Auch als Diogenes Hörbuch erschienen, gelesen von Friedrich Dönhoff

*Ein gutes Leben ist die beste Antwort*
Die Geschichte des Jerry Rosenstein

Die Fälle für Sebastian Fink:

*Savoy Blues*
Roman

*Der englische Tänzer*
Roman

*Seeluft*
Roman

# *Hartmut Lange im Diogenes Verlag*

»Ein erzählerisches Gesamtwerk, das sowohl mit seiner sprachlichen Qualität, mit seinen gedanklichen Perspektiven wie auch mit seiner humanen Behutsamkeit in der deutschen Gegenwartsliteratur seinesgleichen sucht.« *Die Welt, Berlin*

»Die mürbe Eleganz seines Stils sucht in der zeitgenössischen Literatur ihresgleichen.«
*Frankfurter Allgemeine Zeitung*

*Die Waldsteinsonate*
Fünf Novellen

*Die Selbstverbrennung*
Roman

*Das Konzert*
Novelle
Auch als Diogenes Hörbuch erschienen, gelesen von Charles Brauer

*Tagebuch eines Melancholikers*
Aufzeichnungen der Monate Dezember 1981 bis November 1982

*Die Ermüdung*
Novelle

*Vom Werden der Vernunft*
und andere Stücke fürs Theater

*Die Stechpalme*
Novelle

*Schnitzlers Würgeengel*
Vier Novellen

*Der Herr im Café*
Drei Erzählungen

*Eine andere Form des Glücks*
Novelle

*Irrtum als Erkenntnis*
Meine Realitätserfahrung als Schriftsteller

*Gesammelte Novellen*
in zwei Bänden

*Leptis Magna*
Zwei Novellen

*Der Wanderer*
Novelle

*Der Therapeut*
Drei Novellen

*Der Abgrund des Endlichen*
Drei Novellen

*Im Museum*
Unheimliche Begebenheiten

*Das Haus in der Dorotheenstraße*
Novellen

# *Leon de Winter*
# *im Diogenes Verlag*

Leon de Winter, geboren 1954 in 's-Hertogenbosch als Sohn niederländischer Juden, begann als Teenager, nach dem Tod seines Vaters, zu schreiben. Er arbeitet seit 1976 als freier Schriftsteller und Filmemacher in Holland und den USA. Seine Romane erzielen nicht nur in den Niederlanden überwältigende Erfolge; einige wurden für Kino und Fernsehen verfilmt, so *Der Himmel von Hollywood* unter der Regie von Sönke Wortmann. Der Roman *SuperTex* wurde von Jan Schütte verfilmt.
2002 erhielt de Winter den *Welt*-Literaturpreis für sein Gesamtwerk, und 2006 wurde er mit der Buber-Rosenzweig-Medaille ausgezeichnet.

»Leon de Winter hat etwas zu erzählen, und er tut es so gut, dass man nicht genug davon bekommen kann.«
*Rolf Brockschmidt / Der Tagesspiegel, Berlin*

*Hoffmans Hunger*
Roman. Aus dem Niederländischen von Sibylle Mulot

*SuperTex*
Roman. Deutsch von Sibylle Mulot

*Serenade*
Roman. Deutsch von Hanni Ehlers

*Zionoco*
Roman. Deutsch von Hanni Ehlers

*Der Himmel von Hollywood*
Roman. Deutsch von Hanni Ehlers

*Sokolows Universum*
Roman. Deutsch von Sibylle Mulot

*Leo Kaplan*
Roman. Deutsch von Hanni Ehlers

*Malibu*
Roman. Deutsch von Hanni Ehlers

*Place de la Bastille*
Roman. Deutsch von Hanni Ehlers

*Das Recht auf Rückkehr*
Roman. Deutsch von Hanni Ehlers

*Ein gutes Herz*
Roman. Deutsch von Hanni Ehlers